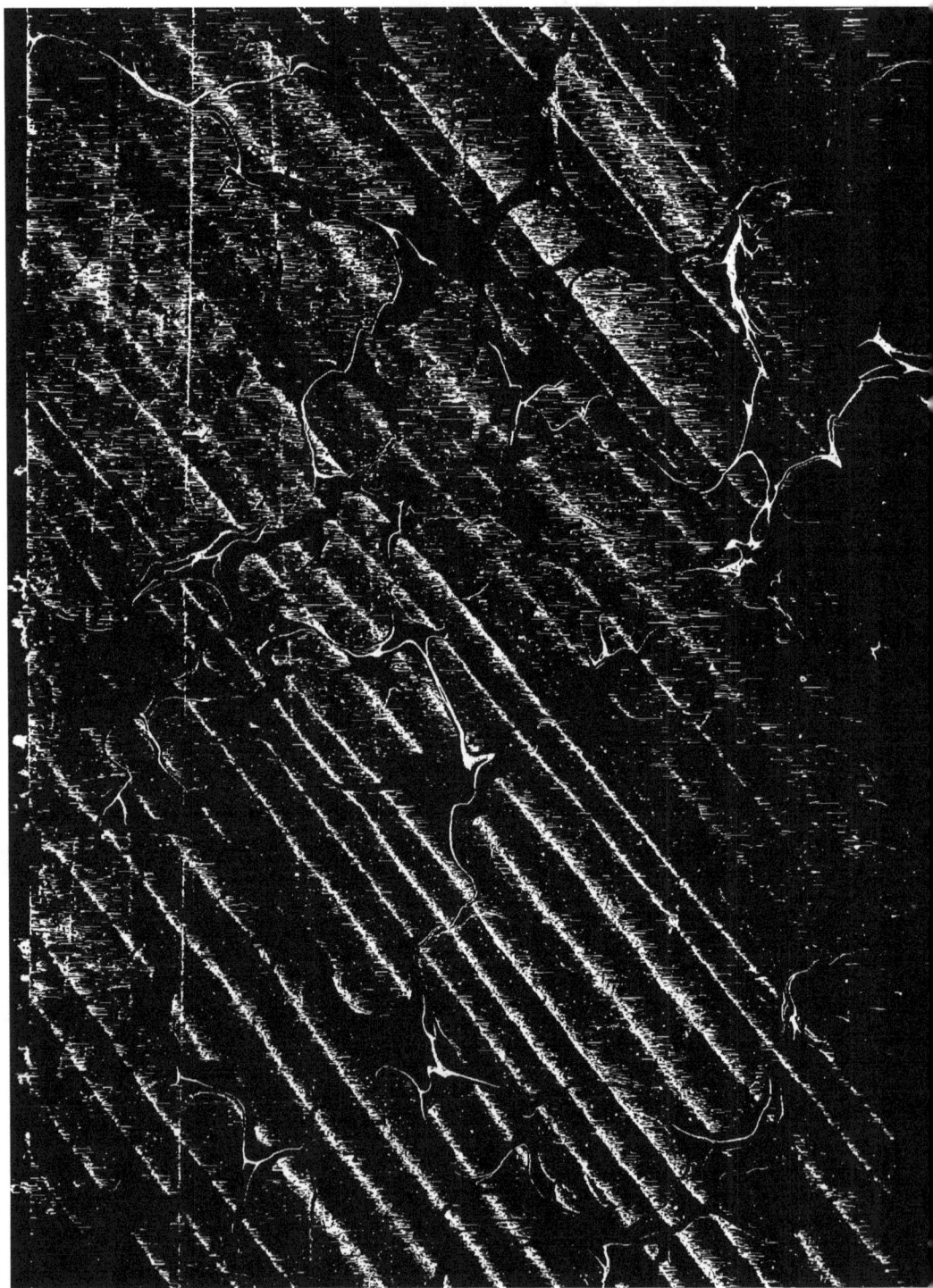

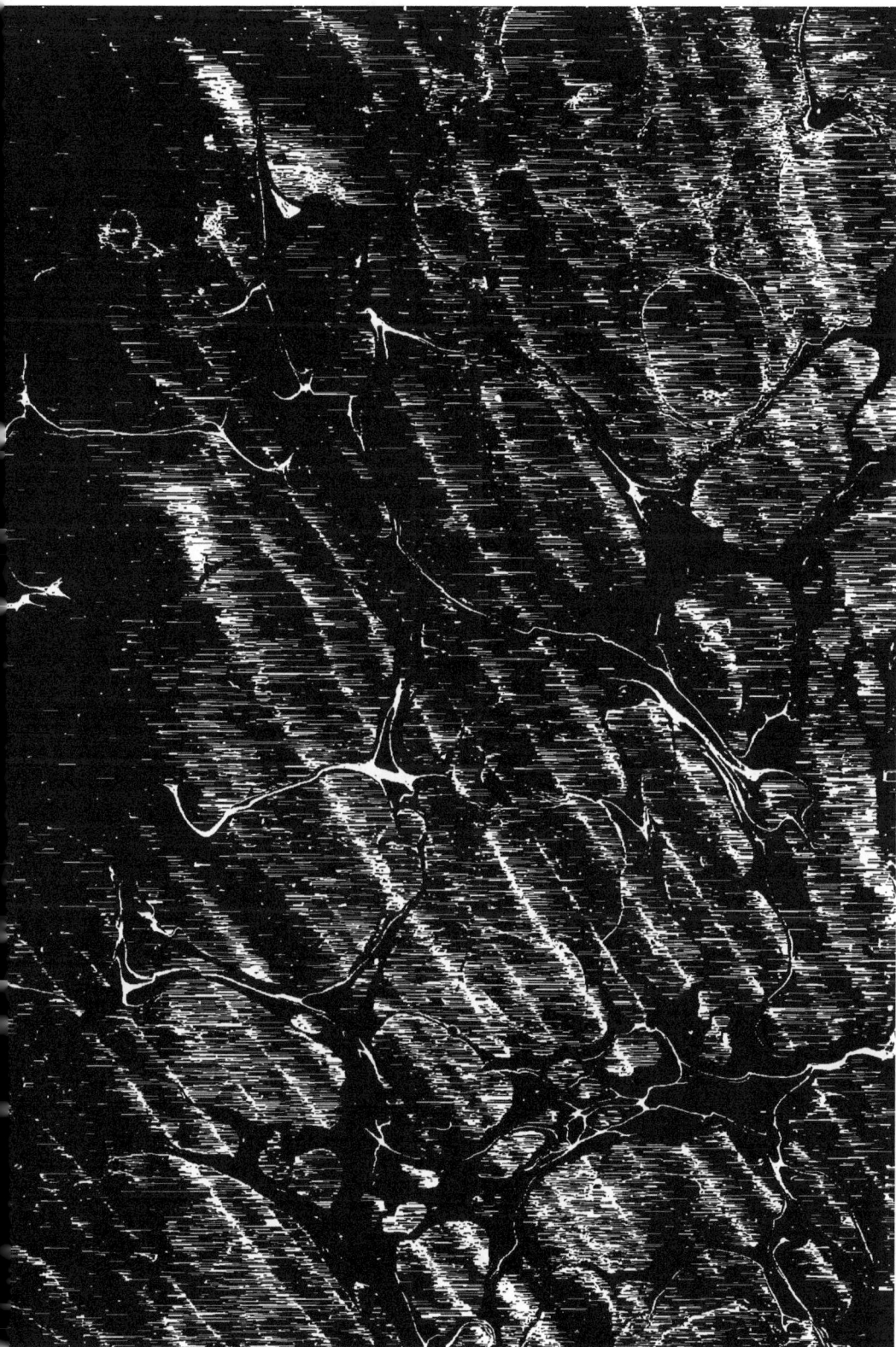

GÉRICAULT

LITH. PAR A. COLIN

AD. BRAUN & CIE

PORTRAIT DE GÉRICAULT

GÉRICAULT

ÉTUDE

BIOGRAPHIQUE ET CRITIQUE

AVEC

LE CATALOGUE RAISONNÉ

DE L'ŒUVRE DU MAITRE

PAR

CHARLES CLÉMENT

TROISIÈME ÉDITION

Augmentée d'un supplément et ornée de trente planches

PARIS

LIBRAIRIE ACADÉMIQUE

DIDIER & Cⁱᵉ, LIBRAIRES-ÉDITEURS

35, QUAI DES GRANDS-AUGUSTINS, 35

1879

AVANT-PROPOS

DE LA

TROISIÈME ÉDITION

Cette troisième édition se distingue des précédentes par deux améliorations importantes : un
supplément au catalogue et trente planches reproduisant les œuvres les plus intéressantes ou
les moins connues du maître. Depuis la première
publication de ce livre, en 1868, je n'ai pas cessé
de continuer mes recherches en vue de compléter mes informations. J'ai trouvé un assez grand
nombre de pièces nouvelles ; quelques-unes de
celles que j'avais déjà signalées ont changé de
mains, et il m'a semblé utile d'indiquer les noms
des nouveaux propriétaires et les prix qu'elles ont
atteints dans les ventes. Des erreurs s'étaient glis-
sées dans la première rédaction qu'il était nécessaire de rectifier ; enfin j'ai pu ajouter des détails
inédits qui m'ont paru présenter de l'intérêt. Ce

sont ces renseignements, ces corrections, ces ad-
ditions qui forment le complément du catalogue.
Quant aux estampes, le succès de celles que j'ai
jointes à mes ouvrages sur Prud'hon et sur Gleyre
m'a encouragé à en mettre également dans cette
nouvelle édition de Géricault. Dans le choix des
pièces, j'ai poursuivi un double but : placer sous
les yeux du lecteur des répétitions des œuvres
capitales de l'artiste telles que *le Chasseur et le
Cuirassier, le Radeau de la Méduse, la Course des
chevaux libres,* et reproduire en *fac-simile* quelques-unes de ses compositions les plus originales
et les moins connues : par exemple, quatre ou
cinq de ses plus belles lithographies exécutées en
Angleterre ; puis les *Boxeurs,* les *Deux chevaux qui
se battent dans une écurie, la Batterie changeant
de position,* une importante variante du *Radeau de la Méduse,* plusieurs projets pour la *Course
des chevaux libres* et d'autres dessins de premier
ordre. A l'égard du mode de reproduction, je
m'en suis tenu à celui que j'ai employé jusqu'ici.
Je connais ses imperfections. Les planches obtenues
par ce procédé manquent d'effet et d'éclat ; elles
ont quelque chose d'un peu terne, d'un peu voilé,
d'un peu monotone, qui frappe désagréablement au
premier abord. Mais comme elles ne supportent pas

de retouches, on peut dire que, pour le principal tout au moins, elles sont d'une fidélité absolue et, en somme, au yeux du connaisseur et de l'artiste, très-supérieures aux planches du même genre, reprises, complétées, nettoyées et le plus souvent odieusement défigurées par l'ouvrier. Du reste, n'ayant pour ainsi dire reproduit dans ce volume que des dessins, des gravures et des lithographies, les inconvénients qui résultent des altérations de valeurs que la photographie (point de départ de ce procédé) fait subir à certains tons et qui sont si graves lorsqu'il s'agit de peintures, n'existent ici qu'à un très-faible degré. Dans un livre sérieux où les planches ont pour but de donner au lecteur la facilité de juger par lui-même et de contrôler les appréciations de l'écrivain, il est évident que l'on doit préférer l'exactitude à l'agrément.

C. C.

Paris, février 1879.

INTRODUCTION

C'est en tremblant que j'ai commencé cette étude. Je n'ai jamais été autant effrayé, et, je le dirai, affligé du sentiment de mon insuffisance que dans ce moment où je voudrais rendre hommage et justice au génie du plus grand artiste de notre temps, et arrêter les regards d'un public distrait sur sa noble figure. Géricault est le contemporain des plus âgés d'entre nous. Cependant, s'il n'est pas méconnu, il est négligé et presque oublié. Il n'a rien fait de ce qu'il faut pour captiver l'attention de la foule, pour élever les renommées bruyantes et rapides. Il s'est contenté de bien faire, sans solliciter les bravos, sans se

mêler aux partis, sans s'ériger en chef d'école.
Simple et modeste, il admirait les autres et était
rarement content de lui-même. Il ne *posait* pas,
il ne songeait pas à jouer un rôle, et on serait
tenté de croire qu'il s'ignorait. S'il a pensé à la
postérité, ç'a été pour craindre de n'avoir pas
mérité qu'elle enregistrât son nom. Plus d'une
fois, en étudiant cette vie sans ostentation, je me
suis demandé si je n'étais pas le jouet d'une illu-
sion, si c'était bien un grand artiste que j'avais
sous les yeux, tant l'habitude de voir le talent
s'affubler de fausse grandeur ou d'hypocrite modestie trouble les esprits les plus décidés à discerner la vérité sous les apparences! Hélas!
comme un athlète fait pour vaincre et qui tombe
en commençant le combat, Géricault est mort
trop tôt pour sa gloire. Il n'a laissé qu'un très-
petit nombre d'œuvres accomplies, et le plus souvent on en est réduit à démêler les beautés de
premier ordre, renfermées dans ses admirables
dessins, dans ses rapides ébauches comme l'or
dans la gangue du filon. Ce n'est pas ce que le
public demande. Il lui faut le métal net, sonore,

brillant. La réputation de ceux qui n'ont pas
donné à leur pensée sa forme définitive dans des
ouvrages importants et répétés ne s'établit qu'à
la longue. Je ne suis pas inquiet du résultat final ;
ce que je dis, nos neveux le diront ; mais il se
pourrait que pendant quelque temps encore Géricault ne fût apprécié que par un petit nombre
de rares et fervents admirateurs, et que justice
complète ne lui fût rendue que par une autre
génération.

Pour se faire une exacte idée de l'importance
de la tentative de Géricault, il faut se reporter à
l'époque où, très-jeune encore, il commençait à
peindre. Vers 1808, l'école de David était tom-
bée au plus bas. Les élèves directs de ce grand
maître étaient encore dans la force de l'age,
mais, à peu d'exceptions près, leurs œuvres vides
et froides accusaient chaque jour d'une manière
plus marquée les vices du système. C'était bien
une école, dans la stricte acception du mot, que
cet homme à l'esprit étoit, obstiné et puissant,
avait fondée. Non-seulement il la gouvernait,

mais il la tyrannisait, plus il est vrai par son
exemple et par l'autorité que lui donnaient son
talent et l'énergie de ses convictions, que par sa
volonté. Ses principes étaient bons ; il recommandait l'étude des maîtres et celle de la nature ;
mais, comme s'il eût eu un verre de couleur sur
les yeux, il voyait et les maîtres et la nature à
travers une idée préconçue. Tout prenait sous son
pinceau cette forme conventionnelle, imitation à
la fois servile et erronée de l'antiquité, qu'il avait
transmise comme une recette à ses disciples et
que ceux-ci ont répétée à satiété. Chez David, la
faculté principale de l'artiste, l'imagination,
existe, et à un haut degré, mais elle est étouffée
sous la volonté ; l'élan est arrêté, comprimé par
l'esprit de système ; l'intelligence, la raison, ou
plutôt le parti pris, usurpent un rôle qui ne leur
appartient point et dominent l'inspiration et le
sentiment. Aussi ces images si correctes, si sa-
vantes, si châtiées, qui méritent une si grande et
si sincère estime, n'inspirent-elles jamais cette
émotion franche et profonde que font éprouver
les œuvres des génies spontanés, et David est de

ceux qui forcent l'admiration sans exciter la sympathie. Chez ses élèves, on retrouvait les qualités du maître : l'élévation constante, la dignité,
la sévérité des ordonnances, un dessin correct et
grandiose, précis jusqu'à la sécheresse, mais
aussi tous ses défauts : un style tendu, une re-
cherche de la forme prise en elle-même qui l'a-
mène à n'être plus qu'une sorte d'abstraction,
une froideur inévitable dans des conceptions dic-
tées par des idées pittoresques très-fausses et
pourtant très-arrêtées. On peut dire d'une manière générale que, malgré la diversité de leurs
tempéraments et de leurs tendances, David avait
coulé ses élèves dans un moule uniforme. Ils
ressemblent à leur maître; ils se ressemblent
entre eux, et leur servilité a sans doute rabaissé
leur talent; mais quelle que soit la fatigue que
nous fassent éprouver aujourd'hui ces œuvres
monotones et glacées, les noms de Girodet, de
Gérard et de Guérin[1] sont de ceux que l'on ne
doit pas prononcer sans respect.

---

1. Guérin était élève de Regnault dont l'école était en
rivalité avec celle de David. Mais vue d'un peu loin, du

Trois artistes cependant se distinguaient alors,
par l'originalité de leurs conceptions et de leur
manière, de la foule des élèves de David. L'un,
Prud'hon, doit à peine être mentionné ici. Il n'appartenait à cette école ni par ses études ni par
ses tendances. C'est à Raphaël, à Léonard, à
Corrége surtout qu'il avait demandé des enseignements ; c'est dans sa riche et délicate imagination, dans son cœur, d'une sensibilité presque
maladive, qu'il puisait ces ravissants motifs d'une
grâce si pénétrante, d'une vérité si élevée, d'une
exquise poésie. Mais Prud'hon n'était ni de son
pays, ni de son temps. Il avait vécu jusqu'alors
pauvre et ignoré, et c'est à peine si son beau
tableau *la Vengeance poursuivant le Crime,* qu'il
venait d'exposer, avait fait sortir son nom de sa
complète obscurité. Plus tard Géricault admira
beaucoup Prud'hon, mais il est peu probable qu'à
ce premier moment il l'ait connu ou particulièrement remarqué. Il en est autrement pour Gros
et pour Ingres, qui étaient en plein dans le cou-

point où nous sommes, ces deux écoles représentent les
mêmes idées et n'en font qu'une.

rant d'idées au milieu desquelles Géricault allait
se développer.

Gros était alors dans toute la force de son talent. Les *Pestiférés de Jaffa* sont de 1804, la
Bataille d'Aboukir de 1806, la *Bataille d'Eylau*
de 1808. Le caractère épique de ces œuvres admirables devait impressionner vivement l'esprit
du jeune peintre. A bien des égards, Gros est le
père moderne de Géricault. C'est à lui certainement qu'il doit d'avoir compris le cheval autrement que ne l'ont fait les Grecs et Vernet. Mais
Gros était un artiste tout d'instinct ; comme
étude, il ne connaissait que la forme antique de
David. C'est un brillant météore, ce n'est pas un
soleil. Les beautés qui se trouvent dans quelques-uns de ses tableaux sont d'éblouissants
éclairs que rien ne suit. Esprit faible, indécis,
lorsqu'il s'abandonnait à ses nobles inspirations,
il croyait se tromper, trahir son maître. Il se re-
pentait d'un chef-d'œuvre comme d'une faute ;
il était terrifié et écrasé sous la discipline de David ; il avait honte de son génie. Chez lui, l'effort individuel est très-marqué, mais il ne dure

qu'un instant; on sent qu'il ne sera pas continué.
Ce n'est pas là l'origine, le point de départ d'un
mouvement nouveau, et la fin misérable de ce
puissant et inégal artiste prouve assez qu'il n'y
avait pas en lui l'étoffe d'un chef d'école.

Quant à Ingres, il n'est pas davantage un ré-
formateur, et il aurait regardé comme une injure
qu'on voulût faire de lui un adversaire de son
maître. Il ne faut pas l'opposer à David. Il a
continué la même école avec plus de goût, un
sentiment pittoresque plus distingué, plus élevé,
plus vrai, une plus grande indépendance vis-à-
vis de la nature, à laquelle il s'attache avec passion, mais qu'il interprète pourtant avec largeur
et liberté. Il est bien loin d'avoir l'imagination
puissante et inventive du chef de l'école, mais il
possède cependant une originalité relative que
l'on ne saurait contester. Son exécution magistrale est plus souple, et, en somme, plus
parfaite que celle de David. Avec un savoir
consommé, il a de l'ardeur, de l'imprévu, une
saveur particulière, quelque chose de *rare* qui le
rapproche des maîtres. C'est un élève fidèle,

mais intelligent, émancipé, et à bien des égards
supérieur à David. Cependant, je le répète, il n'a
fait que suivre, en les modifiant, des principes
dont au fond il ne s'est jamais sérieusement
écarté.

Ce caractère de novateur qui manque à Ingres, Géricault le possède complétement. Son
système (si l'on peut parler de système à propos
de beaux-arts et d'un peintre aussi spontané) est
la fusion parfaite de la tradition et du progrès.
Il aime, il comprend, il accepte tout : l'antiquité
et la Renaissance, la ligne sévère des Grecs et
des Florentins, aussi bien que la couleur des
Vénitiens et le clair-obscur des Flamands. Il a
suivi la filière ; il a tout vu, tout compris, tout
digéré. Ce n'est pas un éclectique, bien loin de
là : c'est un artiste d'une sincérité absolue, dont
des études obstinées ont fortifié l'œil et la main.
Ce n'est pas par parti pris, c'est en se laissant
naturellement conduire par son sentiment pittoresque qu'il a réagi contre la peinture décora-
tive, abstraite, aride, de l'Empire. Avec une in-
dividualité éclatante dans la manière, il apporte

un point de vue nouveau. Au moyen de cette
science précise et profonde qu'il avait acquise en
étudiant naïvement la réalité et dans le commerce assidu des maîtres, il traite des sujets
modernes, et il marque tout ce qu'il touche de
sa puissante originalité. Comme les Grecs, il a
trouvé le style en restant fidèle à la nature. Il a
su dégager le caractère poétique, grandiose,
épique, de ces motifs réels qui jusque-là n'avaient
guère inspiré que des peintres de genre. Et ce
n'était pas une tentative médiocre que de donner
à des scènes familières et exactes cette significa-
tion générale, absolue, nécessaire à toute œuvre
de grand art. Il n'a reculé devant aucune des
difficultés de son projet. Il a adopté franchement,
sans timidité et sans affectation, les costumes et
les accessoires, et il l'a fait sans tomber jamais
dans la mesquinerie, dans la trivialité, dans l'excès de la couleur locale. Audacieux et sage, il a
appliqué la science la plus précise à ses plus
fougueuses inventions, et il a mis dans toutes ses
œuvres cet irrécusable caractère de la force : la
hardiesse, la confiance simple et sans ostentation.

Si sa vie a été brisée avant qu'il ait pu donner la mesure entière de son génie, il faudrait au moins que son exemple ne fût pas perdu, et qu'il convainquît les esprits lâches, les cœurs trop prompts à désespérer, que les sources des hautes inspirations ne sont pas taries. La race des grands hommes n'est pas éteinte, et il en peut naître même dans des circonstances qui semblent aussi peu faites que possible pour les susciter.

GÉRICAULT

I

ENFANCE DE GÉRICAULT. — SA FAMILLE.
GÉRICAULT A L'ATELIER DE CARLE VERNET ET DE GUÉRIN.

Jean-Louis-André-Théodore Géricault est le
concitoyen de Corneille et de Poussin. Il naquit
à Rouen le 26 septembre 1791, « du légitime
mariage de Georges-Nicolas Géricault, homme
de loy, et de Louise-Jeanne-Marie Caruel, de
cette paroisse » (Saint-Romain[1]). Il appartenait

---

1. Les parents de Géricault demeuraient dans une vieille
maison portant alors le n° 7 de la rue Lavallasse, habitation
de sa grand'mère maternelle, qui fut démolie en 1822, et
qui se trouvait sur l'emplacement occupé aujourd'hui par les
bâtiments portant les n°s 13, 13 *bis* et 13 A. (Rapport de la
commission chargée par l'Académie de Rouen de rechercher

à une famille honorable de la bourgeoisie. Son
père était originaire de Saint-Cyr de Bailleul,
petit village de l'arrondissement de Mortain,
dans le département de la Manche. Il avait étudié le droit à Rouen, s'y était établi et y avait
épousé Mlle Caruel, personne remarquable par son
esprit et sa beauté. Allié aux meilleures familles
du pays, son salon, présidé par MM[mes] Caruel
avec une grâce dont on a gardé le souvenir,
était le rendez-vous d'une société distinguée de
magistrats, d'hommes de lettres et d'artistes.
C'est dans ce milieu, et sous l'influence heureuse
de sa mère et de sa grand'mère, que Géricault
passa ses premières années[1]. Bientôt sa famille
vint s'établir à Paris. M. Géricault, le père,
était associé avec son beau-frère, M. Caruel de
Saint-Martin, qui avait des intérêts importants
dans la ferme des tabacs, et c'est dans cette

dans quelle maison Géricault était né, inséré dans les pièces
analytiques des travaux de l'Académie des sciences, belles-
lettres et arts de Rouen pendant l'année 1842, Rouen, Pé-
riaux, 1843.)

1. C'est à M. Moulin, avocat à Mortain, allié à la famille
de Géricault, que je dois une partie de ces détails.

entreprise qu'il avait gagné une douzaine de
mille livres de rente, et doublé au moins la
fortune, assez considérable pour le temps, que
sa femme lui avait apportée. L'enfant fut mis
en pension d'abord chez M. Dubois-Loiseau,
puis, bien plus tard, seulement en 1806,
chez M. Castel, l'auteur du poëme *les Plantes*.
Comme tant de grands artistes, il était assez
mauvais écolier. Une dame âgée, qui a bien
voulu recueillir à mon intention des souvenirs
déjà lointains, écrit : « J'ai beaucoup connu Géricault dans notre enfance, parce que sa famille
est alliée à la mienne, et toutes deux liées d'affection. Je ne vous dirai pas qu'il ait montré
des dispositions extraordinaires d'aptitude au
travail et dans sa pension, qui était celle de
M. Dubois-Loiseau, rue de Babylone[1]. Bien au
contraire, il était paresseux par délices, et tous
les jeudis, jour de bonheur pour nous, puisque
c'était jour de congé, nous nous réunissions tous
chez la bonne, aimable et vénérable grand'mère,

---

1. Les jardins de la pension allaient jusqu'à la rue de Babylone, mais l'entrée était rue de Monsieur.

Mme Caruel de Saint-Martin, qui la gâtait trop. Lorsqu'il fallait retourner à la pension, c'étaient des pleurs et des chagrins, et la bonne grand'-mère obtenait de M. et de Mme Géricault qu'il n'y rentrât que le lendemain. Enfin, je le nommais *le Paresseux*. Plus tard, il montra des dispositions pour le dessin et même pour la peinture, et il me disait en riant : **Je ferai ton portrait**[1]. »

Il n'avait que dix ans lorsqu'il perdit sa mère, vers 1801. Il en avait gardé un souvenir très-vif et très-attendri, me dit M. Dedreux-Dorcy, son plus ancien et plus fidèle ami, ainsi que d'une cousine nommée Rose, morte aussi vers cette époque, et dont il parlait souvent. Il était entré au lycée Louis-le-Grand, alors lycée impérial. Il s'y trouvait très-malheureux. Il n'avait aucun goût pour les études classiques. Il savait pourtant assez bien le latin, mais il connaissait mal les auteurs français et lisait peu. Toutes ses préoccupations étaient pour le dessin ; et bien qu'alors il n'eût reçu d'autres leçons que celles

[1]. Lettre de Mme la comtesse Pracontaz. Honfleur, 8 juillet 1863.

du collége, il passait ses récréations et la meilleure partie de ses heures d'étude à dessiner,
et les personnes qui ont vu de ses premiers
essais assurent qu'ils étaient d'une grande vérité. Déjà sa passion dominante était le cheval ;
dès qu'il pouvait s'échapper, il courait s'en-
fermer avec ses crayons dans quelque écurie,
où il restait des journées entières, et d'où on
avait grand'peine à l'arracher à l'heure des
repas. C'est surtout pendant les vacances qu'il
passait, soit à Rouen, soit à Mortain, chez les
parents de son père, qu'il pouvait se livrer sans
réserve à son goût. On raconte qu'il demeurait
à Rouen vis-à-vis de la boutique d'un maréchal
ferrant; il y allait le matin et n'en revenait qu'à
la nuit. Un jour il lui peignit une enseigne pour
sa boutique ; un amateur anglais la vit, voulut
l'acheter, en offrit 800 fr. L'honnête maréchal
refusait; mais il raconta l'aventure au jeune
peintre, qui lui dit : « Vends-là donc, je t'en
ferai une autre. » A Paris, son plus grand bonheur était d'aller voir au Cirque Olympique les
exercices équestres. Ces jours-là étaient ses vrais

2

jours de fête. Il fréquentait aussi le Louvre. Ses
deux grands hommes, à cette époque, étaient
Rubens et Franconi, mais on peut croire que le
célèbre écuyer l'emportait dans son esprit sur le
peintre flamand. Il s'appliquait à l'imiter, et,
ayant remarqué qu'il avait les jambes arquées
comme la plupart des cavaliers, il s'était fabriqué
des sortes de jambières en bois pour se faire
rentrer les genoux. Dans Paris ou sur la route
de Versailles, où il allait souvent, il suivait les
attelages à la course. C'était une véritable fré-
nésie. Il ne s'arrêtait que couvert de sueur
et rendu. Cette idée du cheval le possédait.
« Excellent écuyer, dit M. Moulin[1], il n'avait
pas de plus grand plaisir que de chevaucher à
travers la campagne, montant de préférence des
chevaux entiers, et choisissant toujours le plus
fougueux. Un jour, retournant de Mortain à
Paris, à la fin des vacances, il acheta un cheval,
afin de se livrer en toute liberté à son amour
désordonné de l'équitation, mais, inhabitué au

1. *Le Mortainais,* 17 mai 1865.

métier de postillon, il se vit forcé de s'arrêter à
Saint-Germain-en-Laye, rompu, brisé de fatigue. Dans son âge mûr, il disait souvent que si
ses professeurs de grec et de latin avaient su le
comprendre et deviner ses instincts, ils auraient
pu lui inspirer le goût des lettres anciennes en
mettant sous les yeux de leur élève, comme prix
de ses efforts, tant d'admirables tableaux de
courses de chevaux ou tant de peintures inimi-
tables de coursiers dont l'antiquité nous a laissé
de si précieux modèles. »

Géricault quitta le lycée le 1er juillet 1808 ;
il n'avait pas encore dix-sept ans. Il s'agissait
de prendre un état. Pour lui, son choix était
fait. Son père, homme aimable mais singulier,
un peu borné, me dit-on, et qui, dans tous les
cas, ne comprenait rien aux goûts de son fils,
ne se souciait pas de le laisser suivre la carrière
des arts. Sauf la rigueur, il employait tous les
moyens pour l'en détourner. Le jeune homme
s'ouvrit à son oncle maternel, M. Caruel de
Saint-Martin, qui entra dans son projet, prétexta
auprès du père son désir de l'avoir chez lui

pour l'occuper dans ses affaires. Ce petit et
innocent complot réussit, et au lieu de faire des
chiffres chez son oncle, Géricault allait secrète-
ment dessiner chez Carle Vernet. De la part
de Géricault, le choix d'un pareil maître a lieu
de surprendre. Les chevaux que peignait Vernet
ne ressemblaient guère à ceux que Géricault avait
vus et dessinés dans les prairies normandes, dans
les rues de Paris ou dans les écuries de Versailles ; mais c'étaient des chevaux, et le fana-
tique jeune homme n'en demandait alors pas
davantage. Cette première période d'études fut
très-courte, et elle n'a laissé que fort peu de
traces. Je ne connais guère que trois dessins
qu'on y puisse rapporter : l'un, qui appartient à
M. His de La Salle, représente un hussard ; les
autres, un maréchal de France au galop, à
l'aquarelle, et un cavalier, à la sépia, sont entre
les mains de M. Jamar. L'influence de Carle
Vernet est manifeste dans ces ouvrages, d'ailleurs peu importants. C'est son dessin élégant,
mais maigre et chétif, et on a quelque peine à
y distinguer de vagues indications qui font re-

connaître la main de Géricault. L'artiste habile
et spirituel, qui disait de lui-même avec tant de
finesse et une nuance de mélancolie : « Fils de
roi, père de roi, jamais roi », ne pouvait rien apprendre à l'auteur futur du *Radeau de la Méduse* et
de la *Course de chevaux libres*. Géricault s'aperçut bientôt de sa méprise, et quitta l'atelier de
Vernet pour entrer dans celui de Guérin, en 1810.

Le peintre de *Phèdre et Hippolyte*, d'*Andro-
maque et Pyrrhus*, de *Clytemnestre*, jouissait alors
d'une réputation que nous comprenons peu aujourd'hui, et son atelier était le rendez-vous de
la plupart des jeunes peintres qui allaient lever
l'étendard de la révolte et se mettre à la tête du
mouvement romantique. Géricault y rencontra
Léon Cogniet, Champmartin, Henriquel-Dupont,
les deux Scheffer, Dedreux-Dorcy, Pierre Berton, Jadin, Destouches, Champion, etc., etc. Ce
n'est pas là, comme on le dit généralement, qu'Eugène Delacroix se lia avec Géricault, dont il était
le cadet de huit ans. Il ne suivit les leçons de
Guérin que beaucoup plus tard, à partir de 1817.
Aussi les relations qu'il eut avec le peintre de la

Méduse ne furent-elles jamais celles d'un camarade, et sur ce point comme sur tant d'autres on
ne doit accueillir la tradition que sous bénéfice
d'inventaire. Lorsque Delacroix commença à
peindre, Géricault avait déjà exposé le *Chasseur*
et le *Cuirassier*. Il accueillit avec bienveillance
son jeune confrère, dont il avait distingué le
talent. Il l'encouragea et le conseilla, mais c'est
tout.

Malgré les quelques beaux ouvrages qu'elle
produisit encore, cette école de David, à laquelle
Géricault venait demander des enseignements,
n'avait plus qu'une ombre d'existence ; mais avant
de disparaître elle donnait les armes d'une éducation sérieuse à tous ces jeunes gens qui devaient
la combattre, la vaincre et la remplacer. Cependant rien à l'extérieur n'annonçait sa fin prochaine.
Comme un arbre qui n'a plus que l'écorce, elle
gardait les apparences de la vie et de la santé.
Elle régnait encore, et plus que jamais, sans
conteste. Mais l'ordre et la règle n'étaient qu'au
dehors. Une secrète inquiétude, une fermenta-
tion sourde travaillait la génération nouvelle. On

sentait les souffles avant-coureurs de cet orage
romantique qui devait aller grandissant et éclater
dans toute sa force pendant les dernières années
de la Restauration. Comme il arrive d'ordinaire,
un mouvement littéraire important avait précédé
le développement des arts du dessin. Chateau-
briand, Byron, Mme de Staël, Walter Scott,
répandaient dans l'atmosphère des éléments
nouveaux qui germaient dans les esprits. Quoique comprimées par une main de fer, les aspi-
rations vers l'affranchissement intellectuel, civil
et politique soulevaient toutes les poitrines. On
voulait respirer, briser des entraves qui paraissaient de jour en jour plus intolérables, et si le
mot de liberté n'était pas sur toutes les lèvres,
il était dans tous les cœurs. Ce sont de belles et
heureuses époques celles où la société se sent
possédée d'une vie nouvelle, où elle s'élance
avec confiance vers l'avenir incertain, vers un
horizon magique tout peuplé de ses chimères.
L'ambition du mouvement romantique fut plus
grande que sa puissance. Il n'a pas rempli ses
espérances, il n'a pas tenu ses promesses. Mais

tous ses rêves n'étaient pourtant pas des illu-
sions.

En entrant à l'atelier, Géricault avait sans
doute la meilleure intention de se soumettre à la
discipline sévère de son maître; mais à chaque
instant sa nature fougueuse l'emportait. Sa
manière de procéder déroutait complétement le
méthodique et méticuleux Guérin. Il portait
cependant un véritable intérêt à son bouillant
élève, mais il ne comprenait rien à cette façon
de voir la nature et de l'interpréter. On raconte
qu'un jour Géricault lui ayant demandé l'autorisation de copier un de ses tableaux, il lui fit
entendre qu'il n'était pas en état d'entreprendre
un travail de cette importance, et lui expliqua
même, avec tous les ménagements possibles,
qu'il n'était pas né pour la peinture, et qu'il
ferait mieux d'y renoncer. J'avoue que je mets
peu de confiance dans cette anecdote; trop d'autres faits prouvent que Guérin ne méconnaissait
pas à ce point le talent de Géricault, et s'il a
tenu ce propos, ce ne fut, je me figure, que pour
entrer dans les vues de la famille, qui persistait

à combattre la vocation du jeune artiste. Ce qui
est plus vraisemblable, ce sont les emportements
et les impatiences qu'on lui prête : « Votre coloris n'est pas vrai, disait-il à son indocile élève;
tous ces contrastes de clair-obscur me feraient
croire que vous peignez toujours au clair de la
lune; quant à vos académies, elles ressemblent
à la nature comme une boîte à violon ressemble
à un violon. » Ce qui inquiétait visiblement
Guérin, c'était l'influence extraordinaire que
Géricault avait prise de très-bonne heure sur
ses condisciples[1] : « Pourquoi, disait-il à ses
élèves, cherchez-vous à l'imiter? Laissez-le
faire, il y a en lui l'étoffe de trois ou quatre
peintres, mais il n'en est pas de même de vous. »
Il y a loin de là au sentiment de jalousie qu'on
lui a prêté. On a été pourtant jusqu'à prétendre
que Guérin, prétextant la manière excentrique
dont Géricault menait ses études, l'avait renvoyé

---

1. Cette influence fut surtout grande à partir d'une étude
très-réussie que Géricault fit à l'atelier, d'après un modèle
italien. Cette peinture est restée longtemps dans sa chambre.
Elle a appartenu à M. Jamar.

de l'atelier. C'est une fable, et voici l'anecdote qui y a donné lieu, telle qu'elle a été racontée par Géricault lui-même à M. Montfort, dont le récit m'a été confirmé par M. Léon Cogniet. Géricault avait obtenu, ce qu'il regardait comme une grande faveur, de copier dans l'atelier personnel de Guérin l'*Invocation à Esculape*, l'un de ses tableaux importants qui a figuré longtemps au Louvre. L'atelier du maître était dans la même maison que celui des élèves, et à l'étage au-dessus. Or, un jour, pendant l'absence de Guérin, nos rapins se mirent à se jeter de l'eau, s'attaquant surtout à Géricault, qui, placé au-dessus d'eux, était dans une excellente position pour leur répondre, et qui se défendait de son mieux. Les élèves de l'atelier d'en bas escaladaient quelques marches de l'atelier de communication, et, après avoir jeté leur potée d'eau, s'enfuyaient pour éviter les représailles. Géricault, toujours ardent, ripostait sans trop y regarder. Pour son malheur, au moment où il vidait un énorme seau sur ses adversaires, Guérin, qui montait l'escalier, le reçut en plein.

S'apercevant de la maladresse qu'il venait de
faire, honteux et contrit, comme on peut penser,
Géricault courut reprendre sa place à son chevalet. Le maître, sans mot dire, s'essuya le
visage, et il se passa un moment bien long pour
le pauvre Géricault, qui, assis devant sa toile,
n'osait lever les yeux, et n'avait à cœur que de
se faire oublier. Mais bientôt Guérin, d'une voix
forte, lui dit : « Monsieur Géricault, vous allez
me faire le plaisir de prendre votre boîte et
votre chevalet, et de descendre dans l'atelier
des élèves. » Et, tandis que Géricault remettait
silencieusement sa palette et ses brosses dans
sa boîte à couleurs, Guérin s'approcha de lui et
reprit : « Et d'ailleurs, voulez-vous que je vous
le dise? ce que vous faites-là est le travail d'un
insensé. » — « Et il avait bien raison, ajoutait
Géricault, car, vous comprenez, je copiais bien
le tableau exactement, mais j'avais imaginé d'y
mettre de l'énergie, et vous pouvez juger quelle
belle chose cela devait faire. » Telle est l'histoire
qu'on a tant brodée. Géricault ne travailla plus
désormais dans l'atelier personnel de Guérin,

mais il resta dans celui des élèves, où le maître
continua à lui donner des leçons.

Du reste, Géricault a gardé toute sa vie une
grande reconnaissance et un véritable respect
pour Guérin, qu'il ne manqua jamais de consulter chaque fois qu'il avait terminé un ouvrage
de quelque importance. Mais sa nature violente
lui faisait transgresser très-souvent les sages
préceptes de l'école. « Il me passait un jour
par la tête, disait-il dans cette même conversa-
tion, de faire à ma figure un fond à la Paul
Véronèse, et à la correction suivante, M. Guérin
me trouvait tout occupé à peindre une longue
suite de colonnes et de chapiteaux ; une autre
fois, c'était autre chose ; puis il arrivait qu'ayant
terminé la figure dès ma troisième ou la quatrième
séance, je changeais de place, retournais ma
toile et faisais une seconde étude sur le canevas
sans impression, si bien que M. Guérin, qui
m'avait vu précédemment à un bout de l'atelier,
était tout étonné de me trouver à l'autre. C'était
absurde, mais j'étais incorrigible, et le maître se
contentait de sourire. » Pour se fortifier, pour

s'assouplir, pour se rompre à son art, Géricault
s'ingéniait à imaginer des difficultés qu'il sur-
montait déjà alors avec une rare habileté, et ses
amis ont gardé la mémoire d'un tour de force
qu'ils lui ont vu faire bien souvent. Au lieu de se
borner à copier, il intervertissait, et si le modèle
posait, par exemple, le bras droit levé, c'était
le gauche qu'il exécutait. Il colorait alors plus
qu'il ne l'a fait depuis. Il aimait les tons frais et
roses du grand peintre d'Anvers. Il empâtait
beaucoup, et ses camarades l'appelaient « le
pâtissier. » Isabey, le père, avait fait une variante et le nommait « le cuisinier de Rubens. »

Il ne suivit régulièrement l'atelier que pendant six mois environ. Plus tard, sans l'abandonner tout à fait et sans ralentir en rien ses
études, il les menait avec plus de liberté, comme
on le voit par une note écrite de sa main[1] et qui
détermine la manière dont il réglait son temps :

« Dessiner et peindre les grands maîtres
antiques.

1. Batisssier, *Géricault*, p. 5.

« Lire et composer. — Anatomie. — Antiquités. — Musique. — Italien.

« Suivre les cours d'antiquités, les mardis et
samedis à deux heures.

« Décembre, peindre une figure chez Dorcy.
Le soir, dessiner d'après l'antique et composer
quelques sujets. — M'occuper de musique.

« Janvier, aller chez M. Guérin pour peindre
d'après nature.

« Février, m'occuper uniquement du style des
maîtres et composer *sans sortir et toujours seul.* »

II

Cependant, comme l'indique la note précédente, dans cette première période qui va de 1808 à 1812, c'est-à-dire depuis son entrée chez Vernet jusqu'au moment où il commença à s'occuper de son premier grand tableau, le *Chasseur à cheval,* Géricault ne se bornait pas à étudier d'après le modèle. Soit pendant son séjour à l'atelier, soit depuis qu'il en fut sorti, il travaillait beaucoup d'après les maîtres. Non-seulement il dessinait des antiques, mais, sans

acception d'école, il copiait les tableaux qui le
frappaient vivement. Le Louvre offrait alors un
incomparable assemblage des chefs-d'œuvre. Il
avait donné une magnifique hospitalité aux
dépouilles de la conquête : c'étoit, à proprement
parler, le musée de l'Europe. Le jeune peintre
n'avait que l'embarras du choix, et quoique ses
préférences fussent pour les peintres énergiques
et surtout pour les coloristes, il ne limita jamais
son admiration à tel maître ou à telle école.
C'est un des caractères bien remarquables de
cet esprit qui, à bien des égards, ne dépassait
pas la mesure ordinaire, et que l'on trouve si
vaste, si libéral, si ouvert pour tout ce qui con-
cerne les arts du dessin. La plupart de ses
copies de cette première époque ont été conservées. Exécutées d'une main sûre, savante,
rapide, elles sont déjà tout imprégnées de sa
puissante originalité. Il se préoccupe peu de la
manière, de la facture du maître ; il y met la
sienne, non sans doute pour faire mieux ou
autrement, mais parce qu'il obéit sans réserve
à son instinct. C'est naïvement et nullement par

parti pris qu'il transforme. Il fait ce qu'il voit :
le modèle à travers son sentiment personnel.
C'est encore Raphaël ou Rubens, mais c'est bien
plus encore Géricault. Nous avons vu la plupart
de ces ouvrages; on reste confondu de la somme
de travail qu'ils représentent et de l'intelligence
pittoresque qu'ils dénotent.

C'est d'abord, dans les écoles italiennes : le
Christ au tombeau, le *Martyre de saint Pierre,* le
Sommeil des Apôtres, l'*Assomption,* d'après le
Titien; la *Transfiguration,* d'après Raphaël, que
les événements de 1814 l'empêchèrent de terminer; le *Christ au tombeau,* d'après Michel-Ange
de Caravage; la *Bataille,* d'après le tableau de
Salvator Rosa; le *Concert,* d'après Spada. Dans
l'école flammande : la *Descente de croix, Mars retenu par Vénu,* d'après Rubens; *Saint Martin,*
d'après Van Dyck; la *Bénédiction de Jacob;* deux
Têtes, d'après Rembrandt; la *Peste de Milan,*
d'après Jacob van Oost; une *Nature morte,*
d'après le tableau de Weenix au Louvre. Dans
l'école française : la *Descente de croix* d'après
Jouvenet; la *Prédication de saint Paul à Éphèse,*

3

d'après Lesueur ; le *Christ descendu de la croix,*
d'après Sébastien Bourdon ; un Portrait de
femme, d'après Rigaud ; la *Justice poursuivant
le Crime,* d'après Prud'hon. Dans l'école
espagnole : les *Enfants de Philippe II,* d'après
Vélasquez ; le *Moine,* d'après Mola. Dans l'école
anglaise enfin : un *Lion attaquant un cheval
blanc,* d'après Ward. Je pourrais prolonger cette
nomenclature, mais c'en est assez pour montrer
avec quelle ardeur et quelle indépendance
d'esprit il demandait aux maîtres les plus divers
les secrets de son art, et par quelles études
obstinées et approfondies il se préparait aux
vastes travaux qu'il méditait déjà.

On trouve aussi dans les collections un grand
nombre de ces études, d'après le modèle, que
Géricault avait faites pendant son séjour dans
l'atelier de Guérin. Comme ses copies d'après
les maîtres, elles sont en général d'une grande
beauté, pleines d'énergie, de franchise, d'une
exécution savante, large, très-personnelle, de
cette couleur riche et puissante dont il eut le se-
cret dès ses débuts. Ce ne sont que des exercices

d'écolier, si l'on veut, mais qui portent sa marque
irrécusable. Il serait inutile et fastidieux de les
énumérer. Nous nous bornerons à citer : l'étude
d'homme nu, une jambe en avant, les deux
mains croisées sur la tête qu'il tourne du côté
gauche, que possède M. de Triqueti; le buste de
jeune homme vu de trois quarts, les cheveux
ébouriffés, la moustache naissante, le col nu et
entouré d'un vêtement de fourrure, à M. His de
La Salle; l'académie d'homme couché, le bras
étendu vers la droite, à M. Binder; trois ou
quatre ouvrages du même genre chez MM. Marcille. Il nous tarde d'arriver aux essais plus si-
gnificatifs du jeune maître, à ceux où l'imagination joue un rôle plus ou moins important.

Quoiqu'il n'ait jamais particulièrement réussi
dans ce genre, de très-bonne heure Géricault
s'essaya au portrait. Pendant un de ses séjours à
Mortain, il fit le sien en quelques heures, dans
de petites dimensions et sur papier verni. Sa famille possède encore cette précieuse peinture. Il
est représenté âgé de dix-huit ou dix-neuf ans,
encore complétement imberbe. La physionomie

est très-noble, avec toute la grâce de la première jeunesse ; le regard est fier et plein de
feu, une luxuriante chevelure couronne cette belle
et aimable tête ; l'ensemble a le naturel et la distinction qui le caractérisaient à un si haut degré.
Le portrait de M. Félix Bonnesœur, qui se trouve
également à Mortain, est à peu près de la même
époque.

Nous ne connaissons qu'une seule composition un peu importante que l'on puisse rapporter avec certitude à cette période. Elle
appartient à M. Camille Marcille, et a certainement été faite dans l'atelier de Guérin, dont
elle rappelle la manière. C'est une esquisse
assez avancée sur panneau qui représente l'un
des sujets favoris des peintres de l'empire, le
Départ d'Ulysse. Le roi d'Ithaque accompagné
de Pénélope et du jeune Télémaque pose le pied
sur la barque qui va le transporter au vaisseau
dont on aperçoit la proue au second plan. Il se
retourne avec affection vers sa femme et vers
son fils, mais du bras gauche il montre l'étendue
et semble répondre aux supplications de Péné-

lope que son sort est irrévocablement fixé. Les
rameurs sont à leur poste. Ses compagnons, debout dans la barque, l'attendent avec impa-
tience; l'un d'eux, penché en avant, lui tend la
main pour l'aider à monter dans le bateau. A
gauche, derrière Pénélope, se presse la nourrice
et le cortège des femmes. Cette composition est
considérable, car elle ne compte pas moins de
dix-huit figures. Conçue dans les données de
l'école, d'une disposition noble et bien équilibrée,
elle a plus de chaleur que la plupart des ouvrages
de ce genre et de ce temps. Il y a du mouvement, des poses et des gestes expressifs. Ce n'est
qu'un premier essai, un premier pas encore bien
timide, mais on sent que l'enfant est déjà capable de marcher sans lisières [3].

1. Dans la première publication de ce travail, j'avais cru
pouvoir attribuer à Géricault, comme un ouvrage de sa
jeunesse, un petit tableau : *Samson et Dalila,* que possède
un marchand de Paris. Je fondais mon opinion d'abord sur
l'aspect de la peinture, qui, tout en rappelant l'école de
David, présente quelques caractères qui font certainement
penser à Géricault; puis sur deux dessins au recto et au
verso d'une même feuille, à M. His de La Salle, qui se
rapportent évidemment à cette composition; enfin sur la

La conception générale dérive, je le répète, du système de David. C'est l'œuvre d'un élève, et il faudrait s'étonner qu'il en fût autrement. Comme les plus grands maîtres, comme Michel-

dimension même de ce tableau qui est celle des toiles qu'emploient les élèves en loges, et l'on sait qu'en 1811 ou 1812, Géricault s'est présenté au concours, et qu'admis pour la figure, il a été repoussé à l'esquisse. Le tableau dont il s'agit pouvait être cette esquisse. Cependant au moment de donner une forme plus définitive à cette étude, j'ai été pris de scrupules. Non-seulement les amis de Géricault n'ont jamais eu connaissance de ce remarquable ouvrage, mais il résulte de recherches faites à l'école que le sujet de Samson et Dalila a été proposé aux élèves non pas à l'époque où Géricault a concouru, mais en 1821 seulement. Ce concours fut même très-brillant. Court obtint le prix; Montvoisin fut envoyé avec lui à Rome pour trois ans; un autre prix fut accordé à Bourgeois, et on donna une mention honorable à Périn. Il se peut sans doute que, dans sa jeunesse. Géricault ait traité librement ce sujet; mais les circonstances que je viens de rapporter ne sont pourtant pas favorables à l'opinion que j'avais adoptée, de sorte que je me borne à signaler cet intéressant tableau sans insister davantage. Quant aux dessins de M. de La Salle, dont l'attribution n'est pas contestable, ne pourrait-on pas les regarder comme un souvenir du concours de 1821 ? Géricault, frappé dans l'un des ouvrages exposés de la figure du Samson a pu le dessiner de mémoire et en faire le motif principal d'une composition qui lui appartient certainement. Cette hypothèse expliquerait suffisamment les rapports qui existent entre les croquis de M. de La Salle et ce petit tableau.

Ange si l'on veut, Géricault a commencé par
imiter ; il ne s'est pas émancipé d'un coup. Ses
ailes d'aigle puissant n'ont pas grandi en un jour.
Il a suivi son maître en tâtonnant dans une demi-
obscurité, non sans quelque révolte, il est vrai,
mais au total humblement et docilement, jusqu'au jour où ses yeux ont supporté la pleine
lumière du soleil. C'est que l'originalité du talent
ne vient pas avec l'adolescence comme la pu-
berté. L'être intellectuel n'arrive pas à son plein
développement aussitôt que le corps, mais aussi
il survit à sa décadence.

Cependant c'est à son sujet favori, au cheval,
que le jeune peintre revenait toujours. Il était
dans d'excellentes conditions pour l'étudier à
fond et il en profita. Son oncle, M. Caruel, possédait, près de Versailles, une magnifique propriété, et Géricault faisait chez lui de nombreux
et quelquefois d'assez longs séjours. Il trouvait
aussi dans les écuries impériales de Versailles
d'excellents modèles. C'est là et dès 1810, si
l'on en croit une insciption placée sur la traverse
du châssis et à laquelle le dessin et l'exécution un

peu sèche et maigre de l'ouvrage donnent beaucoup d'authenticité, qu'il peignit trois étalons
célèbres que l'empereur venait de recevoir. Ce
sont des portraits : le magnifique animal à robe
blanche, placé de profil et tourné à gauche au
premier plan, se nommait Tamerlan ; le second,
un peu plus loin, avec une couverture, et que
l'on voit en trois quarts par la croupe, c'est Néron. On aperçoit la tête du troisième au-dessus
de l'étalon blanc[1]. C'est une étude d'après nature, précise, serrée, pleine de vigueur et de sincérité. Le *Trompette de lanciers polonais,* sur un
cheval blanc qui se cabre[2], le *Turc,* monté sur un
cheval alezan brûlé qui galope à droite, d'après
une composition de Carle Vernet qui a été lithographiée[3] ; le cheval espagnol dans une écurie,
le cheval turc du musée du Louvre, ainsi qu'une
foule d'ouvrages du même genre, épars dans
les collections, sont probablement aussi de cette
époque. Il ne servirait à rien de s'y trop arrêter.

1. Ce tableau appartient à M. Berville.
2. A M. James Nathaniel de Rothschild.
3. A M. de Triqueti.

Ils ont tous le même caractère. Ce ne sont pas des tableaux. Ce sont des exercices, des études. Géricault veut posséder *son cheval*. Il le tourne et retourne dans tous les sens. C'est une sorte de gymnastique qu'il s'impose. Il l'apprend dans ses moindres détails. Il ne néglige rien, ni son anatomie, et sa forme intérieure, ni les jeux de la lumière sur sa robe, ni ses mouvements si difficiles à saisir et à exprimer. Il n'a de préférence pour aucune race et pour aucune couleur. Il copie tout, depuis le noble étalon de Perse ou de Syrie, jusqu'à la rosse qui traîne en boitant un tombereau d'immondices, jusqu'à la bête exténuée, décharnée, affreuse, qu'on abat à Montfaucon. Il cherche le vrai ; ce qui n'empêche pas que dans ces premières études du jeune peintre naturaliste, il y ait très-souvent déjà une interprétation inconsciente peut-être, mais très-intéressante et très-élevée de la forme.

On s'arrête avec plaisir à ce premier moment. A la fleur de l'âge Géricault était heureux. Une vie pleine de promesses s'ouvrait devant lui. Il aimait la gloire et il s'était préparé à la conqué-

rir par les plus sérieux efforts. Il n'était entravé
par aucune de ces difficultés matérielles qui gê-
nent l'essor du talent, qui inquiètent, qui dé-
tournent du but les plus fermes esprits. Il demeurait alors avec son père, rue de la Michodière,
n. 8. Mais cette vie commune ne gênait pas gra-
vement sa liberté de jeune homme. Sa mère en
mourant lui avait laissé une dizaine de mille
livies de rente. C'était assez pour lui permettre
de satisfaire ses goûts, pour lui assurer l'indépendance; c'était trop peu pour lui imposer les
ennuis, et pour l'exposer aux dangers de la fortune. Tout jeune il était exalté, ingénu et très-
timide. Il aimait le monde quoiqu'il y ait toujours
été un peu embarrassé. Il ne se décourageait
pas, prenait ses mésaventures du bon côté et
les racontait en riant et en se raillant lui-même
à ses amis. Malgré cela il plaisait. Souple, élégant, rompu à tous les exercices du corps, il était
d'un extérieur accompli. Son visage, sans être
d'une régularité remarquable, était sympathique
au plus haut degré. Il était bon musicien et
chantait d'une manière agréable. D'une force

peu commune, il se livrait au plaisir avec l'ardeur de sa nature et de son âge. Mais il avait
si bien réglé sa vie que les distractions n'empié-
taient ni sur son travail ni surtout sur ses de-
voirs. On en donne un exemple frappant. Quoique
son père eût toujours contrarié ses projets et qu'il
n'y eût entre eux que bien peu de rapports et
de sympathie naturelle, il l'entourait de respects
et de soins. Lorsqu'il devait sortir le soir, ce qui
lui arrivait souvent, plutôt que de le laisser seul,
il s'arrangeait pour que l'un de ses amis restât à
dîner avec lui. C'était en général M. Dedreux-
Dorcy qui se dévouait. Il faut qu'il ait eu une
force de séduction vraiment extraordinaire, car
encore aujourd'hui ceux qui l'ont connu n'en
parlent que les larmes aux yeux. On l'a dit :
c'était un charmeur. Lorsqu'il vous rencontrait
dans la rue, il sortait de son habituelle rêverie
en disant : « Ah ! bonjour » avec un accent si
tendre et si pénétrant, que ce simple mot résonnait comme un doux écho dans le cœur.
On se demande d'où lui venait ce pouvoir d'attirer, de séduire. C'est bien simple : il savait

aimer. J'ai eu beau fouiller sa vie, je n'y ai pas trouvé la moindre trace d'égoïsme ou de jalousie [1]. Ce n'était pas, je l'ai dit, un esprit extraordinaire. C'était un grand talent avec un grand cœur; une nature foncièrement noble et bonne, et qui estimerait autant les regrets de ses amis, le culte qu'ils lui ont voué, que la gloire qu'il avait rêvée et que de plus en plus il obtiendra. Je n'oserais dire cependant que, même à cette première heure de jeunesse, de plénitude,

---

1. Je ne connais pas l'anecdote qui a motivé la lettre suivante; elle me paraît cependant digne d'être conservée. Il s'agit certainement d'une assez grave discussion, et la manière si noble et si simple dont Géricault offre des explications à son adversaire est un de ces traits de caractère qui méritent d'être notés.

« Quoi qu'on en dise, mon cher Dorcy, la haine des autres est un fardeau pour celui qui en est l'objet; on ne craint pas les ressentiments d'un homme, mais on doit rechercher son amitié; rien n'est si doux que de se savoir aimé. La nuit souvent voit naître après un rêve déraisonnable les réflexions les plus sérieuses et les plus sages. Pendant celle qui vient de s'écouler j'ai repassé tout ce que vous m'avez dit hier sur mon caractère, sur les airs que j'ai quelquefois, sur mon impudence enfin : je me suis rappelé aussi l'inimitié de M. Lafond; c'est ce qui me fait le plus de peine, c'est aussi ce qui m'a le plus occupé. Je vous disais hier : que ne me demandait-il satisfaction, il m'eût été facile de lui paraître très-

d'épanouissement, où il nourrissait les plus vastes
espérances, où il visait un but élevé qu'il se sentait capable d'atteindre, son bonheur fût complet
et que ses souhaits fussent remplis. Il était souvent triste, sombre, absorbé. C'est que nos plus
nobles désirs dépassent nos forces et restent toujours inassouvis ; mais il y a aussi dans cette
lutte avec l'impossible une jouissance profonde,
une âpre volupté, qui valent bien les faciles satis-
factions de l'ambition commune et que ne connaissent pas les natures ordinaires.

innocent d'une grossièreté que je n'aurais jamais commise.
J'ai jugé à propos, dans ma sagesse, de lui offrir moi-même
cette réparation ; ce n'est point à coups de sabre ni d'épée ;
je lui déclare dans un mot de lettre quelles ont été mes intentions — je lui déclare formellement que jamais il n'est
entré dans ma tête de lui faire la moindre injure, que dans
le cas contraire je ne la nierais pas. Je n'ai pas besoin de
l'assurer que je ne jure pas faussement ; il fera de ma lettre
le cas qu'il voudra, j'aurais satisfait au mouvement de mon
cœur. Aidez-moi mon cher ami, de vos conseils. Je vous
prie de vouloir bien être mon messager ; vous serez la co-
lombe apportant le rameau d'olivier après le déluge, en signe
de paix.

« Lisez la lettre et voyez s'il n'y a rien à redire.

« Théodore GÉRICAULT. »

(*Monsieur, monsieur Dorcy, rue Taitbout.*)

III

LE CHASSEUR A CHEVAL. — OPINIONS DE LA CRITIQUE
SUR LE CHASSEUR. — POITRAILS ET CROUPES.

On était en 1812. Le salon allait s'ouvrir;
Géricault, qui se sentait de force, voulait exposer. Mais il lui fallait un sujet. Il n'y en avait
que deux sortes possibles en ce moment : les
sujets mythologiques ou héroïques — il n'y
songea même pas — et des sujets empruntés à
la vie réelle. Il fit comme Gros, comme son
maître Carle et comme son camarade Horace
Vernet. Il se lança dans le courant. On était
bien las de la guerre en 1812; mais elle était

pourtant la principale, et on peut dire l'unique préoccupation d'un peuple qui jouait de gré ou de force, et chaque jour, son sort dans les batailles. Avec son instinct de la réalité, de la vérité actuelle et palpable, Géricault se tourna tout naturellement de ce côté. C'était d'ailleurs pour lui un prétexte pour peindre des chevaux. Il ne cherchait qu'une occasion, et elle ne se fit pas attendre.

La première idée de son *Chasseur* lui vint un jour qu'il allait à la fête de Saint-Cloud. Il vit sur la route une de ces grandes *tapissières,* que les artisans de Paris louent à frais communs et transforment en omnibus dans ces occurrences, attelée d'un cheval gris, non point beau, mais plein de feu et d'une magnifique couleur. L'ardent animal, peu habitué à cet attelage, l'œil sanglant, la bouche écumante, la crinière au vent, se cabrait au milieu de la poussière et sous un soleil éclatant. L'artiste avait trouvé son tableau. Ce soleil, c'est celui d'Austerlitz. Cette poussière, c'est la fumée du combat. Ce cheval, c'est le coursier de guerre enivré, affolé par l'odeur de la poudre, par l'éclat des armes, par le tonnerre du canon. Il le voit monté par un de ces jeunes officiers hardis, brillants, par un de ces fils de Mars, les héros, les demi-dieux du temps. Ce fut comme une vision. Il rentre chez lui, se met aussitôt à l'œuvre ; il fait coup sur coup une vingtaine d'esquisses, assure-t-on, qui presque toutes ont disparu. Plusieurs d'entre elles différaient notablement du tableau, et, de l'avis unanime des contemporains, sans manquer de couleur et d'énergie, elles étaient d'une extrême faiblesse et ne faisaient point pressentir l'ouvrage définitif. Aussi, lorsque le *Chasseur* fut exposé, les camarades d'étude de Géricault ne voulaient-ils pas croire qu'il fût de lui et attribuaient-ils méchamment les meilleures parties du tableau à son premier maître, Carle Vernet. L'une de ces esquisses[1] cependant, qui s'est conservée, ne confirme pas le renseignement

1. A M. His de La Salle, lithographiée par Eug. Le Roux. On connaît cinq ou six des esquisses faites pour ce tableau que l'on trouvera décrites dans le catalogue des peintures. Elles sont toutes inférieures à celle de M. de La Salle.

que nous avons dû rapporter. Elle est d'une grande beauté, d'une exécution très-vive, très-brillante, et, à ce point de vue, Géricault n'a peut-être jamais mieux fait. Il est probable que c'est la dernière, celle qui se rapprochait le plus de ce qu'il cherchait et à laquelle il s'arrêta : son projet définitif, en un mot. Aussi s'en est-il peu écarté dans l'exécution en grand. Elle présente pourtant quelques variantes qui méritent d'être notées : au lieu de marcher à droite, le cheval marche à gauche, et le cavalier se retourne moins complétement que dans le tableau du Louvre. L'un des amis du peintre, M. Dieudonné, lieutenant des guides de l'empereur, posa pour la tête. Géricault fit, d'après lui, une belle étude qui appartient à M. Tripier.

Une fois son projet à peu près arrêté, au moins pour ce qu'il cherchait dans de pareilles esquisses, véritables improvisations, où il ne se préoccupait que d'indiquer l'allure générale et l'effet, Géricault se mit à la grande toile avec une ardeur extrême. Comme il n'avait pas alors d'atelier, il avait loué une arrière-boutique

OFFICIER DE CHASSEURS A CHEVAL CHARGEANT

(Esquisse)

sur le boulevard Montmartre, à l'endroit précisément où se trouve aujourd'hui le passage
Jouffroy. C'est là qu'il acheva en très-peu de
temps, un mois ou deux tout au plus[1], ce
grand ouvrage, et dans des circonstances qui
rendent le résultat encore plus surprenant.
Quelques années plus tard, M. Montfort lui
ayant demandé s'il s'était servi de la nature
pour son cheval, il lui raconta qu'il se faisait
amener chaque matin un cheval de fiacre parfois tout ruisselant d'eau ou couvert de boue ;
« il n'avait, ajoutait-il, rien de l'action qu'il me
fallait : mais je le regardais, et cela me remettait
du cheval dans la tête[2]. »

1. J'avoue que sur ce point je ne puis accepter la légende
qui rapporte que Géricault exécuta ce tableau en douze
jours. Ce laps de temps me paraît matériellement insuffisant.
Ce qui est certain, c'est qu'il le peignit très-vite, puisque
la fête de Saint-Cloud commençait alors, comme nous nous
en sommes assuré, le 7 septembre ou le dimanche suivant
quand le 7 n'était pas un dimanche, et qu'il avait fait entre
ce moment et le mois de décembre les esquisses et le
tableau.

2. Le baron d'Aubigny, ami de Géricault et qui fut son
camarade aux *Guides,* posa quelquefois pour ce tableau et
donna au peintre au moins le mouvement.

Il est à peine nécessaire de décrire ce bel
ouvrage, l'un des plus connus et des plus populaires de Géricault. Le cheval gris pommelé,
vu de trois quarts, par la croupe, et marchant
à droite, gravit au galop les escarpements d'un
terrain rocheux. Le jeune officier qui le monte,
le sabre au poing, la pelisse flottante, se
retourne sur la selle, commande du geste et de
la voix et enlève l'escadron de chasseurs que
l'on voit au second plan, tout à la gauche du
tableau. Dans son effort, le cheval se cabre, et,
effrayé par l'éclat d'un obus, rejette la tête du
côté du spectateur, en faisant un mouvement
contrarié de la plus grande énergie ; l'une de
ses jambes de derrière est repliée presque jusqu'à terre ; il tend l'autre dans un écart déme-
suré, au point de ne plus toucher le roc que du
tranchant du sabot. Les deux figures se détachent en force sur le fond éclairé des lueurs
fauves du combat, et la lumière, pittoresquement
distribuée, ne tombe en plein que sur la croupe
et sur la tête du cheval, sur la cuisse et sur le
visage du cavalier. On peut voir déjà dans cet

ouvrage avec quel talent Géricault fait jouer la
perspective et le clair-obscur, l'importance qu'il
donne au ciel et à l'atmosphère ; toutes ces
grandes qualités de coloriste et d'*harmoniste*, si
nouvelles alors dans notre école, se trouvent en
germe, tout au moins, dans ce premier tableau.
C'est une peinture d'une exécution superbe,
large, pleine, savante, et qui garde toute la
chaleur, la vivacité, l'entrain d'une étude faite
sur nature. Le mouvement est d'une effrayante
vérité et tout concourt à l'action. Une impression simple, forte, d'une clarté parfaite, saisit
le spectateur ; on entend la voix de l'intrépide
officier, le bruit des sabots sur la pierre ; cheval
et cavalier sont également frémissants, également enivrés de l'odeur du combat. Ce n'est pas
là une simple imitation de la nature, une image
brutale, et l'exécution n'en fait pas le seul
mérite. Le *Chasseur* est une œuvre d'art dans
toute l'acception du mot. Géricault a su donner
à un fait particulier, qui, sous une autre main,
n'aurait été que la reproduction vulgaire d'une
action ordinaire, un sens général, poétique. Il ne

s'agit plus seulement de M. Dieudonné, d'un officier de chasseurs de la garde chargeant à la tête de son escadron; dans ce soldat, l'artiste nous fait voir le héros. Cette forme exprime une idée. Tout n'est pourtant pas parfait dans ce bel ouvrage. Le fond roux n'est pas d'un effet agréable; il enlève quelque chose de sa solidité au cheval; la physionomie du cavalier a peu d'intérêt. Le costume, d'une fidélité parfaite, ne me paraît pas des plus heureux au point de vue purement pittoresque. Et d'une manière générale il semble que le vêtement embarrassait Géricault; il était bien plus à l'aise avec le nu. C'est l'être en lui-même, homme ou animal, qui l'intéressait; sa forme, sa couleur, son mouvement surtout. Il avait plus de savoir, de sentiment pittoresque, d'imagination grandiose et poétique, que de goût. Ici le cheval est supérieur au cavalier : c'est lui qui est le personnage important, significatif, et sa tête en particulier est admirable de type, de sentiment, de facture. C'est un des plus excellents morceaux qu'ait peints Géricault. Cependant il faut re-

marquer que l'exécution de l'ensemble si pleine,
sans la moindre nuance d'académisme, n'a pas
la souplesse et la liberté que l'on admire dans
la *Méduse*.

La foule, le grand public fut très-frappé de cette
œuvre saisissante, exprimée avec tant de nouveauté et d'une main si magistrale. L'étonnement
redoubla lorsqu'on sut que l'auteur de ce tableau
était un jeune homme de vingt et un ans. Géricault eut un moment de popularité et une sorte
de succès à ce Salon de 1812, où les chefs de
l'école impériale étaient largement représentés :
Gros, par l'*Entrevue des Empereurs de France
et d'Autriche*, Paulin Guérin, par la *Fuite de
Caïn*, Heim, par *Jacob et Rachel*. Chez les fanatiques eux-mêmes c'est la surprise qui domine,
la colère ne s'en mêle pas encore; elle ne devait
éclater qu'à propos de la *Méduse*. On ne mesu-
rait pas la portée de ce premier coup. David
lui-même remarqua le *Chasseur*. « D'où cela
sort-il? dit-il, je ne reconnais pas cette touche. »
Et M. Boutard, le critique du *Journal des
Débats*, écrit dans son compte rendu du Salon :

« Il y aurait un mérite à avoir inventé la figure
d'un officier de housard (*sic*) annoncé sous
le n° 415. Cette figure est parfaitement en
rapport avec l'ajustement et les habitudes du
cavalier militaire. Le mouvement de l'homme
et surtout le mouvement du cheval, fort exa-
gérés ce me semble, ont cependant de l'effet;
la couleur à laquelle on pourrait désirer un
peu plus de chaleur, ne manque pas d'harmonie; la touche est facile et spirituelle. Je pense
que l'auteur traiterait avec succès le tableau de
batailles de moyenne dimension. M. Géricault se
montre au Salon pour la première fois[1]. » De
son côté, l'auteur de l'article des *Annales du
Musée Landon* (M. Delécluse, je crois) en parlait
ainsi : « Ce portrait a été vu avec d'autant plus
d'intérêt à l'exposition publique, que c'est le
premier ouvrage d'un jeune peintre qui, dit-on,
manie le pinceau depuis deux ans tout au plus.
Il est élève de M. Guérin. Ce tableau, placé au
Salon en regard du portrait équestre de S. M. le

1. *Journal de l'Empire,* 16 novembre 1812.

roi de Naples, par M. Gros, s'y soutenait sans
désavantage. Le mouvement du cheval et celui
du cavalier, un peu forcés peut-être, annoncent
du moins une grande vivacité d'exécution. L'ouvrage est rendu avec chaleur et avec une facilité
rare, et le pinceau ne laisse à désirer qu'un peu
plus de fermeté dans quelques parties[1]. » Le
début de Géricault fut donc, en somme, apprécié
et encouragé. Il obtint même une médaille d'or,
et M. Denon, directeur du Musée, lui fit des
compliments, mais on ne lui acheta pas son
tableau. Il en fut peiné et assez découragé ; il
s'expliquait cet échec par la mention du livret
qui indiquait cet ouvrage comme un portrait. On
assure qu'il avait résolu de ne pas exposer au
Salon suivant. Il se remit pourtant à travailler
avec acharnement, et quelques-unes de ses plus
belles études de chevaux sont de cette époque.
C'est en particulier dans le courant de l'année
1813 qu'il fit à Versailles les deux magnifiques
suites de *poitrails* et de *croupes*, qui apparte-

1. *Annales du Musée Landon,* 1812, planche 13. Portrait
équestre de M. D..., par M. Géricault.

naient à lord Seymour, qui ont été vendues il y
a quelques années, et que le Louvre a eu la maladresse de laisser échapper. Ces chevaux sont
des portraits. Ils sont étudiés avec un soin minu-
tieux et en même temps avec une largeur extraordinaire. Chacun d'eux a sa physionomie particulière, les traits de sa race, son âge, sa couleur,
avec toutes ces nuances si rares et si char-
mantes, modifiées de mille manières par les
jeux de la lumière sur la robe, et que Géricault
a si admirablement rendues sans compromettre
la vérité de la forme. Comme morceau de peinture, je ne crois pas que Géricault ait jamais
rien fait de supérieur à ces deux tableaux. La
couleur en est splendide, chaude, riche et
variée, et cet effet, pour ainsi dire extérieur, est
obtenu sans aucun sacrifice. La structure de
tous ces nobles animaux est irréprochable, et il
faut remarquer combien Géricault est supérieur
sur ce point à nos coloristes modernes, pour
lesquels la forme n'est qu'un simple prétexte à
tons et à valeurs. C'est dans ces travaux de
moyenne importance qu'il passa cette année

1813 et une grande partie de la suivante [1]. Il ne paraît pas que Géricault ait essayé aucune composition importante pendant cette période. Il se complaisait dans ses études d'après nature. Il y revenait sans cesse. Il ne croyait jamais en savoir assez, et il se préparait de jour en jour davantage à réagir contre ces peintres académiques, dont Constable disait si bien : « Ils font leurs ouvrages avec des tableaux et des plâtres et ne connaissent pas plus la nature que les chevaux de fiacre ne connaissent les pâturages. »

1. Le *Trompette de chasseurs,* à M. Binant ; le *Cuirassier,* vu de dos et élevant le bras droit, à M. Haro ; l'admirable *Train d'artillerie,* à M. Lacesne, doivent être de cette époque.

IV

Un changement assez notable s'était fait dans
la vie de Géricault pendant le courant de l'année
1813, semble-t-il. Il avait quitté la rue de la Michodière, et était venu s'installer dans la rue des
Martyrs, n° 23, dans une maison qu'habitèrent
plus tard Béranger et Manuel. Il était tout à
fait émancipé. Il avait un atelier à lui pour la
première fois. Cet atelier donnait sur des jardins
par lesquels on pouvait gagner celui d'Horace
Vernet situé dans une maison voisine, un peu

plus bas dans la rue. Les deux jeunes gens se connaissaient. Ils se voyaient beaucoup, quoique la
légèreté et la vivacité bruyante et un peu commune
de Vernet ne convinssent guère à Géricault. Mais
ils étaient tous les deux du même âge, du même
bord; ils appartenaient à la même école, et ils
aimaient tous les deux les chevaux. Ce n'est peut-
être cependant qu'un peu plus tard qu'Horace
Vernet s'installa rue des Martyrs, où son atelier
devint le rendez-vous d'artistes, d'hommes de
lettres, de militaires mécontents, de libéraux de
tout genre. Il en a laissé le portrait dans un de
ses plus jolis tableaux, et M. Montfort a donné
une sorte de clef de la peinture de son maître
qui nous fait assez bien connaître la société que
Géricault vit habituellement pendant la période
la plus active de sa vie, c'est-à-dire un peu avant
et un peu après son voyage d'Italie. « Horace
Vernet, dit M. Montfort, la cigarette aux dents
et la palette à la main, faisait des armes avec
un ancien officier de l'empire, M. Ledieu,
aujourd'hui directeur du Mont-de-Piété;
M. Amédée de Beauplan jouait du piano;

M. Eugène Lami soufflait dans une trompette et à côté de lui M. Montcarville jouait de la caisse.

« Il y avait ensuite le groupe des causeurs; le général Boyer, M. de Lionne, le général Athalin, M. de Lariboisière, le graveur Jazet, M. Couturier de Saint-Clair, le colonel Bro et les deux frères de Mme Vernet, MM. Pujol.

« Ladurner se promenait avec un singe sur l'épaule, et M. Guyot, tout en feuilletant un album, agaçait un bouledogue en arrêt devant lui. Un cheval que l'on appelait le *Régent,* et qui avait été donné à Horace Vernet par le duc d'Orléans, servait de modèle.

« Le colonel Langlois, en bonnet de police, lisait un journal et rêvait déjà sans doute aux magnifiques panoramas qu'il nous a donnés depuis. Le docteur Hérault tenait à la main une tête de mort et l'examinait. M. Duchesne faisait l'exercice. Deux peintres, MM. Montfort et Lehoux, nus jusqu'à la ceinture, se chauffaient près du poêle et attendaient pour boxer que l'assaut de leur maître fût terminé.

« Seul un jeune homme travaillait obstinément au milieu de ce tohu-bohu. C'était M. Robert Fleury qui depuis, dans sa brillante carrière, a recueilli le fruit de son application. »

C'est au milieu de ce monde passablement hétéroclite que vivait Géricault. Il n'en était pourtant qu'à moitié. Ce tapage ne convenait guère à son humeur rêveuse, tendre et un peu mélancolique, mais il a plus ou moins connu les hôtes d'Horace Vernet, il était particulièrement lié avec plusieurs d'entre eux. C'était assez pour nous engager à jeter un coup d'œil dans cet étrange et célèbre atelier.

Cependant l'exposition de 1814 approchait, et Géricault n'avait rien préparé. Il était même décidé à s'abstenir pour cette fois, mais il finit par céder aux instances de son père et de ses amis, et tout au dernier moment il entreprit son *Cuirassier* comme une sorte de pendant au chasseur. Ce furent encore les événements qui lui fournirent son sujet. En 1814 il ne s'agissait plus de victoire; l'ivresse des combats était passée, les esprits étaient sous l'impression de

nos désastres récents. L'écho du formidable cri
de détresse que poussèrent nos armées en suc-
combant dans les déserts de la Russie résonnait
encore. Les âmes étaient pleines de terreur et de
pitié. C'est ce sentiment universel que Géricault
exprima dans son tableau, qu'il résuma dans la
figure pathétique du *Cuirassier blessé;* mais on
aurait tort de voir là une antithèse, comme un
historien célèbre l'a fait. Géricault était sous l'impression des événements de son temps. En 1812
on croyait encore au succès, en 1814 on croyait
et on était payé pour croire à la défaite. Il n'y
a pas eu de parti pris, d'intention *à priori.* Chez
Géricault, le peintre dominait le penseur ; c'est
l'histoire qui, en se déroulant, lui a fourni ses
sujets. Il a peint ces deux représentations de
la gloire heureuse et de la gloire malheureuse,
comme il a peint à Rome la *Course de chevaux*
libres, et plus tard, de retour à Paris, et sous
le coup de l'émotion publique, le *Radeau de*
la Méduse.

Abattu, harassé, le soldat vaincu descend
avec peine une pente glissante en tenant par la

bride son cheval, compagnon fidèle de ses
infortunes, en s'appuyant de l'autre sur son
sabre désormais inutile. Il retourne la tête et
regarde une dernière fois la colline où s'est
consommée la défaite. La souffrance est empreinte dans ses traits, dans toute son attitude.
Tout est bien perdu ; le ciel lui-même, d'un
aspect funèbre, n'est éclairé que par une lueur à
l'horizon. Les jours mauvais sont venus. Le
souffle le plus puissant inspire cette composition
sublime, et à l'égard du sentiment pathétique
Géricault ne s'est jamais élevé plus haut. C'est
une conception gigantesque, homérique, du plus
admirable caractère. Mais là doit s'arrêter la
louange. L'exécution de cet ouvrage est incom-
plète et imparfaite ; elle ne résiste pas à l'ana-
lyse. L'ensemble est peu achevé ; ce n'est guère
qu'une ébauche. Le dessin de la figure est
vague : elle paraît un peu vide, et le cheval
replié sur lui-même n'est pas possible. On dirait
que le peintre, ayant mal pris ses mesures, l'a
fait entrer de force dans sa toile. Lorsque Géricault exécuta ce tableau, il était dans de très-

PEINT PAR GÉRICAULT   AD. BRAUN & CIE

CUIRASSIER BLESSÉ QUITTANT LE FEU

mauvaises dispositions. Il le fit très-vite [1], en
quinze jours ou trois semaines et sans entrain.
Il en était très-mécontent et disait de la tête du
cuirassier : « C'est une tête de veau avec un grand
œil bête ! » Il y a du vrai dans cette appréciation,
et l'artiste savant avait le droit d'être sévère pour
lui-même. A l'exposition où cet ouvrage parut en
compagnie du *Chasseur*, qu'on y mit pour la
seconde fois, il produisit un mauvais effet [1].

Les journaux en parlèrent peu. Je ne trouve
que cette sèche et brève mention dans les *Annales du Musée Landon :* « M. Géricault exposa
au dernier Salon un hussard chargeant, figure
de grandeur naturelle. Ce premier ouvrage d'un
jeune artiste donnait des espérances qu'il n'a

1. M. Lehoux m'écrit : « Le temps que M. Géricault m'a
dit avoir employé à ce travail est vraiment tel, que je n'ose
presque pas le dire, craignant que ma mémoire ne me
trompe. Il me semble que c'était au plus une quinzaine de
jours. »

2. Il y avait quelques tableaux importants à cette exposition : la *Chapelle Sixtine, don Pedro de Tolède, Raphaël
et la Fornarina*, d'Ingres; le *Portrait de Louis XVIII*, de
Gérard. Le *Léonidas*, que tout Paris allait voir, était exposé
au même moment dans l'atelier de David.

pas encore réalisées. Son *Cuirassier blessé,* qu'il vient d'offrir comme pendant du premier tableau, est d'un dessin colossal et d'une touche lourde et heurtée. »

Malgré la faiblesse relative de son exécution, ce tableau n'est pourtant pas tout à fait une improvisation. On a cru longtemps que Géricault l'avait peint d'emblée sur la grande toile, sans aucune étude préliminaire. C'est une erreur. Il en existe une très-belle esquisse[1] où, par le fait d'une dimension plus restreinte, les erreurs du dessin, la faiblesse du modelé, frappent moins que dans le tableau auquel elle est, du reste, presque identique. Peinte avec beaucoup de verve et de largeur, cette excellente petite toile est d'une conservation parfaite et d'une fraîcheur que les ouvrages de Géricault ont rarement conservée. C'est peut-être aussi en vue de ce tableau que Géricault peignit le *Carabinier* à mi-corps conservé au Musée du Louvre. Un fait digne de remarque, c'est qu'il n'existe que

1. A M. James Nathaniel de Rothschild.

peu ou point de dessins relatifs à ces premiers
tableaux. Suivant en cela une méthode univer-
sellement répandue dans l'école impériale, Géricault cherchait alors ses compositions au bout
du pinceau. Son projet une fois arrêté dans
une esquisse plus ou moins avancée, il exécutait
les morceaux d'après nature. Plus tard, il se
servit beaucoup du crayon; il cherchait très-
longuement et laborieusement son trait, mais il
n'a pour ainsi dire jamais fait de dessins ombrés.

Géricault fut très-abattu par son insuccès. Il
n'avait eu cette fois ni médaille, ni paroles
flatteuses; de commandes il n'en était pas ques-
tion. Ses deux tableaux lui restèrent. Ils lui
pesèrent toujours, et il ne les revoyait qu'avec
répugnance. Quelques années plus tard, M. Montfort les vit et lui témoigna son admiration.
Géricault commença par en faire une verte
critique, et comme son interlocuteur reprenait
qu'il n'était pas seul de son avis, qu'il avait
entendu M. Horace Vernet en faire de grands
éloges, il repartit tristement : « C'est égal, vos
amis ont beau vous assurer que vous avez du

talent, lorsqu'on voit que personne au monde ne
consentirait à débourser un liard pour vos ouvrages, il est impossible de ne pas douter de soi et
de ne pas se sentir découragé! » Puis s'animant
et exagérant sa pensée il ajouta : « Et en effet
c'est là la véritable pierre de touche. » Lorsque
l'on démolit son atelier de la rue des Martyrs,
et que les deux tableaux, détachés du châssis et
prêts à être roulés, étaient étendus à terre, il
disait à M. Lehoux : « Voyons, voulez-vous
m'en débarrasser? Oh! emportez-les, que je ne
les revoie plus ! »

C'était chez lui une idée fixe. Comme
M. Lehoux avait fait une réduction du *Chasseur*,
M. Jamar voulut en faire une du *Cuirassier*.
Il l'avait déjà commencée, mais Géricault l'obli-
gea· à laisser ce travail, en lui disant que ce
tableau n'avait aucune espèce de valeur, « que
la tête du cuirassier ne valait rien, que l'œil ne
tenait pas dans l'orbite. » Il le chargea de
couvrir la toile de blanc. M. Jamar se garda de
s'acquitter de cette commission. Mais Géricault
y revenait toujours, et il finit par lui dire :

IV

CARABINIER CHARGEANT

« Puisque votre père fait le commerce de
tableaux, dites-lui donc de m'acheter le *Chasseur*, je le lui laisserai pour 1,500 fr., et à
vous, je vous donnerai le *Cuirassier*, puisque
vous ne voulez pas l'effacer. »

C'est par miracle que ces deux beaux ouvrages
se sont conservés. Ils furent achetés à la vente
du peintre par le duc d'Orléans. En 1848, le roi
les avait prêtés à la Société des Artistes, pour
son exposition du bazar Bonne-Nouvelle. Ils
échappèrent ainsi à la destruction qui n'épargna
guère aucun des tableaux de la galerie du
Palais-Royal. A la vente de Louis-Philippe
(avril 1861), ils furent achetés l'un et l'autre
par l'administration des Beaux-Arts pour la
somme de 23,400 fr.

Géricault a fait vers ce temps quelques
paysages assez considérables que nous devons
au moins mentionner. Bien des indications nous
portent à croire qu'il les peignit pendant les
dix-huit ou vingt mois qui s'écoulèrent entre
l'exécution du *Chasseur* et celle du *Cuirassier*,
ou au moins avant son départ pour l'Italie. Ces

ouvrages, d'une admirable facture, représentent pour la plupart les bords de la mer. Il avait fait, antérieurement peut-être à cette époque, deux paysages en hauteur, où il semble avoir cherché à imiter le genre de Guaspre. Dans l'un, que l'on possède encore[1], on voit au second plan quelques pêcheurs qui mettent à l'eau une barque ; quant à l'autre, que les amis de Géricault ont vu longtemps dans son atelier, je n'ai pu en retrouver la trace. La *Scène de Naufrage*[2] représente une femme étendue au premier plan sur une grève où déferle une vague énorme. C'est une peinture d'un aspect superbe, faite, dit-on, en imitation d'un tableau qu'Horace Vernet exécutait alors dans l'atelier de Géricault pour un amateur russe. Il faut aussi ajouter l'énergique *Marine*, malheureusement endommagée, que possède M. Stevens. Enfin le plus remarquable de ces ouvrages à notre sens est la *Scène du Déluge*, qui appartient à Mme la vicomtesse de Girardin. D'après

1. A M. Dornan.
2. Lithographiée par Ch. Bouquet.

l'aspect de la peinture, elle ne fut exécutée que beaucoup plus tard, et si j'en parle maintenant, c'est pour n'avoir pas à revenir à ce genre de sujet. La composition n'est pas absolument originale. C'est à peu de chose près le *Déluge* de Poussin. Au premier plan, quatre personnages viennent d'arriver près d'une roche presque submergée. L'un d'eux y est déjà monté et reçoit des mains d'une jeune femme qui se trouve encore sur le radeau un très-jeune enfant. A droite, un cheval porte une femme, morte ou évanouie, qu'un homme à la nage soutient d'une main en se tenant cramponné de l'autre au cou de l'animal. Le ciel, très-sombre dans le haut du tableau, plus clair vers l'horizon, projette sur les eaux lourdes et troublées des lueurs blafardes. C'est une peinture achevée d'un aspect très-saisissant et d'une admirable exécution. Ce sont ces grandes scènes dramatiques de la nature que Géricault comprenait et exprimait avec une vraie puissance. La grâce, la fraîcheur, l'agrément, le touchaient peu. C'est partout le pathétique qu'il voyait.

Les événements politiques troublèrent un moment la vie de Géricault et faillirent la modifier profondément. Les Bourbons venaient de rentrer en France ; il prit subitement la détermination de s'engager dans les mousquetaires, et il tint pendant deux ou trois mois garnison à Versailles. On se demande ce qui put engager le jeune artiste à entrer dans cette carrière. Plus d'une raison, je crois : d'abord le désœuvrement qu'entraînent les commotions politiques ; puis le goût qu'il eut toujours pour les spectacles militaires ; la perspective de vivre au milieu des chevaux et d'en avoir à lui ; l'exemple de ses amis royalistes, ses compagnons de monde et de plaisir ; peut-être aussi le brillant et galant uniforme rouge des mousquetaires. Il ne faut pas chercher plus loin. Ce fut pour lui une partie de plaisir, un moyen d'échapper par une vie active aux déboires de l'atelier. Mais quand vint la débâcle momentanée des Cent-jours, l'infortune le trouva à son poste : il suivit le roi jusqu'à Béthune. Nature loyale, la trahison et la lâcheté sous toutes les formes le révoltaient. Il rentra

en France déguisé en charretier, et fut licencié
bientôt après. Ses amis libéraux le raillaient
volontiers sur sa campagne royaliste. Il se
défendait par des arguments qu'il tirait de son
bon et noble cœur. « Nous allâmes de nuit aux
Tuileries, disait-il ; la cour était encombrée de
gens qui vociféraient, et lorsque je vis la lâcheté
de tous ces soldats qui jetaient leurs armes et
reniaient leur serment, je résolus de suivre le
roi. » Cependant il ne parlait qu'avec un peu
d'embarras de cette escapade, et n'aimait pas
qu'on la lui rappelât.

V

Cette incursion dans la politique et dans la
vie active n'avait pas réussi à Géricault. De la
fin de 1815 au milieu de 1816 il ne travailla
guère, et nous ne connaissons point d'ouvrages
un peu importants que l'on puisse rapporter à
cette époque. Il était comme tout le monde sous
l'empire des événements extérieurs. Des raisons
plus intimes augmentaient l'agitation, l'anxiété de
son esprit. Une affectation partagée, irrégulière,
orageuse, et qu'il ne pouvait avouer, où il avait
apporté toute la violence de son caractère et de

son tempérament, et sur laquelle il ne m'est pas permis d'insister davantage, le troublait jusqu'au fond. Il était dévoyé et malheureux. Il résolut de partir pour l'Italie, espérant trouver dans l'éloignement et dans l'étude un adoucissement à ses chagrins. Dès ses premiers pas d'ailleurs dans la carrière des arts, il avait eu le désir et l'intention de voir les grandes œuvres murales des peintres de la Renaissance, celles surtout de Michel-Ange qu'il ne connaissait que par les reproductions de la gravure, mais qui, à travers ces insuffisantes interprétations, lui apparaissaient déjà comme le plus prodigieux effort qu'ait jamais fait l'esprit humain. Son père traversait ses projets. D'un esprit assez obtus, il ne s'expliquait pas ses motifs. Il ignorait peut-être les uns, il ne pouvait apprécier les autres. Il aimait son fils, mais il le tourmenta beaucoup de son affection inintelligente et jalouse. Il voulait le garder. Mais le parti de Géricault était arrêté. Il avait mûri son plan et ne s'en laissa pas détourner. Il comptait rester absent au moins deux années, et avec la méthode qu'il

apportait à tout, il mit ses affaires dans l'ordre
le plus parfait. Il étiqueta ses carnets et ses dessins, marqua de numéros ses études, ses moindres pochades, et jusqu'à ses palettes et à ses
couleurs, et confia le tout à son père [1]. Mais il
ne voulait pas partir seul, l'idée de ce complet
isolement l'effrayait. Son ami, M. Dedreux-
Dorcy, lui avait promis de l'accompagner ; des
circonstances indépendantes de sa volonté l'en
empêchèrent. Un autre de ses amis, M. Lebrun,
longtemps directeur de l'École normale de
Versailles, avait eu la même intention, mais ce
nouveau projet n'eut pas un meilleur résultat.

« Nous devions faire un voyage ensemble, dit
M. Lebrun, et nous avions formé le projet de
consacrer deux années entières à cette tournée
faite dans un but d'observation et de travail.

1. Cette exactitude minutieuse est l'un des traits les plus
curieux, les plus inattendus, les plus marqués, du caractère
de Géricault. Du reste, le soin qu'il prit dans cette occasion
donne un excellent moyen matériel de reconnaître ses peintures antérieures à son voyage d'Italie; celles qui n'ont pas
été rentoilées et qu'il possédait à cette époque portent un
numéro d'ordre sur le châssis.

Tous nos arrangements étaient faits; l'époque du départ était fixée. Étant allé le voir un soir pour faire avec lui les dernières dispositions, je le trouvai à sa toilette, se préparant à aller au bal. Il était jeune, et à cette époque il soignait assez sa personne. Ses cheveux étaient en papillotes et il se disposait à les friser. Les soins de sa toilette ne nous empêchèrent pas cependant de causer longuement de notre voyage, et je le quittai toujours enchanté d'avoir un compagnon tel que lui. Malheureusement, à quelque temps de là, des empêchements impérieux m'obligèrent à renoncer à ce bonheur, et, malgré mes vifs re- grets, je fus forcé de lui écrire qu'il m'était impossible de quitter Paris. L'excellent Géricault crut que sa toilette avait fait sur moi une fâcheuse impression, et que je ne voulais plus voyager avec un homme à papillotes. Il le dit à un de ses amis. Je m'empressai d'aller le ras- surer sur le jugement qu'il supposait que je portais de lui, mais il fallut lui dire les raisons qui me privaient d'un voyage dont je m'étais fait une si grande fête; cette crainte qu'il avait de passer pour un fashionable lui avait fait un vif chagrin[1]. »

Géricault partit seul en septembre ou au plus tard au commencement d'octobre 1816. C'est par Florence qu'il débuta, mais il ne fit guère qu'y passer. C'est là qu'il se trouva pour la première fois en face de Michel-Ange. Il exécuta aussitôt des dessins que l'on possède, d'après les figures des tombeaux des Médicis[2]. Il visita les musées, les églises, fit quelques croquis, une copie ou deux peut-être, alla dans le monde et eut dans cette aimable ville de Florence un moment d'abandon et presque de gaieté. « J'ai ici, écrit-il à M. Dedreux - Dorcy, des connaissances excellentes. J'étais hier soir à l'Opéra, dans la loge de l'ambassadeur français; mes bottes étaient sales et ma toilette fort négligée. Néanmoins, j'ai eu la place d'honneur auprès de Mme la duchesse de M***, qui devait partir le lendemain pour Naples et à laquelle l'ambassadeur m'a forte-

1. Lettre de M. Lebrun à M. Feuillet de Conches.
2. A M. His de La Salle et à M. Mahérault.

ment recommandé; aussi m'a-t-elle beaucoup
engagé à aller la voir à mon passage. Elle m'a
beaucoup parlé de ma modestie et m'a assuré
que c'était le cachet du talent; jugez si c'est
flatteur pour moi. Mais je m'attendais à tout cela.
Une bonne femme avec qui j'avais fait route m'a-
vait promis et même juré (par le secours des
cartes) que je trouverais dans mon voyage honneurs et protections. Elle m'avait encore annoncé
des lettres de mes amis; hélas! elle s'est trom-
pée sur ce point. Je n'en ai pas reçu une seule,
ce qui m'afflige beaucoup comme vous pouvez le
croire; je me tiens à quatre pour ne pas me
désespérer. »

Cependant Géricault se trouvait très-seul à
Florence; il ne tarda pas à s'y ennuyer, et après
y avoir passé à peine un mois, il partit pour
Rome. Aussitôt arrivé, il courut à la chapelle
Sixtine. C'est un mouvement de stupeur qu'il
éprouva d'abord, et il disait plus tard à
M. Feuillet de Conches « qu'il avait tremblé
devant les maîtres de l'Italie, qu'il avait alors
douté de lui-même et avait été longtemps à

se retrouver de son trouble. » Il a décrit ses
impressions devant le monument du géant flo-
rentin dans une lettre admirable, adressée, si
mes souvenirs ne me trompent pas, à **M.** Musigny. Je n'ai malheureusement pas gardé la
copie de cet inappréciable document, et si je le
signale, c'est dans l'espoir que cette publication
le fera sortir du portefeuille jaloux où il se
cache. Géricault se mit aussitôt à l'ouvrage. Il
dessina une partie considérable du *Jugement
dernier* de Michel-Ange, fit la belle copie de la
Pietà de Raphaël au palais Borghèse, que possède **M.** His de La·Salle; celle du *Cheval qui
se cabre* dans la bataille de Constantin; une
étude de la figure de femme, un vase sur la tête,
dans l'*Incendie du Bourg,* que l'on a revue à
la vente Van Cuyck : plusieurs compositions
assez importantes, entre autres une esquisse
représentant une *Exécution capitale* au moment
où le bourreau montre au peuple la tête du supplicié; puis un *Pauvre portant un enfant,* aquarelle d'un très-beau caractère, me dit-on. Ces
deux peintures ont disparu. Je ne puis donner

aucune indication précise sur l'ordre dans lequel
il fit ces travaux, car la plupart des personnes
qui l'ont connu à Rome n'existent plus. Ce qui
est plus aisé, c'est de voir dans ses correspon-
dances son âme affectueuse et bonne, et l'état de
son esprit agité.

Sa première lettre datée de Rome n'est pourtant pas par trop sombre; elle témoigne d'un
certain entrain et du désir où était Géricault de
ne pas se laisser envahir par les souvenirs dou-
loureux et par les chimères de son imagination.
« J'ai enfin reçu votre aimable lettre, mon bon
ami, écrit-il à M. Dedreux-Dorcy, après en avoir
été longtemps privé; car j'étais arrivé à Rome
depuis longtemps lorsqu'elle est arrivée à Florence. Je commençais vraiment à me désespérer,
ne recevant absolument aucune espèce de nouvelles. Il est vrai que j'avais annoncé devoir
rester à Florence plus longtemps, mais on ne
raisonne guère quand on est bien loin de toute
consolation; les choses se montrent dans le plus
vilain côté, et il est difficile de retrouver une idée
saine. J'étais arrivé au point d'accuser tout le

monde d'indifférence et d'inhumanité, et j'aurais voulu pouvoir ne plus me souvenir de personne. Il me semblait impossible de vivre davantage dans cet état, qui est vraiment horrible et que rien ne peut calmer. J'en parle délicieusement à présent que je n'ai plus d'inquiétude. J'ai reçu en même temps des lettres de tout le monde, et je vois combien j'aurais eu tort d'en vouloir un seul instant : tout a été causé par ma faute, par mon départ trop précipité de Florence ; mais je m'y trouvais tout seul, et par cette raison je m'y ennuyais beaucoup et je suis venu à Rome retrouver quelques visages de connaissance dont j'avais tant besoin, et puis aussi des gens qui entendissent et parlassent ma langue : c'est une grande consolation quand on en a été un mois privé ! J'y suis actuellement assez heureux ; il ne me manque qu'un bon ami avec lequel je pourrais vivre et travailler. Tout seul, je suis presque incapable ; mon cœur n'est jamais bien content ; il est trop plein de souvenirs ; il aurait ici besoin de votre amitié pour diminuer ses regrets. Je m'étais flatté un moment que vous

viendriez avant le printemps, mais votre lettre
m'ôte entièrement cette espérance. Je ne sais
comment je vais faire pour attendre jusque-là. Je
tâcherai de m'occuper; je vous écrirai quelquefois, et puis j'attendrai quelques lettres de vous.
Ne soyez pas paresseux pour cela, je vous en
prie; ce sera une de mes jouissances tant que
vous ne m'aurez pas rejoint. Je ne sais pas
encore où je m'établirai : j'ai trouvé plusieurs
endroits qui peuvent servir d'atelier; mais chacun a des désagréments et des avantages, en
sorte que je balance et suis indécis sur celui que
je choisirai. Jusqu'à présent j'ai été logé chez de
bonnes gens qui ont bien soin de moi, et,
comme je ne puis pas encore peindre, je travaille
pour des *Albums,* et cela ne· laisse pas que de
donner quelque occupation. J'ai, aussitôt après,
le projet de faire un tableau ou plusieurs; cela
me tiendra beaucoup et me préservera peut-être
de l'ennui auquel je suis sujet à Rome. Je crois
aussi qu'on doit faire de meilleures choses quand
on se trouve au milieu de cette quantité de
chefs-d'œuvre. Je vous le dirai positivement

quand cela sera fait. Vous ne m'avez pas dit
un mot de votre tableau; je ne sais si vous
l'avez abandonné ou bien s'il est terminé. Vous
ignorez, mon cher ami, que l'on ne doit pour
ainsi dire parler que de soi dans une lettre, car
tout ce qui se rapporte à autre chose est superflu
et n'intéresse pas. C'est de vos nouvelles que je
voudrais avoir; être instruit de vos plaisirs et de
votre travail. Mon père fait de même : il m'en-
gage continuellement à me soigner, à ménager
ma santé, etc. Voyez combien c'est inutile et
ennuyeux; au lieu de me dire tout ce qu'il fait,
tout ce qu'il voit, comment mes amis et comment
Paris se portent; un peu de politique au bout
de tout cela, et ce seraient des lettres très-
intéressantes qui me mettraient au courant de
tout ce qui se passe loin de moi. Il y a pis que
tout cela encore; c'est que l'on ne m'écrit
vraiment pas assez. Mon père sait parfaitement
que je suis à Rome, puisque votre sœur en est
informée et l'a marqué à Dedreux; eh bien, je
n'ai rien reçu de lui; je ne le conçois vraiment
pas. Si vous le voyez, faites-moi le plaisir de lui

dire sérieusement que ce n'est pas bien de me
négliger ainsi; ensuite que je me porte à mer-
veille, que je suis très-sage et que je n'ai besoin
que de nouvelles bien fréquemment pour être
tout à fait content. Mille choses à nos bons
amis, à Berton s'il a fini son voyage, et mes
respects à M. Guérin dont les lettres (de recommandation) me procurent tous les jours les plus
grands témoignages de bienveillance. Chacun se
souvient de lui avec un plaisir que vous devez
concevoir, et son élève en est mieux accueilli
partout. Votre sincère ami, Théodore Géricault[1]. »

Malgré les jouissances vives et profondes que
donnait à Géricault la vue des chefs-d'œuvre
si longtemps rêvés, les distractions et l'intérêt
qu'il trouvait dans un pays si pittoresque et si
nouveau pour lui, son humeur ne tarda pas à
s'assombrir tout à fait. On dit qu'il vivait presque seul, qu'il travaillait beaucoup par accès,
puis, qu'il se décourageait et se laissait aller

---

1. Rome ce 27 novembre 1816. — Monsieur Dorcy-
Dedreux, rue Taitbout, n° 9, Paris.

à une mélancolie profonde. C'est qu'il avait emporté avec lui son cœur troublé, la source de ses chagrins. La lettre suivante, qu'il écrivit assez longtemps, semble-t-il, après celle que nous venons de citer, montre bien l'état d'affaissement où il était tombé.

« Mon cher Dorcy. Je suis un monstre, vous le savez bien ; mais vous le dire, m'en accuser, vous disposera peut-être à me le pardonner. J'ai d'ailleurs un tel regret des procédés que j'ai eus à votre égard, qu'il serait difficile à vous-même d'avoir autant de haine que j'en ai pour moi. Que de pitié cependant vous m'accorderez lorsque je pourrai causer tranquillement avec vous des embarras terribles où je me suis jeté imprudemment . . . .

. . . . . . et de la force qu'il m'a fallu opposer à mille traverses fâcheuses. Une lettre convient si peu pour l'ouverture de mon pauvre cœur trop rempli, et j'ai si peu d'amis, du moins j'en connais peu qui se plaisent à recevoir et à faciliter un entier épanchement. Livré presque seul à moi-même, je ne suis capable de rien. Pourquoi m'avez-vous quitté, mon ami, ou plutôt pourquoi un sort contraire se plaît-il à nous tenir divisés? Vous m'entendiez bien et je vous aimais. C'était pour moi une source véritable de tranquillité et de bonheur. Maintenant j'erre et m'égare toujours. Je cherche vainement à m'appuyer; rien n'est solide, tout m'échappe, tout me trompe. Nos espérances et nos désirs ne sont vraiment ici-bas que vaines chimères, et nos succès, des fantômes que nous croyons saisir. S'il est pour nous sur terre quelque chose de certain, ce sont nos peines. La souffrance est réelle, les plaisirs ne sont qu'imaginaires. Mais de quelle série ennuyeuse de réflexions viens-je vous accabler? Vous trouverez le texte de mon début pour relier correspondance bien triste et insipide, et serez autorisé à dire : Que n'a-t-il continué à se taire? J'aime mieux son silence! Ridicule appréhension. Vous ne seriez plus Dorcy du moment que vous cesseriez d'avoir indulgence pour mon caractère lamentable.

« Votre chère sœur et votre frère n'ont que

des reproches à me faire, s'ils se souviennent
encore m'avoir connu. Il est cependant peu de
jours où je ne repasse tous ceux que je préfère,
et certes ils sont des premiers et des plus chers.
Veuillez être médiateur entre tous mes bons
amis et moi. Qui mieux que vous pourra plaider
la cause des paresseux à écrire, quoique assurément vous m'ayez cette année prévenu plusieurs
fois, sans cela j'eusse pris avec vous le ton
superbe d'un accusateur ! N'allez pas vous taire
à votre tour pour me punir. Tout à vous.
Théodore Géricault [1]. »

Cette disposition découragée n'était sans doute
pas favorable au travail, et à Rome Géricault
perdit certainement beaucoup de temps dans
les tristesses et dans les rêveries dont cette
lettre est un écho. Mais s'il y avait un homme
sensible à l'excès chez lui, il y avait un peintre
amoureux de son art et qui prétendait bien ne
pas s'endormir. C'est en effet au milieu des
préoccupations dont témoigne sa correspondance

---

1. Sans date ni adresse.

que Géricault conçut l'une de ses plus admirables compositions, la *Course de chevaux libres,*
et qu'il en fit les études préparatoires et les
esquisses.

VI

Toutes les personnes qui ont passé le carnaval
à Rome ont vu la course des *Barberi*. C'est une
des fêtes les plus brillantes, les plus bruyantes,
les plus gaies, les plus populaires de cette ville
aussi éprise de spectacles sous les papes qu'elle
l'était sous les empereurs. Le théâtre lui-même
est admirable. Sur la place du Peuple, on réunit
les quinze ou vingt petits chevaux barbes à
demi sauvages qui doivent courir et se disputer
le prix. Ils sont là sur une ligne, impatients,
hennissants, se cabrant, couverts de rubans et

de paillons, à grand'peine retenus devant la barrière par de jeunes paysans vêtus du pittoresque costume de la campagne de Rome. Au signal ils s'élancent dans le Corso, excités par les cris et par les gestes d'une immense population qui couvre la place, les marches des églises, les estrades, les terrasses du mont Pincio, les toits des maisons, qui se pousse et s'étouffe dans la longue rue bordée de palais et ouvre à peine un passage étroit aux chevaux affolés, qui passent comme un tourbillon dans ses flots frémissants et pressés. C'était bien là une scène faite pour plaire à Géricault et pour le séduire d'emblée. Ces chevaux ardents, libres et nus, ce peuple impressionnable, surexcité, qui exprime par des pantomimes vives et vraies ses moindres impressions, ces costumes variés et éclatants, tout cela sous la pleine lumière d'un ciel superbe... c'était un tableau. Géricault fit aussitôt quelques dessins et une esquisse peinte que nous possédons. C'est la fête de la place du Peuple telle qu'il la vit, dans toute sa vérité, dans sa réalité la plus crue : un portrait.

PEINT PAR GÉRICAULT

AD BRAUN & CIE

COURSE DE CHEVAUX LIBRES
« Le Départ »

Cette première esquisse [1], que Géricault peignit certainement très-peu de temps après la
course, c'est-à-dire au printemps de 1817,
d'une exécution un peu lourde, est en somme
bien inférieure à celles qu'il fit plus tard.
Elle est néanmoins d'un grand intérêt, car elle
marque le point de départ de cette longue suite
d'études dans lesquelles, de pas en pas, il
s'éleva si haut et où il montra avec tant d'évidence de quel amour il était possédé pour son
art et par quels efforts il tendait à la perfection.
Amateur passionné non-seulement de chevaux,
mais de courses, de *sport*, Géricault s'était placé
près de la barrière et un peu en avant, de
manière à ne rien perdre des péripéties du
départ. De ce point, il voyait chevaux et palefreniers sur une ligne oblique d'un effet assez
désagréable, en arrière l'obélisque, et vis-à-
vis les tribunes dressées au pied du terre-
plein couvert de cyprès, qui fait face au mont
Pincio, chargées de spectateurs, et garnies de

1. A M. Couvreur, lithographiée par Eug. Le Roux.

leurs tentures de mauvais goût. C'est là ce qu'il
représenta. Ce sont les jeunes hommes bien
découplés de la campagne de Rome, vêtus de
leurs costumes brillants tout enrubannés, les
petits chevaux à la tête mutine et carrée, secs et
nerveux, dont les muscles d'acier s'accusent sous
la peau fine et transparente. C'est une scène
pleine de mouvement et aussi de caractère, mais
qui appartient au genre bien plus qu'à l'histoire,
et qui, au point de vue pittoresque, est loin d'être
irréprochable.

Aussi voyons-nous Géricault la reprendre et
recommencer à nouveaux frais dans une seconde
esquisse[1]. Au lieu d'être placés sur une ligne
unique, les chevaux sont disposés en plusieurs
groupes, qui forment une composition en longueur, plus vive et plus variée.

Ils se cabrent, se débattent et s'emportent.
Les personnages, encore en costume moderne,
s'efforcent de les retenir. L'un d'eux, tout à la
gauche, vient d'être renversé et s'appuie des

1. A M. Camille Marcille, lithographiée par Eug. Le Roux.

COURSE DE CHEVAUX LIBRES

(Le Départ)

deux mains à la terre, dans une pose à la Michel-Ange. Un autre, à la droite du tableau, tient aux naseaux un cheval d'une superbe tournure, qui se dresse sur ses jambes de derrière. Le fond a été complétement changé. Il est occupé en très-grande partie par un vaste bâtiment, d'une noble architecture, que l'on voit en travers. Dans l'ouverture qu'il laisse à gauche, on aperçoit quelques monuments de Rome, entre autres le temple circulaire de Vesta.

Géricault n'était pas encore content. Cette scène comportait en effet une interprétation plus générale. Dans le pays du grand art, devant des exemples sublimes, sous l'œil des maîtres suprêmes dont il subit à son insu la salutaire influence, son imagination s'enflamme, son génie s'élève. Ce ne sont plus les *Barberi* de la place du Peuple et les paysans de la campagne de Rome qu'il voit; ce sont de nobles coursiers aux prises avec de jeunes hommes, des éphèbes, des héros forts et beaux dans leur nudité. Il conçoit une composition nouvelle, aussi vraie, aussi réelle que l'autre, mais idéalisée et développée dans

le sens des grandes œuvres de l'antiquité et de
la Renaissance italienne. Il élimine les costumes,
les détails, tout ce qui est accidentel et relatif.
Le sujet, à lui seul, remplit tout le tableau. Nous
ne sommes plus à Rome, nous ne sommes pas
davantage à Athènes ou à Paris. Les circonstances
de temps et de lieu ont disparu. Le peintre nous
transporte dans le domaine de l'art pur. C'est à
peine si l'on aperçoit, dans l'une des esquisses
de ce nouveau projet, l'obélisque de la place du
Peuple, dernier vestige du théâtre primitif de
l'action. La composition, admirablement conçue
au point de vue dramatique, pittoresque et
savamment équilibrée, peut, pour la commodité
de la description, se diviser en trois groupes
principaux. Au centre, un jeune homme vu de
trois quarts par le dos, appuie son bras gauche
sur les reins d'un cheval blanc qui se cabre, et
lui saisit de la main droite la mâchoire inférieure. L'animal superbe, ployé sur ses jambes
de derrière, la crinière droite, élève sa tête
irritée, qui paraît animée de passions humaines.
Près de la barrière, un autre personnage arrête

COURSE DE CHEVAUX LIBRES

un cheval qui se dresse au-dessus d'un homme renversé. A l'extrémité gauche du tableau, un troisième personnage, d'un type admirable, vu de face, les jambes écartées pour assurer son effort, se roidit pour résister à son redoutable adversaire, dont il tient des deux mains les naseaux. Ces trois groupes du premier plan sont reliés par un nombre considérable de figures, hommes et chevaux, qui remplissent la toile sans la surcharger et complètent cette noble composition. Géricault a fait plusieurs esquisses de ce second projet. Nous en connaissons trois ou quatre. Elles ne diffèrent entre elles que par le degré d'avancement et par la qualité de l'exécution[1]. En outre, il a traité à part quelques épisodes qui se rapportent à l'un ou à l'autre de ces deux projets ou qu'il avait l'intention d'y faire entrer : entre autres l'homme renversé qui se trouve à gauche de l'une des compositions[2] ; un cheval noir qu'un paysan qui porte un drapeau

1. Les plus importantes appartiennent à MM. Camille Marcille et Couvreur.
2. A M. Camille Marcille.

tient par la crinière[1]; et un cheval cabré, que deux hommes, placés de chaque côté de lui, s'efforcent d'arrêter par son mors, tandis que d'autres personnages le retiennent par la queue. Cette magnifique étude est un véritable tableau. Je ne sache pas qu'elle ait trouvé place, au moins sans modifications importantes, dans aucune des esquisses. Elle a été achetée dernièrement par le musée de Rouen, et représentera dignement Géricault dans sa ville natale, qui ne possédait jusqu'ici qu'un cheval et la belle étude d'après nature : deux têtes de chevreuil, donnée par M. His de La Salle, il y a quelques années déjà.

Nous sommes loin de connaître tous les matériaux que Géricault avait réunis pour ces deux projets. La personne qui a déballé ces esquisses à leur arrivée à Paris m'affirme qu'il y en avait plus de vingt, et ajoute ce détail : qu'elles étaient toutes peintes sur papier huilé, qu'elles s'étaient collées les unes avec les autres et qu'on

1. A M. Binant.

COURSE DE CHEVAUX LIBRES

(L'Arrivée)

eut de la peine à les séparer; mais, quoique
une partie de ces études ait disparu, nous avons
évidemment dans celles qui nous restent l'indication sommaire de la pensée du peintre à son
point de départ et à son point d'arrivée, la scène
réelle et la scène idéalisée avec plusieurs des
pas intermédiaires. Ces esquisses peintes sont
loin, du reste, d'être les seuls travaux de Géricault qui aient trait à cette composition. Elles en
sont peut-être la moindre partie. Il ne cherchait,
dans ces peintures, que le ton, les valeurs, l'effet.
Elles sont exécutées avec une grande rapidité;
quelques-unes dans la journée, peut-être. C'est
le crayon à la main que Géricault tournait et
retournait sa pensée et qu'il la développait
laborieusement avec une ardeur et une ténacité
dont l'on ne se rend compte que lorsqu'on a eu
les preuves ент.˜ les mains. Les admirables
dessins qui nous sont restés de la *Course de
chevaux libres* sont exécutés au trait, à la plume
pour la plupart, avec les détails indiqués très-
sommairement par quelques hachures. On se
tromperait lourdement si on les prenait pour des

improvisations, pour des croquis. Géricault, qui peignait avec tant de facilité et de sûreté, composait péniblement. Il tâtonnait beaucoup et ne trouvait qu'à la longue ses types, ses mouvements, ses groupes, ses ensembles. Il n'avait pas à un haut degré ce sentiment inné de la proportion, cette mémoire des formes, ce *compas dans l'œil,* qu'il enviait tant à Horace Vernet. Ce n'était qu'à force de temps, de peine, d'essais infructueux vingt fois recommencés, qu'il arrivait à ces belles combinaisons de lignes que nous trouvons dans ses dessins définitifs[1]. Il avait une manière de procéder qui mérite d'être indiquée. Lorsqu'il avait dessiné un projet, qu'il l'avait corrigé et surchargé au point qu'on n'y pouvait plus rien voir, il le couvrait d'un papier transparent et reprenait soigneusement le bon trait.

1. Le plus beau de ces dessins appartient à M. Eudoxe Marcille. Je l'ai publié en *fac-simile,* avec le concours de quelques amis comme moi admirateurs de Géricault, ainsi que l'*Homme terrassant un bœuf* et le *Marché aux bœufs,* dont je parle plus bas. (*Dessins de Géricault, lithographiés en fac-simile* par A. Colin, publiés par une société d'artistes et d'amateurs. 1re livraison. Leconte, Paris, 1866.)

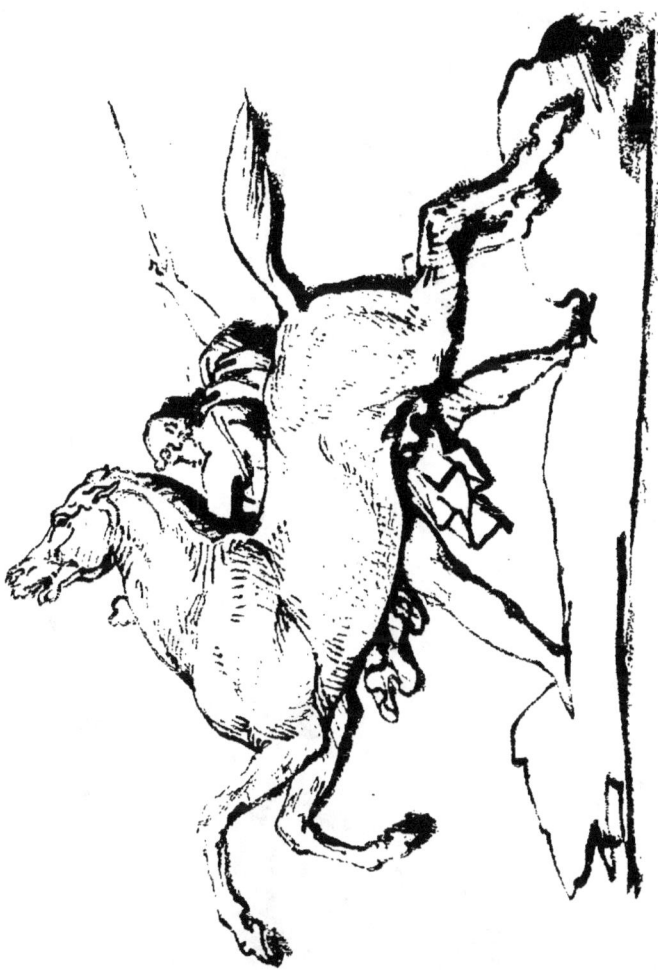

DESSINÉ PAR GÉRICAULT

COURSE DE CHEVAUX LIBRES

(*Épisode*)

AD BRAUN & Cie

Il crayonnait à nouveau ce dessin, puis en tirait une épreuve, et ainsi de suite, jusqu'à ce qu'il en fût à peu près satisfait. C'est ainsi qu'il se fait que nous possédons un nombre considérable de répliques de ces dessins, qui ne se distinguent les unes des autres que par de légères variantes; c'est ainsi également qu'il a pu les amener, quoiqu'ils ne reproduisent guère que le trait extérieur avec quelques détails principaux et que bien des profanes les prennent pour de simples croquis, à un tel degré d'avancement qu'à l'égard de la détermination des lignes, de leur combinaison, de la silhouette en un mot, il soit difficile de supposer qu'une exécution plus complète eût produit une plus grande perfection. Qu'on ne se trompe pourtant pas sur notre pensée. Ces belles compositions ne sont que l'embryon de l'œuvre qu'aurait produite la main puissante de Géricault. Cependant, instruits comme nous le sommes par la *Méduse* du degré d'ampleur, d'unité, de beauté que Géricault savait donner à une composition qu'il exécutait jusqu'au bout, il semble que nous pouvons nous représenter ce

qu'eût été la *Course de chevaux libres* sur une
toile de trente pieds. L'exécution en grand en
a été commencée. Avant son départ de Rome,
Géricault avait au moins tracé sa composition
dans les dimensions qu'elle devait avoir. Cette
toile a disparu, et il est probable que telle qu'il
l'a laissée elle aurait peu ajouté à ce que nous
possédons dans les dessins et dans les esquisses.
Il est à jamais regrettable que Géricault n'ait pas
exécuté ce projet. C'eût été une œuvre splendide
et digne d'être mise à côté des plus belles pages
de tous les temps.

Outre la *Course de chevaux libres,* Géricault fit
encore à Rome probablement quelques ouvrages
qui appartiennent à la même grandiose inspiration. Je citerai *Silène sur un âne,* avec des bacchants et des bacchantes ; un *Nègre sur un cheval
cabré,* deux superbes compositions à la pierre
noire sur papier bleu avec du lavis et des rehauts
de gouache à M. Eudoxe Marcille ; *Horatius Coclès*
défendant le pont, importante composition à la
sépia qui a appartenu à M. Colin ; des *Centaures
enlevant des femmes* dont on connaît plusieurs

DESSINÉ PAR GÉRICAULT

HORATIUS COCLÈS

répliques; le magnifique dessin, l'*Homme ter-rassant un bœuf,* que j'ai publié et qui est cer-tainement au nombre de ses plus puissantes, de ses plus magistrales créations[1]; *Deux hommes nus,* l'un retenant un bœuf la tête contre le sol, tandis que l'autre se prépare à l'assommer avec une massue; *Nègre* et *Négresse,* l'un de ses plus beaux dessins à la plume, gravé en *fac-simile* dans la *Gazette des Beaux-Arts;* enfin une com-position complète : le *Marché aux bœufs* dont on possède une esquisse peinte et un superbe des-sin[2]. Dessin et esquisse ont été faits à Paris. Le motif a été pris à l'abattoir qui existait alors rue de la Pépinière, et il est facile de voir que les animaux n'appartiennent pas à la race romaine. Je place cependant ici cet ouvrage, parce qu'il est né, sans conteste possible, sous la même inspiration que la *Course.* Les compositions que Géricault fit à ce moment ont un caractère que

1. A M. His de La Salle.

2. L'esquisse appartient à M. Couvreur; le dessin, à M. Eudoxe Marcille. Je l'ai donné dans le recueil de *fac-simile* déjà mentionné.

l'on ne peut méconnaître. Sa conception du
cheval en particulier si originale, si complète
dès ses premiers tableaux et dans ses moindres
études, apparaît ici avec un degré de plus de
force et d'élévation. Sous le rapport du style,
Géricault n'a jamais surpassé ses travaux de
Rome. Le sculpteur des frontons du Parthénon,
le peintre du plafond de la Sixtine, ont passé
par là. Cependant il faut le dire bien haut : si
docile qu'il fût à l'exemple, à l'enseignement
d'où qu'il vînt, Géricault se pénètre des maîtres,
se fortifie et s'élève à leur contact, mais ne les
imite pas. Il ne s'asservit jamais à personne, pas
même à Michel-Ange. Son cheval lui appartient
absolument. Ce n'est pas le cheval admirable de
Phidias ; ce n'est pas celui d'un si beau choix de
formes, mais abstrait et décoratif, de Raphaël ;
pas davantage le colosse chimérique, apoca-
lyptique, de Rubens. C'est un animal vivant,
superbe et vrai.

Au total, et quoi qu'on ait dit, le séjour de
Rome exerça une excellente influence sur le
talent de Géricault. Il y prit le goût des vastes

DESSINÉ PAR GÉRICAULT

HOMME TERRASSANT UN BOEUF

ouvrages qui convenaient si bien à son génie, et c'est là que pour la première fois il tenta les sujets complexes, d'un ordre élevé et en dehors de conditions étroites de temps et de lieu. Les modèles admirables qu'il y trouva lui fournirent des aliments qu'il sut s'assimiler. Il était de force à résister aux entraînements et il ne laissa à aucun degré entamer sa forte originalité. Presque à la même époque, Rome a rendu le même service à deux peintres d'instinct et de tempérament bien différents. Léopold Robert et Géricault sont tous les deux partis du genre. L'un s'est élevé au style à force de labeur et de raisonnement; l'autre, en s'abandonnant à son instinct pittoresque qui le poussait en haut. Je ne voudrais pas dire pourtant que les exemples qu'il avait sous les yeux n'aient pas exercé une certaine tyrannie, une certaine pression, n'aient pas violenté en quelque chose les dispositions naturelles de Géricault. Nous verrons en effet que de retour à Paris il reprit les sujets modernes : la *Méduse;* la *Traite des Nègres;* l'*Ouverture des portes de l'Inquisition.*

Géricault était triste et s'ennuyait à Rome[1].
Son père le rappelait à grands cris. Il se décida
subitement à partir au moment même où M. Dedreux-Dorcy venait pour le rejoindre. Il le
croyait encore à Paris et lui écrivit le billet
suivant : « Mon cher Dorcy. Je suis désolé de
partir sans avoir eu le plaisir de vous embrasser;
c'est une de ces disgrâces qui n'arrivent qu'à
moi. Après une année de tristesse et d'ennui, au
moment où je pouvais être plus heureux et
lorsque vous arrivez, je suis obligé de partir;
vous imaginez facilement ma peine, si vous
avez conservé un peu d'amitié pour moi.

1. Dès son arrivée à Rome, Géricault pensait que l'artiste
ne devait pas trop prolonger son séjour en Italie. Il écrivait :

« L'Italie est admirable à connaître, mais il ne faut pas y
passer tant de temps qu'on veut le dire ; une année bien
employée me paraît suffisante, et les cinq années que l'on
accorde aux pensionnaires leur sont plus nuisibles qu'utiles,
en ce qu'ils prolongent leurs études dans un temps où il
serait plus convenable de faire des ouvrages; ils s'accoutu-
ment ainsi à vivre de l'argent du gouvernement, et passent
dans le repos et la sécurité les plus belles années de leur
vie. Ils sortent de là ayant perdu leur énergie et ne sachant
plus faire d'efforts. Ils terminent, comme des hommes ordi-

DESSINÉ PAR GÉRICAULT

MARCHÉ AUX BOEUFS

AD BRAUN & Cⁱᵉ

« Adieu, mon ami, écrivez-moi, je vous
prie, le plus souvent qu'il vous sera possible.
Mais que Dieu vous garde que cela soit un
besoin pour votre cœur comme je l'ai si tristement éprouvé. Je vous laisse, mon cher ami,
quelques effets qui pourront vous être utiles,
tels que chevalet, boîte à couleurs, toiles préparées. Puis je vous enverrai un vieil homme
très-intelligent pour vous chercher un atelier.
Quand vous l'aurez trouvé, mettez-vous de suite
à l'ouvrage : c'est le seul moyen de ne pas

naires, une existence dont le commencement avait fait espérer beaucoup.

« C'est enterrer les arts au lieu d'aider à leur accroisse-
ment, et, dans le principe, l'institution de l'école de Rome
n'a pu être ce qu'elle est aujourd'hui. Ainsi beaucoup y
vont, peu en reviennent. Les vrais encouragements qui
conviendraient à tous ces jeunes gens habiles seraient des
tableaux à faire pour leur pays, des fresques, des monuments
à orner, des couronnes et des récompenses pécuniaires,
mais non pas une cuisine bourgeoise pendant cinq années,
qui engraisse leur corps et anéantit leur âme.

« Je ne confie ces réflexions qu'à vous, M..., en vous
assurant de leur justesse et en vous priant de ne les point
communiquer. »

(23 nov. 1816, *Moniteur* du 6 janv. 1864.)

connaître l'ennui. Tout à vous. T. Géricault[1]. »

La chance ne fut pourtant pas si contraire que le pensait Géricault. Il rencontra à Sienne son ami qui arrivait en toute hâte. Ils passèrent quelques jours ensemble; puis l'un se dirigea sur Rome, et l'autre sur Paris.

1. Rome, 21 septembre.

VII

Géricault revint avec plaisir à Paris. Malgré
les vives jouissances que Rome lui avait données
et le profit qu'il avait tiré de l'étude des maîtres
italiens, ce séjour avait été pour lui un véritable
exil. Il avait vécu presque seul pendant de longs
mois, et quelque fortes et absorbantes que fussent ses préoccupations d'artiste, il lui fallait
le monde et ses amis. Pendant l'année qu'il
passa en Italie, il n'avait formé qu'un très-petit
nombre de relations. La plupart des peintres

français, élèves de David, et d'autant plus fanatiques de leur maître qu'ils étaient eux-mêmes
plus médiocres et plus impuissants, ne voyaient
en lui qu'un révolutionnaire et un fou, et ne
l'appréciaient à aucun degré. Les pensionnaires
de l'Académie de France ne parlaient du novateur qu'avec le plus parfait dédain, et, de son
côté, Géricault s'exprimait sur les doctrines qui
régnaient dans l'École avec assez peu de ménagements. A Paris, à l'exception de M. Dedreux-
Dorcy, il retrouva tout son monde : M. Musigny, le colonel Bro, Horace Vernet, les deux
Scheffer, et se replongea avec délices dans sa vie
fiévreuse de travail et de plaisir. Je trouve dans
les notes que M. Montfort a bien voulu me communiquer une page qui le peint dans ce premier
accès de bonheur, au moment même du retour,
allant voir au débotté son camarade Vernet et
l'embrasser. « Un matin de l'automne 1817, dit
M. Monfort, entra dans l'atelier de mon maître,
M. Horace Vernet, un jeune homme qui lui
sauta au cou. Aux premières paroles, il me
fut aisé de comprendre qu'il arrivait d'Italie et

CHARIOT CHARGÉ DE SOLDATS BLESSÉS

qu'il était peintre, puis, comme dans le courant
de l'entretien M. Vernet l'appela plusieurs fois
par son nom, un autre élève placé près de moi
me demanda si ce n'était pas là M. Géricault
l'auteur d'un Chasseur à cheval et d'un Cuirassier exposés au Salon quelques années aupara-
vant. A ce mot, je me rappelai confusément les
deux tableaux; mais c'était tout, et je ne pus
satisfaire la curiosité de mon petit compagnon.
Toutefois, cette circonstance nous porta à beaucoup regarder le jeune ami de M. Vernet, et
voici sous quel aspect il m'apparut. M. Géricault, qui avait alors environ vingt-six ans, était
assez grand, et de tournure élégante. Son
visage, plein d'animation et d'énergie, respirait
en même temps une grande douceur. J'observai
alors, comme je le fis souvent plus tard, qu'il
rougissait facilement à la plus légère émotion.
M. Horace Vernet et lui parlèrent longuement
de l'Italie, des belles peintures qui s'y trouvent,
et de différents artistes dont les noms m'étaient
entièrement inconnus et l'étaient même alors de
la foule. L'un d'eux, Schnetz, fut celui dont le

nom revint le plus fréquemment à la bouche de M. Géricault, qui semblait faire un cas extrême de son talent.

« Le lendemain et les jours suivants je revis M. Géricault à l'atelier, et j'appris que de la demeure de son père, située dans le voisinage, on pouvait, par les jardins, venir chez M. Horace Vernet. J'avais un grand plaisir à entendre causer mon maître et M. Géricault qui, bon et affectueux, regardait parfois ce que je faisais, me donnait des conseils et m'encourageait. Je commençai ainsi à faire plus ample connaissance, jusqu'à ce qu'un jour il me demanda de poser chez lui, revêtu d'un costume persan qu'on lui avait prêté, et dont il fit plusieurs croquis.

« Mon maître, Horace Vernet, lui rendait pleine justice, et un jour, devant moi, il releva le talent du jeune peintre, alors complétement inconnu, et qu'un de ses élèves, déjà homme fait, rabaissait inconsidérément et peut-être dans l'intention de le flatter.

« Chargé par M. Vernet d'un petit message

pour M. Géricault, j'entrai pour la première fois
dans son atelier situé en face, dans le jardin. Il
était absent, et je ne trouvai que l'élève en ques-
tion, qui avait obtenu de M. Géricault, j'ignore à
quelle occasion, l'autorisation de travailler chez
lui. Après m'être enquis de M. Géricault, je
m'arrêtai frappé d'étonnement devant les deux
tableaux, le *Chasseur* et le *Cuirassier,* qui
étaient à terre, appuyés contre la muraille, et je
donnai tout haut un libre cours à mon enthousiasme. Soit par esprit de contradiction, soit
qu'il ne fût pas en état d'apprécier ces beaux
ouvrages, l'élève qui s'était levé de sa chaise
pour juger à distance son travail, s'écria tout à
coup : « Taisez-vous donc avec vos exclamations! »
et comme je ripostais : « Ah bah ! ajouta-t-il,
Horace fait bien autre chose que ça. » Au même
instant, M. Vernet entrait dans l'atelier ; l'élève
courut alors vers lui, et lui plaçant familière-
ment les mains sur les côtés en le regardant
fixement : « N'est-ce pas, gros père, que vous en
faites d'autres? » Comme M. Vernet ne savait
trop où il en voulait venir, il lui expliqua que

j'étais là à me pâmer devant les deux tableaux
de M. Géricault. « Mais je ne vois pas, répliqua
alors notre maître, qu'il ait si grand tort. Il y a
de bien belles parties dans ces tableaux ; » puis
s'approchant du *Chasseur* et montrant la tête du
cheval : « Cette tête est vivante, dit-il, et qui
aurait jamais mieux peint cette peau de tigre? »
ajouta-t-il, en désignant la fourrure qui recouvre
la selle. »

Il ne semble pas que Géricault ait fait aucun
ouvrage très-important pendant les quelques mois
qui s'écoulèrent entre son retour de Rome et le
moment où il commença la *Méduse*. Le *Train
d'artillerie* que l'on a vu longtemps chez M. le
comte d'Espagnac, d'une composition si originale, d'un dessin si hardi, d'une exécution si
vive, est peut-être de cette époque, mais je
n'oserais l'affirmer. Il est très-difficile, pour ne
pas dire impossible, d'établir la chronologie des
œuvres de Géricault, sur lesquelles on ne possède
pas de renseignements précis, car sa vie fut
très-courte, son développement très-rapide, et il
atteignit presque d'emblée sa plus grande force.

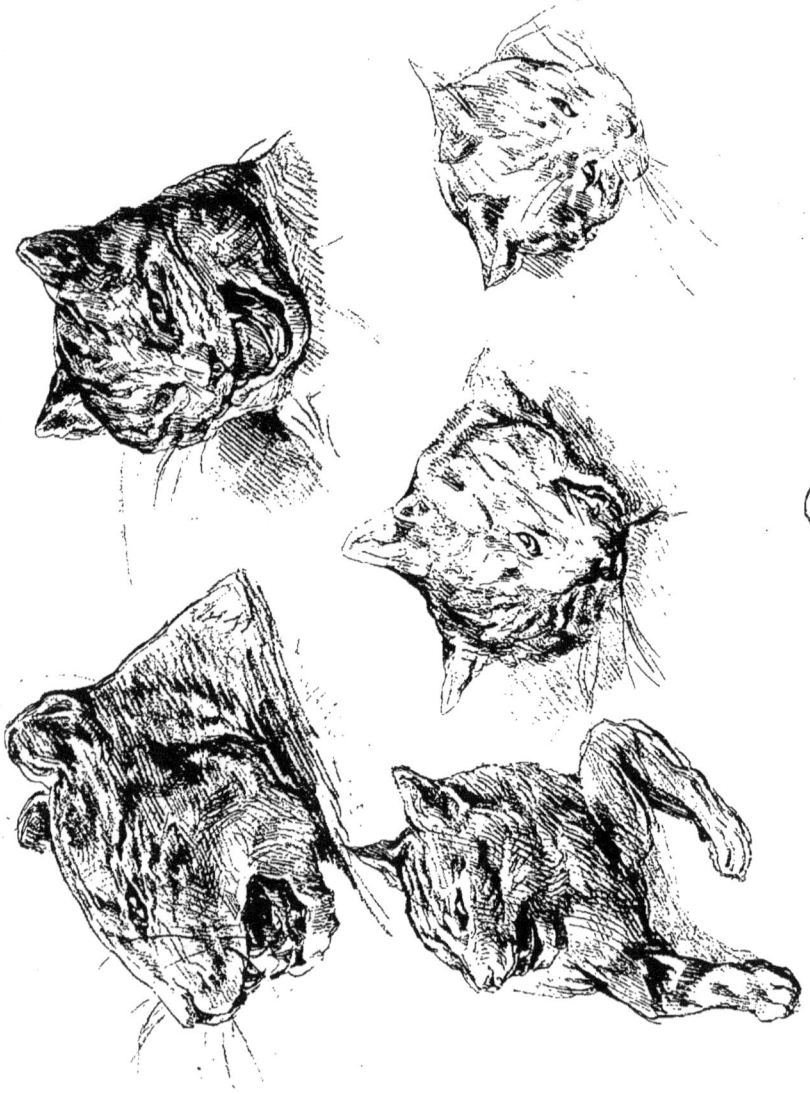

C'est pendant cette période qu'il fit, vraisembla-
blement, une partie au moins de ses admirables
études d'animaux : les *Lions accroupis autour de
débris et d'ossements*, de M. Schickler ; les *Deux
Tigres*, de M. Alfred Baudry ; le *Lion debout*, la
Tête de Bouledogue, de M. His de La Salle ; le
Tigre couché, au colonel Bro de Comères, une
foule de natures mortes et autres ouvrages, épars
dans les collections des amateurs[1]. A ce même
moment, la lithographie était dans toute sa nouveauté. Avec sa fougue accoutumée, Géricault
s'était épris de ce moyen énergique et facile
d'exprimer rapidement la pensée et l'impression
pittoresques. Quelques-unes de ses plus belles
planches : les *Bouchers de Rome*, le *Factionnaire
suisse*, le *Porte-étendard*, le *Trompette de lanciers*, le *Mameluck défendant un trompette blessé
contre un cosaque qui arrive au galop*, sont de

1. On trouvera plus loin, dans le catalogue raisonné de
l'œuvre peint de Géricault, des renseignements plus com-
plets sur ces ouvrages et sur un nombre considérable
d'autres peintures que je ne peux relater dans cette partie
générale de mon travail.

1817 et 1818[1]. C'est ainsi qu'il allait et venait,
variant et complétant ses études, dans cet état
d'incertitude qui précède une grande résolution.
Il cherchait, se recueillait, rassemblait ses forces,
avant de commencer l'ouvrage qui devait soulever les anathèmes de l'École, affirmer sa valeur
et asseoir sa réputation[2].

Je l'ai dit, Géricault appartenait à cette race

1. Voir le catalogue des lithographies de Géricault à la
fin de ce volume.

2. Géricault avait étudié le corps de l'homme et celui du
cheval avec un soin et même une minutie que ne dépasse-
rait pas un anatomiste de profession. M. de Varenne possède
une trentaine de feuilles d'anatomie de l'homme et du cheval
que Géricault avait probablement préparées en vue de les
publier, car chaque pièce myologique est accompagnée de
la pièce ostéologique correspondante, et les feuilles sont
chargées de notes manuscrites donnant les noms des os et
des muscles et correspondant à des numéros placés dans les
dessins. On comprend, en voyant ces admirables ouvrages,
si larges, si simples, si vrais, d'une exécution si ferme et si
magistrale, la force constante, l'imperturbable savoir, que
l'on retrouve dans les moindres croquis de Géricault. La
structure intérieure du corps de l'homme et de l'animal lui
était si familière, qu'il se jouait des difficultés de la forme
et du mouvement. On ose à peine le dire, mais Michel-Ange
lui-même n'aurait peut-être pas mis dans de pareilles études
plus de souplesse unie à une si rigoureuse précision.

d'artistes sensibles, impressionnables, et sur lesquels les événements extérieurs agissent puissamment. Cette fois encore, les circonstances se
chargèrent de lui fournir le sujet qu'il cherchait.
MM. Corréard et Savigny, deux des survivants
d'un épouvantable désastre maritime, venaient de
publier l'émouvant récit de leurs aventures et de
celles de leurs compagnons d'infortune. Le livre
était dans toutes les mains ; les péripéties de ce
drame faisaient l'objet de toutes les conversa-
tions. Les passions politiques s'en mêlaient, car
on imputait à l'incapacité bien reconnue du
commandant la perte du navire, et on faisait
remonter la responsabilité de l'événement jusqu'au ministre qui avait confié un poste périlleux
à un homme qui n'avait pour lui que son nom
et des protections. Aussi l'opinion publique,
surexcitée par l'atroce réalité des faits et par
les commentaires qui les aggravaient, était-elle
arrivée à un véritable paroxysme d'horreur et
d'indignation. L'imagination de Géricault s'em-
para aussitôt de cette dramatique donnée que
quelques lignes extraites de la relation de

M. Corréard déterminent suffisamment. « La frégate *la Méduse,* accompagnée de trois autres bâtiments, la corvette *l'Écho,* la flûte *la Loire* et le brick *l'Argus,* quitta la France le 18 juin 1816, portant à Saint-Louis (Sénégal) le gouverneur et les principaux employés de cette colonie. Il y avait à bord environ quatre cents hommes, marins ou passagers. Le 2 juillet, la frégate tombait sur le banc d'Arguin, et après cinq jours d'inutiles efforts pour remettre le navire à flot, un radeau fut construit, et cent quarante-neuf victimes y furent entassées, tandis que tout le reste se précipitait dans les canots. Bientôt les canots coupèrent les amarres, le radeau qu'ils devaient traîner à la remorque resta seul au milieu de l'immensité des mers. Alors la faim, la soif, le désespoir, armèrent ces hommes les uns contre les autres. Enfin, le douzième jour de ce supplice surhumain, *l'Argus* recueillit quinze mourants. »

Ce récit présentait au moins trois épisodes successifs qui pouvaient fournir le sujet d'un tableau : le moment où le radeau, séparé d'un coup de

hache des canots qui le remorquaient, est abandonné à son sort affreux ; c'était une scène d'indignation, de désespoir, de terreur ; puis celui
où les matelots se révoltent contre les officiers et
sur cet étroit théâtre, entre le ciel et l'eau, au
milieu de la vaste solitude de l'Océan, s'entr'égorgent pour assouvir leur faim ; c'était un
motif d'épouvante et d'horreur, un spectacle
affreux, un véritable cauchemar ; celui enfin où
la vue du navire ranime l'espérance des malheureux. Ici le peintre rencontrait en abondance et
comme à souhait les éléments les plus dramatiques et les plus variés : toutes les nuances, depuis
le morne désespoir de ceux qui ont trop perdu
pour vouloir être consolés, jusqu'à la joie fébrile
de ceux qui renaissent au sentiment de la vie en
apercevant le vaisseau sauveur. Voilà la scène
douloureuse, déchirante, mais éclairée pourtant
d'un rayon qui suffit pour que l'âme ne reste pas
écrasée sous une impression d'épouvante et
d'horreur. Géricault hésita beaucoup entre ces
différents sujets, et on connaît un grand nombre
de dessins et quelques esquisses qui témoignent

de son anxiété. Sa fougueuse nature le porta
d'abord à préférer les premiers, et ce n'est qu'à
la longue que son instinct, si sûr lorsqu'il avait
le temps de s'exercer, lui conseilla d'adopter
celui qui offrait évidemment le plus de ressources
pittoresques. L'intéressante esquisse qui appartient à M. Henri Chenavard, et qui a été gravée[1],
reproduit la révolte des matelots contre les officiers. C'est une composition dramatique pleine de
mouvement et de vigueur, et qui, autant qu'on
en peut juger d'après un projet aussi peu arrêté,
aurait fourni un ouvrage d'un effet très-émou-
vant. Il existe aussi un superbe dessin à la pierre
noire et à la sépia, avec la mer et le ciel à l'aquarelle, qui représente cette scène de massacre. On
l'a vu longtemps dans l'atelier d'Ary Scheffer, et
il appartient aujourd'hui à M. Hulot[2]. Géricault a

---

1. A la sanguine par Louis Schaal. Je n'ai pas vu
la peinture, et je dois dire que la planche a l'apparence
d'un *fac-simile* d'après un dessin. Cependant cette
gravure porte : « Fac-simile d'une esquisse, etc., » et
en langage technique une esquisse est toujours un projet
peint.

2. Cette composition offre une particularité remarquable :

fait encore une esquisse très-avancée, qui offre
une variante intéressante et importante [1]. Elle
représente la délivrance des naufragés. Le radeau
n'occupe que la moitié du tableau. A l'avant,
six marins debout ou agenouillés, les bras tendus
ou les mains jointes, attendent avec anxiété un
canot qui vient à leur secours; derrière eux,
cinq autres personnages exténués se traînent
avec effort; à l'arrière, un nègre prie à côté
d'un soldat impassible et d'un cadavre mutilé.
Debout, adossé au mât, Corréard parle avec un
de ses compagnons, probablement le chirurgien
Savigny. On aperçoit à l'horizon le brick *l'Argus*.
On trouve dans les collections de M. Camille
Marcille et de M. His de La Salle des croquis
qui se rapportent à cette composition, et qui
en ont sans doute été le point de départ. Je
ne m'arrête pas à une foule d'autres ouvrages
de la même nature qui remplissent les porte-

C'est, à ce que je crois, le seul de ses projets pour *la Méduse* où Géricault ait introduit des figures de femmes.

1. Elle est restée dans la famille de Géricault et appartient
à mademoiselle Clouard, à Mortain.

feuilles des amateurs et qui donnent, soit l'ensemble, soit quelques détails, quelques figures
séparées de ces premiers essais. Il me suffit de
les signaler pour indiquer la longue route que
Géricault a suivie avant d'arriver à son projet
définitif.

Une fois ce projet à peu près arrêté, Géricault en fit deux esquisses peintes qui ont été
conservées. L'une, qui appartient à M. Schickler,
diffère considérablement du tableau. Le nombre
des personnages est moindre : les deux matelots
qui font des signaux et qui cherchent à attirer
l'attention du brick sont debout sur le plancher
du radeau. C'est le germe de la composition
définitive. Elle existe déjà ; mais elle a besoin
d'être développée et complétée. L'autre, la
seconde esquisse qu'il peignit, d'après les renseignements très-précis que donnent MM. Montfort et Jamar, est presque identique, à l'égard
des grands traits, tout au moins, au tableau du
Louvre. Géricault avait eu d'abord l'intention
de faire de cette ébauche un ouvrage terminé.
Il avait dessiné ses figures à la plume, sur la

toile, d'une manière très-arrêtée; après avoir
couvert tout l'entourage, il avait exécuté le
groupe du père qui a le cadavre de son fils
étendu sur ses genoux, au premier plan à
gauche, puis Savigny ainsi que l'homme debout
sur le tonneau et celui qui le soutient. Il n'ac-
complit pas son dessein, et les autres figures
restèrent tracées à la plume et ombrées au
bitume seulement. Cette intéressante esquisse a
appartenu à M. Jamar, et plus tard à Mme la
duchesse de Montebello : elle est aujourd'hui
l'une des pièces les plus précieuses du cabinet de M. Moreau. En dehors de ces croquis,
dessins d'ensemble, esquisses peintes, Géricault
entreprit encore, sur une toile de deux mètres
environ, une répétition en moyenne dimension
du projet tel qu'il était indiqué dans la dernière
esquisse. Après avoir arrêté son trait avec une
grande précision, suivant son habitude, il
peignit d'après nature deux ou trois figures
très-achevées; mais il abandonna bientôt ce
travail. M. Montfort lui en demanda la raison.
« Si je le continuais, répondit-il, j'épuiserais

ma verve et je ne pourrais plus faire le tableau. » Je n'ai jamais vu cette toile, et tout porte à croire qu'elle aura été détruite.

Un fait bien digne de remarque et qui prouve une fois de plus combien Géricault, qui exécutait avec une rapidité et une sûreté qui tiennent du prodige, mettait de temps, employait d'efforts à formuler d'une manière complète sa pensée pittoresque, c'est que dans les deux esquisses que j'ai signalées, le personnage enveloppé d'une draperie qui se trouve à la droite de la composition n'est pas même indiqué[1]. Bien plus, Géricault conduisit jusqu'au bout son tableau, sans s'apercevoir de cette énorme

[1]. On peut être certain que toutes les esquisses de *la Méduse* où se trouve cette figure sont des *faux* ou des copies. L'une de ces copies a cependant un véritable intérêt, parce qu'elle a été faite sous les yeux de Géricault : c'est celle de M. Lehoux, qui servit pour la gravure de Reynolds. Géricault avait chargé aussi M. Montfort de faire une autre copie d'après l'esquisse qui appartient aujourd'hui à M. Schickler. Il avait l'intention de l'offrir comme un souvenir à M. Corréard. Cet ouvrage, qui était à peine terminé au moment de la mort de Géricault, est resté entre les mains de M. Montfort.

lacune [1]. Cette figure, d'une importance capitale, l'une des plus nécessaires de l'ensemble,
ne fut ajoutée qu'au dernier moment, dans le
foyer du Théâtre-Italien. C'est à peine croyable,
mais les témoignages des contemporains sont
unanimes sur ce point.

[1]. Je dois dire cependant qu'antérieurement aux esquisses
pour son projet définitif, Géricault avait eu l'idée de cette
figure. Elle se trouve indiquée en effet, sans modifications
très-importantes, dans les beaux dessins appartenant à
MM. Hulot, Lamme et Duquesne, qui représentent la révolte
des matelots contre les officiers et les naufragés arrivés au
dernier degré de la misère et s'entre-dévorant.

PEINT PAR GÉRICAULT

LE RADEAU DE LA MÉDUSE

VIII.

LE RADEAU DE LA MÉDUSE
ÉTUDES PRÉLIMINAIRES. — GÉRICAULT DANS SON ATELIER
DÉTAILS DIVERS

Géricault employa le printemps et l'été de 1818 à compléter ses informations et ses études. Avec ce besoin d'exactitude qui est l'un des traits caractéristiques de notre temps, et qui était plus accusé chez lui que chez personne, il dressa le procès-verbal de cette affaire avec l'âpreté, la persistance et la minutie qu'y mettrait un juge d'instruction. Il rassembla un véritable dossier bourré de pièces authentiques, de documents de toute sorte. Il s'était beaucoup

lié avec MM. Corréard et Savigny, les principaux survivants parmi les acteurs de ce drame
dont il se faisait raconter toutes les navrantes et
horribles péripéties. Il fit d'après eux plusieurs
études qui lui servirent pour son tableau. Tout
l'intéressait ; il voulait tout savoir. Il avait re-
trouvé le charpentier de *la Méduse*, qui était
l'une des quinze personnes échappées au désastre,
et il lui avait fait faire un petit modèle du
radeau qui reproduisait tous les détails de la
charpente avec la plus scrupuleuse exactitude,
et sur lequel il avait disposé des maquettes de
cire. Il l'avait dessiné à part, et M. Camille
Marcille conserve un de ces curieux croquis.
Comme son atelier de la rue des Martyrs était
trop petit pour qu'il pût songer à y exécuter son
tableau, il en avait loué un autre de très-vastes
dimensions dans le haut du faubourg du Roule ;
il était ainsi à deux pas de l'hôpital Beaujon.
C'est là qu'il allait suivre avec une ardente
curiosité toutes les phases de la souffrance,
depuis les premières atteintes jusqu'à l'agonie
et les traces qu'elle imprime sur le corps hu-

main. Il y trouvait des modèles qui n'avaient pas besoin de se grimer pour lui montrer toutes les nuances de la douleur physique, de l'angoisse morale : les ravages de la maladie et les terreurs de la mort. Il s'était arrangé avec les internes et les infirmiers, qui lui fournissaient des cadavres et des membres coupés. C'est à cette époque qu'il fit cette tête de voleur mort à Bicêtre et qu'on lui avait apportée[1], ainsi que la magnifique étude représentant deux jambes vues par les pieds avec un bras jusqu'à la clavicule que possède M. Claye, et qui est sans doute un des plus beaux morceaux de peinture qu'il ait exécutés[2]. Pendant quelques mois son atelier fut une manière de morgue ; il y garda,

1. Un peu plus tôt peut-être, car il l'exécuta à son atelier de la rue des Martyrs. Il garda son modèle quinze jours sur le toit. Il se servit de cette étude en la retournant pour la tête du personnage couché à gauche du radeau. Il y a sur la même toile une tête de jeune fille : c'est celle d'une petite bossue qui posait dans les ateliers. On connaît cet ouvrage sous le titre des *Suppliciés*. Il appartient à M. Eugène Giraud.

2. M. Lehoux possède une répétition presque identique de cette étude, mais peinte à la lumière de la lampe.

assure-t-on, des cadavres jusqu'à ce qu'ils
fussent à moitié décomposés ; il s'obstinait à
travailler dans ce charnier, dont ses amis les
plus dévoués et les plus intrépides modèles ne
bravaient qu'à grand'peine et pour un moment
l'infection. Il fit aussi à part, et avant de commencer sa grande toile, quelques études pour les
personnages vivants de son tableau, entre autres
celle du nègre vu de dos que possède M. Lehoux.
Il était en quête de modèles, en cherchait partout et était tout à fait content lorsqu'il en trouvait d'affreux ; son ami M. Lebrun raconte, à
cette occasion, une anecdote qui mérite d'être
rapportée. Elle montre Géricault à l'œuvre ;
c'est l'ardent artiste pris sur le fait et peint lui-
même d'après nature.

« A l'époque, dit M. Lebrun, où il peignait
son tableau, j'eus une jaunisse qui dura longtemps et qui fut très-intense. Après quarante
jours de souffrances et d'ennuis, je me décidai
à quitter Paris et à aller à Sèvres pour y être
seul et attendre ma guérison, qui n'était plus
qu'une affaire de temps. J'eus bien de la peine

à trouver un gîte ; ma figure cadavéreuse effrayait tous les aubergistes, aucun ne voulait me voir mourir chez lui. Je fus obligé de m'adresser à un logeur de roulage qui eut pitié de moi... J'étais chez lui depuis huit jours, lorsqu'une après-midi, m'amusant sur le port à examiner les passants, je vois venir Géricault avec un de ses amis. Il me regarde, ne me reconnaît pas d'abord, entre dans l'auberge sous prétexte de prendre un petit verre, me considère avec attention, puis tout à coup me reconnaissant, court à moi et me saisit le bras : « Ah ! mon ami ! que vous êtes beau ! » s'écrie-t-il. Je faisais peur, les enfants fuyaient, me prenant pour un mort ; mais j'étais beau pour le peintre qui cherchait partout de la couleur de mourant ; il me pressa d'aller chez lui poser pour la Méduse. J'étais encore trop souffrant et j'éprouvais tellement cet ennui qui accable les hommes frappés du mal dont j'étais atteint, que je ne pus m'y décider. « Faites mieux, dis-je à Géricault, venez ici, apportez des toiles, des brosses, des couleurs ; venez faire des études,

passez huit jours avec moi ; pendant ce temps
je me rétablirai, et alors j'irai à votre atelier,
ma couleur sera plus vraie encore ; elle ne
s'efface que lentement, et pendant plus d'un
mois je pourrai vous servir de modèle. » Géricault vint en effet à Sèvres passer quelques
jours avec M. Lebrun. Il fit d'après lui plusieurs
têtes, celle entre autres du père qui tient son
fils mourant sur ses genoux. Il peignit aussi
pour son ami, sur un petit bout de toile, ce
qu'on voyait de la maison du parc de Saint-
Cloud, le pavillon de Breteuil avec les toits et
la rue. Cette esquisse fut enlevée en une demi-
heure[1]. « Il la terminait, ajoute M. Lebrun,
quand une diligence vint à passer. Géricault
ouvre à l'instant la fenêtre, et le voilà dans l'admiration. Les chevaux montaient la butte au
grand trot. Il s'extasie, il n'a pas assez d'yeux
pour voir, et, quand il ne voit plus la voiture,
il faut qu'il la peigne ; mais il n'a plus de
toile..... Comment faire ? La chambre où nous

1. Batissier, *Géricault*, p. 10.

étions avait une alcôve, et de chaque côté une
porte vitrée ; au-dessus de chacune des portes,
un châssis peint comme le reste de la boiserie,
en rouge d'acajou. Ce fond plut à Géricault. Il
dessine à la hâte la diligence et son postillon ;
mais il avait usé la plupart de ses couleurs, il
n'a plus que du jaune. Il court chez l'épicier,
achète tout ce qu'il trouve de stil-de-grain qu'il
écrase avec son couteau à palette, et le voilà
peignant pendant deux heures, monté sur une
chaise. Il voulait rendre tout ce qu'il avait vu ;
il essaya même de rendre les roues tournant
vite, les rayons confus, se rapprochant par la
rapidité du mouvement et ne représentant plus
qu'une suite non interrompue de traits brillants.
L'effet était assez bien saisi ; mais, dans la vivacité de son exécution, il se trompa, et comme il
avait vu le postillon de son côté, il le mit sur le
cheval du premier plan, c'est-à-dire à droite[1]...
A mon retour à Paris, j'allai plusieurs fois chez
Géricault. Dans une séance, je le vis improviser

1. C'est la superbe pochade connue sous le nom de la
Diligence de Sèvres.

avec une vivacité qui n'appartenait qu'à son
pinceau cette belle chevelure d'une tête renversée qu'on voit au milieu de son tableau. Il
était mécontent de celle qu'il avait faite d'abord;
il la gratta et la repeignit en moins d'une demi-
heure. Je regardais sa tête à lui pendant qu'il
travaillait; il ne disait mot et était comme absorbé, il semblait copier une chevelure réelle
qu'il voyait. Quand elle fut finie, il n'y retoucha
jamais[1]. »

Vers le commencement de l'hiver, au mois de
novembre me semble-t-il, Géricault ayant entièrement terminé ses esquisses et ses études
préparatoires, et même déjà tracé au carreau
sa composition sur la grande toile, se retira dans
son nouvel atelier du faubourg du Roule, où il
resta, tout le temps que dura l'exécution de son
tableau, dans une solitude presque absolue. Il
s'était résolu à cet exil, non-seulement parce
qu'il avait besoin d'un espace qu'il ne trouvait
pas dans l'atelier de la rue des Martyrs, mais

1. Lettre de M. Lebrun à M. Feuillet de Conches.

surtout pour être plus loin du monde, et pour
se mettre dans l'impossibilité de succomber aux
tentations auxquelles il ne savait guère résister.
Il n'admettait dans son intérieur qu'un petit
nombre de personnes; son ami intime M. Dedreux-Dorcy, son élève M. Jamar, ses deux
jeunes disciples MM. Montfort et Lehoux, ainsi
que MM. Robert-Fleury et Steuben. Il couchait
avec M. Jamar dans une chambre attenante à
l'atelier, ne sortait même pas pour prendre ses
repas qu'il se faisait apporter du dehors ou que
lui préparait la vieille portière de la maison, la
mère Doucet, dont il fit à cette même époque
un très-beau portrait. Il ne quitta pour ainsi
dire sa retraite qu'une fois pour faire une
rapide excursion au Havre, afin d'y étudier le
ciel de son tableau. C'est cette extrême assiduité
et sa rare facilité de travail qui expliquent ce
fait presque incroyable, qu'il ait pu terminer
dans l'espace de sept ou huit mois au plus cet
immense travail. Du reste, tous ses matériaux
étaient préparés. Il avait longuement cherché
l'effet et la disposition de son tableau dans ses

esquisses, il possédait une ample provision de
croquis faits à la plume et massés pour ses
groupes et pour ses figures. Sa manière de procéder était celle de l'école de David. Ses dessins au trait et où les détails principaux étaient à
peine indiqués, lui donnaient le type, le mouvement de ses personnages. Il partait de là et
peignait directement d'après le vif, et en général
au premier coup. Il ne faisait rien sans la nature,
et à ceux de ses amis qui s'étonnaient qu'un
artiste de son savoir eût de tels scrupules, il ré-
pondait que pour rien au monde il n'agirait
autrement. M. Montfort, qui l'a beaucoup vu
pendant cet hiver de 1818 à 1819, a bien voulu
me donner sur sa manière de travailler et sur
ses habitudes des détails précieux que je trans-
cris textuellement: « Assez heureux, me dit-il,
pour avoir été admis à copier quelques études
dans l'atelier de M. Géricault, durant l'exécution de son tableau, je fus frappé tout d'abord
de l'ardeur qu'il apportait à son travail et aussi
du calme et de la réflexion dont il avait besoin.
Il se mettait en général à l'ouvrage aussitôt que

le jour le lui permettait et travaillait sans dé-
semparer jusqu'à la nuit close. Il était du reste
souvent forcé d'agir ainsi par l'importance du
morceau qu'il avait commencé le matin, et
qu'il fallait terminer dans la journée. Cette obligation était plus impérieuse pour lui que pour
tout autre, car, employant pour peindre une
huile grasse des plus siccatives, il n'aurait pu
reprendre le lendemain le travail de la veille.
Quelques personnes ont pensé que les craque-
lures survenues dans sa peinture sont dues à
l'emploi de cette huile extrasiccative. Il n'en est
rien suivant moi, et je pense qu'elles furent
causées par le vernis qu'on apposa sur le tableau
lorsqu'il était à peine terminé. Très-peu de temps
après l'exposition, on le roula pour le transporter en Angleterre et il a certainement beaucoup
souffert de cette opération. Quoi qu'il en soit,
je fus très-vivement impressionné du soin qu'apportait M. Géricault à son travail. Tout jeune
encore (je n'avais que dix-sept ans), il m'était
souvent difficile de rester plusieurs heures de
suite sans me lever et sans faire ainsi bien in-

volontairement un peu de bruit avec ma chaise ;
j'avais alors comme un pressentiment que ce
léger bruit, au milieu du silence absolu qui
régnait dans l'atelier, devait avoir importuné
M. Géricault ; je tournais les yeux vers la table,
où, debout pour arriver jusqu'à la hauteur de
ses figures, il travaillait sans prononcer une
parole ; il me souriait doucement avec une expression de léger reproche, m'assurant que le
bruit d'une souris suffirait pour l'empêcher de
peindre[1].

« Sa manière de procéder, toute nouvelle pour
moi, ne m'étonnait pas moins, d'ailleurs, que sa
profonde assiduité. Il peignait au premier coup
sur la toile blanche sans aucune ébauche ou
préparation quelconque en dehors du trait bien
arrêté, et la solidité de l'ouvrage n'en était pas
moindre. J'observais aussi avec quelle intensité
d'attention il fixait le modèle avant de toucher la
toile, paraissant aller lentement quand, par le
fait, il exécutait très-vite, posant de suite chaque

1. Il craignait tant le bruit, qu'il avait forcé M. Jamar à
mettre des pantoufles.

touche à sa place et n'ayant que rarement besoin de revenir[1]. Nul mouvement, d'ailleurs,
soit du corps, soit des bras; il avait l'air parfaitement calme, et une légère coloration du visage
indiquait seule la préoccupation de son esprit.
Aussi, témoin de ce calme extérieur, était-on
d'autant plus surpris de la verve et de l'énergie
de son exécution. Quelle saillie! surtout lorsqu'une partie n'était encore que préparée ; cela
ressemblait à un fragment de sculpture à l'état
d'ébauche. A voir cette peinture si large, on
pourrait croire que Géricault se servait de très-
grosses brosses; il n'en était rien pourtant : elles
étaient petites, comparées à celles employées par
divers artistes que j'avais déjà connus, et il est
facile de s'en convaincre à l'aspect de plusieurs
figures de son tableau entièrement peintes par
hachures[2].

1. Gros disait à ses élèves: *Posez, laissez,* c'est-à-dire
laissez à la touche toute sa verdeur. C'était aussi la méthode
de Géricault. Il plaçait son ombre, sa demi-teinte et sa
lumière, et c'était fini.

2. Une note de M. Jamar me permet d'indiquer les couleurs que Géricault employait et la manière dont il les clas-

« Le soir venu, Géricault laissait sa palette et profitait encore des dernières lueurs du jour pour contempler son travail. C'est alors qu'assis près du poêle, les regards vers la toile, il nous parlait de ses espérances ou de ses mécomptes. Généralement il était peu satisfait; mais parfois, pourtant, il croyait avoir trouvé le moyen de modeler, c'est-à-dire de donner un relief convenable à ses figures, et il semblait content. Le lendemain, après une journée aussi bien employée que celle de la veille, il nous avouait qu'il n'était pas sur la voie et qu'il devait faire de nouveaux efforts. Un jour, entre autres, il était allé voir les tableaux de David, *les Sabines* et *le Léonidas;* il revint découragé. Ce qu'il faisait lui paraissait *rond,* et, me citant les jeunes gens qui courent pour détacher leurs boucliers à la droite du Léonidas :

---

sait. Elles étaient rangées sur sa palette dans l'ordre suivant : vermillon, blanc, jaune de Naples, ocre jaune, terre d'Italie, ocre de Brie, terre de Sienne naturelle, brun rouge, terre de Sienne brûlée, laque ordinaire, bleu de Prusse, noir de pêche, noir d'ivoire, terre de Cassel, bitume. Il travaillait avec une très-grande propreté, gardant les tons séparés sur la palette, qui le soir paraissait à peine avoir servi.

— A la bonne heure, disait-il, voilà de fameuses figures! — et il détournait les yeux de son tableau. »

En général, Géricault se servait de modèles de profession. Quelques-unes des figures de *la Méduse* sont cependant des portraits. M. Corréard a posé pour le personnage qui tend les bras vers *l'Argus;* M. Savigny pour celui placé immédiatement au pied du mât ; M. Jamar pour la figure qui se trouve entre M. Savigny et le nègre, et pour le jeune homme du groupe du premier plan ; Eugène Delacroix pour la figure repliée sur elle-même, les bras pendants et la tête appuyée au radeau ; M. Dastier, officier d'état-major, pour l'homme vu de dos tout à la droite du radeau ; quant au nègre qui fait des signaux, c'est Joseph, un modèle bien connu dans les ateliers, il n'y a pas à s'y tromper ; l'une des têtes du second plan a été faite d'après celle du charpentier de *la Méduse;* enfin, c'est le modèle Gerfard qui a servi pour le personnage étendu tout à la gauche de la composition. Lorsque *la Méduse* fut à peu près terminée, Géricault devint très-anxieux. En élève respectueux plutôt que soumis, il alla faire une visite à Guérin et le prier de venir voir son ouvrage. L'auteur du *Marcus Sextus* ne se fit pas prier; Géricault était seul avec M. Jamar. Guérin resta près d'une heure, loua, blâma, parla beaucoup de la ligne et, en somme, ne se montra pas mécontent. Géricault le reconduisit avec force cérémonies, et lorsqu'il fut rentré et qu'il eut soigneusement fermé la porte, il se mit à gambader par l'atelier, tenant toujours sa grande palette et son appui-main, et disant à son élève : « Jamar, c'est comme vous et moi : c'est lui qui est mon maître, moi je suis le rapin. » M. Jamar voulut discuter les critiques de Guérin. Géricault répondit qu'il avait bien parlé et qu'il saurait profiter de ses observations.

Vers le mois de juillet, on transporta la toile au foyer du Théâtre-Italien (salle Favart) où se faisait exceptionnellement l'exposition de cette année. C'est là, dans un autre milieu, dans un autre jour, que Géricault s'aperçut avec stupeur que le coin droit de sa composition était absolument vide. Il ne perdit pas la tête, s'installa dans le foyer du théâtre, prit pour modèle un de ses amis, M. Martigny et, en quelques jours, improvisa l'admirable et pathétique figure couverte d'une draperie blanche qui termine et complète si heureusement ce magnifique ouvrage.

IX.

Dès l'ouverture de l'exposition[1], l'impression
générale fut mauvaise. Les ennemis du jeune ré-
formateur triomphaient. Ses amis eux-mêmes
éprouvèrent un vif désappointement; ils ne re-
connaissaient pas l'œuvre superbe qui, dans
l'atelier, avait exalté leurs espérances et excité à
un si haut degré leur admiration. La faute était
à Géricault. Il avait obtenu, comme d'autres ar-

1. Elle commença cette année 1819 le 25 août, jour de la
Saint-Louis.

tistes, d'entrer à l'avance pour juger de l'effet de
son tableau, pour le vernir et pour présider aux
derniers arrangements. Il l'avait trouvé placé
trop bas. On lui accorda le changement qu'il demandait et on le mit dans le grand salon, au-
dessus de la porte de la galerie. « Une fois la
place déterminée, disait-il plus tard, je restai là
et j'assistai tout anxieux à l'opération. Quel ne
fut pas mon chagrin et mon regret, lorsqu'à mesure qu'on élevait le tableau, je vis mes figures
diminuer de moment en moment et, à la fin, ne
plus m'apparaître que comme de petits bons-
hommes. Il n'y avait plus à revenir; il fallut en
prendre son parti. » Cependant, lors du rema-
niement, vers le milieu de la durée de l'exposition, M. Dorcy obtint, à force de démarches,
qu'on le remît à la place qu'il occupait d'abord
dans la galerie, à hauteur d'appui. Mais l'effet
était manqué, le succès compromis, et il a fallu
bien des années pour ramener la généralité du
public à une plus juste appréciation.

Cependant, malgré ce hasard malheureux,
malgré l'opposition systématique de l'école, qui

gratifiait d'un égal dédain Ingres[1] et Géricault, nous sommes étonnés, aujourd'hui, qu'une minorité un peu considérable au moins n'ait pas discerné les grandes et évidentes qualités de l'œuvre nouvelle. Le sujet qu'avait choisi Géricault était fait pour frapper vivement. Il fournissait d'admirables éléments dramatiques et pittoresques, et il est incroyable qu'on ait méconnu l'art avec lequel le peintre en avait tiré parti, l'habileté qu'il avait mise à en éviter les écueils. Il faudrait étudier en détail, groupe par groupe, figure par figure, cette composition magistrale, conçue d'une manière si large, exécutée d'une main si puissante et si sûre. Elle est dans toutes les mémoires; nous nous bornerons à en indiquer les traits principaux.

Le théâtre est un radeau formé de poutres mal jointes, qui se présente de biais, l'angle droit en avant et coupé par le cadre. La mer est houleuse; le ciel, éclairé à l'horizon, est chargé, dans le haut et à gauche, de lourdes nuées qui présagent

1. La *Grande Odalisque* parut aussi à cette exposition. Elle n'eut guère plus de succès que la *Méduse*.

encore des jours mauvais. C'est là, dans cet étroit espace, que s'est passé le drame horrible. Vingt hommes restent encore sur le radeau; mais cinq d'entre eux sont morts ou sur le point d'expirer de misère et de faim. Un premier groupe, à l'angle droit du tableau, du côté de la haute mer, est formé de trois personnages : un matelot et un mulâtre, montés sur des caisses et des tonneaux, s'efforcent d'attirer, par leurs signaux, l'attention du brick *l'Argus,* que l'on aperçoit dans la partie éclairée de la mer à l'horizon; un autre matelot saisit le mulâtre à bras-le-corps soit pour le soutenir soit pour se hisser auprès de lui. Ce premier groupe est complété, à droite, par un matelot affaibli qui, appuyé d'une main sur le bord du radeau, tente de se relever, mais dont les mouvements sont entravés par un cadavre appuyé sur la partie inférieure de son corps; à gauche, par trois malheureux, parmi lesquels se trouve l'aspirant de marine Coudin, qui regardent avidement vers le point où paraît le navire et se traînent vers ceux de leurs compagnons qui le hèlent. A gauche du premier groupe et un peu plus loin du spectateur, se tiennent quatre personnages, debout près du mât, dans l'ombre de la voile et d'une tente à demi détruite, au milieu desquels on distingue Corréard, qui, le bras étendu, montre le brick au chirurgien Savigny. Près d'eux, un infortuné, qui paraît privé de raison, regarde en ricanant l'étendue d'un air hébété; un autre, plus en arrière, tient sa tête dans ses deux mains. Le troisième groupe forme le premier plan du tableau et résume les misères de cette scène effroyable. Un père tient son fils mourant couché sur ses genoux; il appuie sa tête sur l'une de ses mains et tient l'autre sur le cœur de son enfant. A sa droite et à sa gauche sont deux cadavres; l'un, replié sur lui-même, la tête en avant appuyée sur le bord du radeau; l'autre, dont on ne voit que le torse, le bras et la tête, étendu roide en travers. Tout à la droite du tableau et également au premier plan, un troisième cadavre, le haut du corps entièrement enveloppé d'une draperie blanche, est retenu sur le radeau par sa jambe droite crispée qui étreint une des poutres de la charpente.

Tel est le squelette du tableau; mais les paroles sont bien impuissantes pour peindre l'aspect
de ce pathétique ouvrage. Par un artifice des
plus favorables à l'expression dramatique, Géricault a fait venir sa lumière de la gauche, presque du fond de la toile, de manière à obtenir de
fortes ombres et par conséquent des reliefs puissants. Ce parti pris, employé sans discernement,
ne serait pas sans danger : il conduit facilement
à la vulgarité. Aussi les peintres anciens, qui
cherchaient avant tout l'élégance et la pureté
des formes, la noblesse, la distinction, ne s'en
sont-ils pas servis. Il ne conviendrait pas aux
motifs qu'ils traitaient d'ordinaire, aux sujets
religieux en particulier. Toute la partie centrale
de la vaste composition se détache ainsi sur les
masses obscures de nuages tout à la gauche du
tableau, sur le groupe de figures debout à
l'ombre de la voile et sur celles qui font des signaux au navire. Avec une habileté consommée,
Géricault, en faisant glisser un rayon sur le dos
du nègre qui domine la scène, sur le bras étendu
et sur l'épaule de Corréard, relie ces groupes à

la partie centrale et aux premiers plans du tableau. Cette distribution de la lumière, si naturelle et au point de vue pittoresque si judicieuse,
a permis au peintre non-seulement d'obtenir ces
reliefs énergiques, ces formes nettement et forte-
ment accusées qu'il recherchait, mais aussi une
grande concentration de l'effet, une parfaite unité
dans l'ensemble. C'est un procédé de coloriste
et tout moderne. L'exécution proprement dite,
si admirable chez Géricault dès le début, est arrivée dans *la Méduse* à toute sa perfection. C'est
là qu'il faut voir dans tout son éclat non-seulement son grand sentiment de la composition, son
dessin personnel et grandiose, mais sa couleur
large et pleine, plus libre, plus variée plus souple
que dans ses premiers ouvrages. La mer d'un ton
lugubre, le ciel d'une invention si originale, si
frappante, sont superbes, et on peut dire qu'ils
ont plus qu'une beauté physique : ils complètent
la scène et ajoutent puissamment à l'effet dramatique. La coloration ne sort pour ainsi dire pas
d'une gamme qui va du blanc au noir. C'est à
peine si l'on aperçoit quelques rouges, quelques

verts, quelques bleus assourdis, étouffés, perdus
dans l'harmonie sombre et monochrome de l'ensemble. Les coloristes vénitiens et Rubens s'y
prenaient autrement : ils rapprochaient des couleurs vives qui s'unissaient et se complétaient
dans des contrastes violents. A cet égard, Géricault appartient plutôt à la famille des Rembrandt et des Claude, qui n'ont guère employé
que des tons analogues. Chez lui, c'est la lumière
plus que la couleur qui joue le rôle important.
C'est un harmoniste, et si le mot n'était pas tout
à fait barbare, je dirais un *clair-obscuriste*. Il
se préoccupe des valeurs plus que des tons ; il
cherche l'effet dans l'ensemble, l'aspect des
figures baignant dans l'atmosphère, le modelé
puissant, l'épaisseur de la forme, le dessin non-
seulement dans le trait extérieur, dans la silhouette, mais dans et par le relief. Les jeux pi-
quants des couleurs éclatantes et contrastées ne
le touchaient nullement. Partant de là, on a voulu
en faire un disciple, un continuateur, presque un
imitateur de Michel-Ange de Caravage, des Bo-
lonais et même de Jouvenet. Les rapports qu'il

a sans doute avec ces peintres sont tout extérieurs
et méritent à peine d'être remarqués. Comme
eux, il emploie des ombres puissantes qu'il exa-
gère même souvent pour marquer l'épaisseur,
faire saillir la forme, dessiner le relief. Poursuivant le même but, il use des mêmes moyens. Mais
là s'arrête la ressemblance. Son dessin est autrement personnel, savant, précis que le leur, son
modelé bien plus souple et plus puissant. Ils s'en
tenaient à l'apparence, lui possède la réalité.

La composition n'est pas moins remarquable
que la couleur. En l'ordonnant de la manière la
plus large, la plus originale, la plus pittoresque,
Géricault a fait d'un sujet qui touche au genre un
ouvrage de haute portée et du plus grand style,
et il serait difficile d'imaginer un ensemble mieux
conçu, mieux lié, plus savamment pondéré et
conduit avec plus de sûreté jusqu'au bout. Sous
le rapport de l'expression, c'est un ouvrage vivant, diversifié, où chaque figure exprime forte-
ment dans sa pantomime, dans sa physionomie,
des sentiments déterminés et qui rentrent dans
la situation, de sorte que l'harmonie linéaire et

l'harmonie morale se confirment et se complètent mutuellement. Géricault a su, d'ailleurs,
avec un tact admirable, tempérer par un sentiment d'espérance qui renaît chez la plupart de
ces malheureux l'impression d'horreur que ce
motif traité par un naturaliste vulgaire n'eût pas
manqué d'inspirer. L'âme du spectateur se trouve
soulagée. Il entrevoit avec les naufragés la fin de
tant de misères. Le dessin hardi, large, précis,
très-voulu, très-cherché, est toujours savant et
quelquefois d'une grande élégance. Il ne faut
pas comparer : ce n'est pas le dessin de Phidias,
ce n'est pas celui de Raphaël; c'est celui de Géricault. Notre peintre français avait un sentiment très-personnel et très-élevé de la forme. Il
la comprenait à sa manière. Il sera classique à
son tour; attendons. Mais je crois que sans courir risque de se faire lapider, on peut dès aujour-
d'hui, signaler comme des morceaux accomplis
le corps de l'adolescent étendu sur les genoux de
son père, d'un galbe si élégant, d'une si magnifique couleur; le personnage qui se trouve à
côté, la tête appuyée au radeau, le cadavre en-

veloppé d'une draperie blanche dont la forme
rigide est si savamment indiquée, et par-dessus
tout le torse et la tête du jeune homme accroupi
qui tente de se relever en se prenant à l'épaule
et au bras de l'un de ses compagnons. Par la
beauté du type et du modelé souple et puissant,
c'est à Michel-Ange que cette admirable figure
fait penser. Cependant ici, comme dans les œuvres les plus parfaites, on pourrait relever bien
des erreurs et des imperfections, et le dessin si
grandiose n'est pas toujours châtié, témoin le
bras plat qui s'appuie sur le bord du radeau, au
premier plan. On trouverait aussi dans cet admirable ouvrage quelques réminiscences, quelques
traces d'académisme. Géricault était de son
temps, et ses contemporains ont agi sur lui. Il
traînait encore des lisières dont il se serait de plus
en plus débarrassé. La figure du vieillard, par
exemple, est belle, mais ne lui appartient pas. Elle
se trouve presque littéralement dans les *Pestiférés de Jaffa* de Gros, et elle n'est pas sans
quelque rapport avec le *Marcus Sextus* de Guérin. C'est une de ces figures qu'on se passait de

main en main dans l'école et qu'il a héritée de son
maître. Quelques-uns des personnages posent
trop visiblement. On sent que l'artiste a étendu
complaisamment et savamment le modèle du
jeune homme au premier plan, de manière à faire
valoir toutes les beautés de ce corps charmant et
superbe; les lignes élégantes, les fines attaches,
le torse dont le mouvement fait saillir la juvénile
et noble structure. Le nègre, qui fait des signaux, tord son dos pour développer un mouvement pittoresque et pour montrer sa musculature
puissante. Mais le moyen de résister à la ten-
tation d'étaler un peu son goût et son savoir!
Michel-Ange n'en a-t-il pas fait autant!

Cependant il y a autre chose dans ce tableau que
les grandes qualités de composition et de facture
que j'ai signalées. D'autres peintres ont possédé
une imagination aussi riche, ont dessiné d'une
manière aussi magistrale, ont exécuté avec autant
de souplesse et de précision. Mais cette œuvre
marque en outre une transformation dans l'art,
elle exprime avec plus d'éclat qu'aucune autre un
point de vue nouveau. Je m'explique : l'art sans

doute ne change pas dans ses éléments essentiels ;
dans tous les temps, il s'est efforcé d'exprimer au
moyen des formes extérieures, par l'imitation de
la nature, le sentiment intime de l'artiste, son
rêve, son idéal. A cet égard il est immuable ;
mais l'idéal lui-même se modifie, les préoccupations changent, et l'art subit les fluctuations de
l'esprit humain. On peut dire qu'il a fourni déjà
deux grandes étapes : l'une, qui va jusqu'à la fin
du monde grec ; l'autre, qui comprend la renaissance italienne. L'antiquité a vu la forme en elle-
même. Sa conception si vraie, si vivante, si humaine, a pourtant quelque chose de général et
d'abstrait. Voyez une scène de combat ou une
représentation funèbre sur un vase peint ou dans
le bas-relief d'un sarcophage. Les coups qu'on
se porte là, pour furieux qu'ils soient, ne blessent
pas à mort ; les gestes désolés de ces figures
éplorées ne nous touchent guère ; ce sont pré-
textes à développer les beautés exquises de ces
corps divins. Mais sous l'empire des croyances
religieuses, des idées philosophiques nouvelles,
d'un travail intérieur dont les symptômes sont

plus évidents que les causes, la renaissance a
introduit dans l'art des éléments que l'antiquité
avait laissés dans l'ombre : un sentiment plus
individuel, quelque chose de plus précis, de
mieux défini, une empreinte plus marquée de
l'esprit et de l'âme. Quoique nous appartenions
en plein à cette phase du développement général, notre temps a fait un pas de plus. Nous
avons ajouté l'émotion, l'accent pathétique, le
reflet d'une vie morale plus intime, plus intense,
plus agissante, d'une sensibilité plus aiguë et
maladive peut-être; c'est le résultat d'une tournure toute moderne des esprits. L'art qui se
tenait jadis dans les régions sereines, dans ces
espaces éthérés où habitent les dieux, où la
douleur elle-même n'a point d'aiguillon, où les
larmes coulent comme des gouttes de rosée sur
les pétales d'une fleur sans creuser de sillons, est
descendu sur la terre; il s'est abaissé jusqu'à la
vie commune, et il a trouvé dans des sources
troublées une vigueur fiévreuse. Or, si je ne me
trompe, Géricault représente avec plus d'éclat
que tout autre artiste cette modification profonde

dans la manière de comprendre l'art. Ces idées
toutes nouvelles (à ce degré d'accentuation tout
au moins) de pitié, de charité, de solidarité, res-
pirent dans son tableau, et je ne puis le voir sans
qu'un mot s'échappe de mes lèvres : humanité!
Nous souffrons avec ces malheureux; avec eux
nous espérons. Géricault a fait retentir en nous
l'écho de la souffrance d'autrui, et les ouvrages
qu'il méditait, la *Traite des Nègres*, l'*Ouverture des portes de l'Inquisition*, dénotent les
mêmes pensées et prouvent que l'inspiration de
la *Méduse* n'est pas un fait de hasard, mais
qu'elle découle d'un sentiment profond. Cette
transformation marque-t-elle un progrès? Je
n'oserais le dire. Ne tend-elle pas à faire sortir
l'art de la sphère désintéressée où il doit sans
doute demeurer? La composition pathétique com-
prise avec cette réalité ne risque-t-elle pas de
dériver vers le mélodrame, de descendre jusqu'à
ces spectacles vulgaires qui font crier les nerfs
et frissonner la peau? Grâce à l'élévation de sa
puissante nature et aussi à la sévère éducation
qu'il avait reçue et qu'il s'était donnée, Géricault

a pu surmonter le danger. Il n'est pas un réa-
liste dans le sens grossier de ce mot; il est le
peintre et il est aussi le poëte de la réalité. Mais
la pente est périlleuse, et il faut bien convenir
que d'autres y ont glissé.

X.

Le public avait été sévère pour l'œuvre de
Géricault ; les critiques de profession ne l'accueil-
lirent guère mieux, et, en parcourant les journaux
du temps, on est étonné de l'injustice, de l'inin-
telligence, et, tranchons le mot, de l'ineptie de
leurs appréciations. Chez les uns, c'est de la colère ; chez les autres, du dédain. M. Kératry commence son article sur ce magnifique ouvrage par
ces inconcevables paroles : « Il me presse d'être
débarrassé de ce grand tableau qui m'offusque

quand j'entre au Salon. » M. Gault de Saint-
Germain à la violence ajoute la sottise : la scène
du naufrage ne lui semble remarquable que parce
qu'elle fixe l'attention. Le critique du *Journal des
Débats* ne nomme même pas le *Radeau de la
Méduse*. Géricault avait pourtant des défenseurs
et des fanatiques, mais ils étaient très-peu nombreux et ne se trouvaient pas en général parmi
ceux qui conduisent l'opinion. Les artistes eux-
mêmes, que les mérites techniques de cette peinture auraient dû frapper, ne se montrèrent ni
clairvoyants ni bienveillants. Gros fait exception : il disait hautement que, parmi les jeunes
artistes, Géricault était celui qui avait le plus
d'avenir. « Mais, ajoutait-il, après avoir vu la
Méduse, il faudrait lui tirer quelques palettes de
sang. » Ce mot, répété à Géricault, l'avait désolé. Il voulait abandonner la carrière des arts
et resta, en effet, quelque temps sans s'occuper
de peinture[1].

Cependant, au milieu des tempêtes que ce ta-

1. Batissier, *Géricault,* p. 15. — On a aussi attribué ce
mot à Guérin.

bleau souleva dès le premier moment, quelques juges firent entendre des paroles presque équitables. M. Delécluze, en particulier, s'exprime dans des termes judicieux et convenables que nous devons rapporter. « Je ne passerai certainement pas sous silence, dit-il, la première grande conception d'un jeune homme dont le talent, malgré ses défauts, s'annonce de manière à donner de hautes espérances. On a fait de justes reproches à M. Géricault sur la couleur uniforme qui règne dans son tableau d'une scène de naufrage. Souvent il se laisse entraîner trop loin par sa facilité. Je ne dirai pas ici ce que j'exprimai dans mes premières lettres : qu'il a trop suivi la manière un peu lâche de Jouvenet.[1] Ces défauts, qui sont réels, joints à l'horreur qu'inspire le sujet, ont rendu injustes quelques personnes à son égard, et il y a un mérite bien remarquable dans l'ensemble de sa composition... Ce qui me paraît constituer le mérite principal de cet ouvrage

---

[1]. Dans une lettre précédente, M. Delécluze disait: « Il m'a semblé que la scène du naufrage était une réminiscence de la *Pêche miraculeuse* de Jouvenet. »

est l'idée vraiment forte et bien exprimée qui
unit tous les personnages à l'action... Cette pro-
gression de malheurs qui accablent les naufragés
est rendue d'une manière peu ordinaire, et tout
en regrettant que ce jeune artiste ait fait choix
d'un sujet si lugubre, je ne puis m'empêcher de
rendre justice au mérite d'une composition qui
est comme d'un seul jet[1]. » C'était parler d'or,
mais un article des *Annales du Musée Landon*[2]
exprime plus exactement l'opinion générale. C'est
aussi un curieux échantillon du ton de la critique
à cette époque. « Ce tableau, dit l'auteur ano-
nyme, n'est indiqué dans la notice de l'exposition que comme une scène de naufrage; mais
il était depuis longtemps annoncé comme un épisode du *naufrage de la Méduse*. Nous ignorons
pourquoi son véritable titre, le seul qui pût lui
donner de l'intérêt, a été supprimé[3]. On s'atten-

1. *Le Lycée,* par Charles Loison, 1819.
2. *Annales du Musée Landon,* 1819.
3. Ceci est peut-être une malice de l'auteur de l'article.
Le gouvernement de la Restauration n'aurait sans doute
pas admis qu'un livret publié par ses soins contînt la
désignation précise du bâtiment dont il avait lui-même

dait à la représentation d'une infortune réelle, on
est peu touché d'un malheur imaginaire.

« . . . . . On ne peut nier que la peinture de
cet accident désastreux ne soit digne d'exciter
vivement la compassion; mais c'est une scène
particulière, et l'on peut s'étonner que pour en
retracer le souvenir, le peintre ait employé ce
cadre immense et ces dimensions colossales qui
semblent réservés pour la représentation des événements d'un intérêt général, tels qu'une fête
nationale, une grande victoire, le couronnement
d'un souverain ou un de ces traits de dévoue-
ments sublimes qui honorent la religion, le pa-
triotisme ou l'humanité.

« En resserrant son sujet dans de moindres
proportions, M. Géricault se serait ménagé les

---

choisi le commandant. Nommer la *Méduse,* c'était rappeler
cette faute, c'était se reconnaître publiquement coupable
du désastre dont Géricault offrait aux yeux l'émouvant
tableau. Ces considérations politiques ont pu influer sur
le sort de l'ouvrage et paralyser les efforts de M. de Forbin.
L'administration ne se souciait pas d'acquérir un tableau
qui rappelait d'une manière si poignante un souvenir qu'elle
aurait voulu effacer.

moyens de lui donner plus de développement.
Au lieu de couper par la bordure, comme il a été
obligé de le faire, les deux extrémités du radeau,
il aurait pu le présenter en entier, l'isoler de
toutes parts au milieu d'une vaste étendue de
mer, agrandir l'horizon et montrer par l'éloignement des secours humains toute la grandeur d'un
péril véritable. Ajoutons que ce ne doit pas être
une chose indifférente pour l'artiste que son ouvrage puisse facilement trouver une place. Or
quel édifice public, quel palais de souverain,
quel cabinet d'amateur pourrait admettre ce tableau? M. Géricault a-t-il pu ne pas prévoir cet
inconvénient, et n'aurait-il arrangé sa composition que pour se créer un sujet d'étude, au
risque de le garder dans l'atelier comme un témoignage permanent d'application aux travaux
de son art? Sous ce rapport, M. Géricault n'aurait à recevoir que des éloges; car on ne peut
guère considérer cette scène de naufrage que
comme une réunion de figures ou de groupes
académiques mis d'une manière quelconque en
action.

« Mais il faut en convenir, cette action est
bien faible et bien peu sentie. Où est le centre?
A quel personnage paraît-elle se rattacher princi-
palement, et quelle est l'expression générale du
sujet? Des cadavres à moitié submergés, des
morts et des mourants, des hommes livrés au
désespoir et d'autres que soutient un faible rayon
d'espérance : tels sont les éléments de cette composition que l'artiste, malgré le talent distingué
qu'on lui reconnaît, n'a pu ordonner d'une manière satisfaisante. Serait-ce donc la faute du
sujet, dont le récit tout plein d'intérêt se prête
difficilement aux crayons des peintres d'histoire?
L'artiste aurait peut-être atteint son but, s'il n'eût
voulu faire qu'un tableau de marine, ou du
moins s'il se fût restreint dans les mesures d'un
tableau de genre.

« Quant à l'exécution, elle laisse beaucoup à
désirer. Le peintre ayant tiré son jour du fond
du tableau, la lumière ne fait qu'effleurer les ob-
jets, et cette lumière est grise et monotone, tout
le reste est noir et opaque. Le dessin ne manque
pas de chaleur et de nerf, mais il est loin d'être

correct. Au surplus, on remarque dans l'ensemble, qui du moins a le mérite de l'originalité, une certaine verve de pinceau dont l'artiste pourra tirer un bon parti quand il aura appris à le modérer, et surtout lorsqu'il sera parvenu à le diriger dans une meilleure voie. » Ces critiques niaises ou violentes ne laissaient pas d'irriter Géricault, et il ne semble pas qu'il ait supporté, malgré ses résolutions, tous ces coups de massue et ces piqûres d'épingle avec une philosophie parfaite. Il écrivait à ce propos à son ami M. Musigny : « J'ai reçu votre aimable lettre et n'ai rien de plus pressé ni de mieux à faire que d'y répondre tout de suite. La gloire, toute séduisante que vous la dépeignez et que je la suppose quelquefois, ne m'absorbe pas encore entièrement, et les soins que je lui donne passent de beaucoup après ceux que réclame la douce et bonne amitié. Je suis plus flatté de vos quatre lignes et du gracieux présage que vous aviez formé de mon succès, que de tous ces articles où l'on voit dispenser avec tant de *sagacité* les injures comme les éloges. L'artiste fait ici le métier

d'histrion et doit s'exercer à une indifférence
complète pour tout ce qui émane des journaux
et des journalistes. L'amant passionné de la vraie
gloire doit la rechercher sincèrement dans le
beau et le sublime, et rester sourd au bruit que
font tous les vendeurs de vaine fumée.

« Cette année, nos gazetiers sont arrivés au
comble du ridicule. Chaque tableau est jugé
d'abord selon l'*esprit* dans lequel il a été composé. Ainsi vous entendez un article libéral
vanter dans tel ouvrage un pinceau vraiment
patriotique, une touche nationale. Le même ouvrage jugé par l'ultra ne sera plus qu'une composition révolutionnaire où règne une teinte générale de sédition. Les têtes des personnages
auront toutes une expression de haine pour le
gouvernement paternel. Enfin j'ai été accusé par
un certain *Drapeau blanc* d'avoir calomnié par
une tête d'expression tout le ministère de la marine. Les malheureux qui écrivent de semblables
sottises n'ont sans doute pas jeûné quatorze
jours, car ils sauraient alors que ni la poésie ni
la peinture ne sont susceptibles de rendre avec

assez d'horreur toutes les angoisses où étaient plongés les gens du radeau.

« Voici un échantillon de la gloire dont on veut nous combler ici, et les coupables causes qui peuvent nous en frustrer. Avouons qu'elle mérite bien qu'on l'appelle vanité des vanités. Mais celle que chérissait Pascal et que vous aimez aussi, je ne la dédaignerais pas[1]. — Tout à vous de cœur. — T. Géricault. »

Géricault connaissait bien les défauts de son ouvrage et, à notre sens, il se les exagérait. Après le Salon, il envoya sa toile roulée chez M. Léon Cogniet. Celui-ci, n'ayant pas été à l'exposition, l'étendit pour la voir. Géricault, ayant fait visite à son ami, trouva là son tableau et en fut mécontent. « Ça ne vaut pas la peine d'être regardé, dit-il à M. Cogniet, je ferai mieux. » Beaucoup plus tard, en 1824, à son lit de mort, M. Lehoux lui apporta une petite copie de la *Méduse* qu'il lui avait demandée et qu'il était

1. Allusion à un passage de Pascal que lui citait M. Musigny dans la lettre à laquelle Géricault répond. — Batissier, *Géricault,* p. 13-14.

pressé de voir terminée. Il la regarda longuement. M. Lehoux, qui plus que jamais dans cette
circonstance avait fait tout son possible pour le
satisfaire, voyait sa tête au-dessus de la toile
enfouie dans l'oreiller et remarquait une légère
contraction de son front. Sur ces entrefaites,
M. Cogniet entra. « Dites-moi, Cogniet, fit brus-
quement Géricault, mon tableau a-t-il l'aspect de
la copie de Lehoux? est-il taché ainsi de noir et
de blanc? » Sous ce rapport, répondit M. Cogniet,
la copie me paraît juste et rend assez l'effet du
tableau. Cet aveu chagrina beaucoup Géricault.
Il dit de bonnes paroles à M. Lehoux, lui expliqua que toute la faute était à lui, mais que c'était
une leçon dont il profiterait s'il pouvait jamais
reprendre ses pinceaux. Il était un reproche cependant qu'on lui avait fait sous toutes les formes
et auquel il ne voulait souscrire sous aucun prétexte : c'était l'aspect sombre dont il avait em-
preint cette scène de désolation. « Si j'avais à
recommencer mon tableau, disait-il, je ne chan-
gerais absolument rien sur ce point », jugeant
bien que son effet était dans cette gamme sévère,

et qu'en la modifiant il ne pourrait qu'affaiblir l'impression.

A cette époque, on donnait deux prix, l'un de 10,000 francs, l'autre de 4,000, aux deux peintres qui avaient exposé les deux meilleurs tableaux d'histoire et de genre. Les membres de l'Institut qui décernaient cette récompense étaient seuls exclus du concours. Le nom de Géricault ne fut mis que le onzième sur la liste des artistes admis à disputer le prix d'honneur, qui fut remporté par un peintre nommé Guillemot, pour une grande et très-médiocre toile représentant la *Résurrection du fils de Naïm.* Après l'exposition, l'État fit acheter, selon l'usage, un assez grand nombre de tableaux. On oublia le *Radeau de la Méduse,* et cette exclusion, après des espérances qu'on avait entretenues chez Géricault, le mortifia cruellement. Malgré sa modestie, il ne pouvait mettre son tableau au-dessous de tant d'autres placés sur la liste des récompenses avant le sien, ou payés grassement par l'administration. Il obtint pourtant une médaille et une commande, ce que le directeur du Musée, le

comte Auguste de Forbin lui annonça dans une
lettre dont on peut louer au moins la courtoisie.
« Je m'empresse de vous prévenir, Monsieur, lui
écrit-il en date du 31 décembre 1819, que M. le
directeur général de la Maison du roi a bien
voulu, sur ma proposition, vous confier l'exécution d'un tableau du prix de 6,000 francs payables
moitié en l'année 1820, moitié en l'année 1821.
Je me félicite d'avoir pu contribuer à vous faire
accorder une distinction aussi flatteuse, et je ne
doute pas que vous ne vous attachiez à la mériter
par de nouveaux efforts dont je trouve la ga-
rantie dans les preuves de talent que vous avez
données à l'exposition de cette année. Le succès
qui vous attend me fournira, j'espère, l'occasion
de vous signaler encore à la bienveillance du roi
et de vous faire obtenir de nouvelles marques
de sa munificence. » Le sujet que l'on prescrivait
à Géricault ne lui plut que médiocrement, on
peut le croire. C'était un *Sacré Cœur de Jésus*.
Aussi passa-t-il sa commande à Delacroix, que
dès lors il encourageait et dirigeait. Celui-ci exécuta une *Notre-Dame des Douleurs,* que l'on

donna aux Dames du Sacré-Cœur de Nantes.
Géricault l'avait signée et il en remit le prix à
son jeune protégé.

Géricault était profondément découragé. Il
voulait quitter la France, essayer d'une vie
d'aventures, visiter l'Orient, que sais-je? Gérard,
à qui il confia ses projets, eut toutes les peines
à l'en détourner. Il se rabattit sur l'Angleterre,
où il se fit envoyer son tableau qu'on lui avait
conseillé d'exhiber suivant un usage très-répandu
chez nos voisins. Il paraît même qu'un entre-
preneur lui avait fait dès avant son départ quelque proposition dans ce sens. Le *Radeau de la
Méduse* eut du succès. Il revint en France avec
Géricault, et les péripéties que subit l'une des
œuvres qui font le plus d'honneur à notre école
pour arriver au Louvre sont instructives et édi-
fiantes.

L'administration supérieure n'en voulait pas.
M. de Forbin, au contraire, avait été frappé du
talent de Géricault. Lui-même, comme artiste,
appartenait au mouvement romantique, et l'on
assure que, lors de l'exposition, il avait tenté de

faire acheter la *Méduse*. Il avait échoué; mais il
ne tarda pas à revenir à la charge, et on ne
peut trop remercier cet homme d'esprit et de
goût de la persistance qu'il mit à forcer la mauvaise volonté de l'administration. Le 2 février
1822, il écrivait à M. de Lauriston, ministre de
la Maison du roi : « Monseigneur, je crois devoir proposer à Votre Excellence d'acquérir le
tableau de M. Géricault, représentant le *Nau-*
frage de la Méduse. Cet ouvrage plein de verve
et d'énergie annonce le talent le plus distingué
que l'on ne saurait trop encourager. La manière
de M. Géricault a de la grandeur, de l'originalité,
et son ouvrage a obtenu beaucoup de succès
chez les artistes en France et aux yeux de tout
le public en Angleterre. Ce tableau est revenu à
Paris, parce que son auteur désire qu'il reste en
France, et, pour faciliter l'exécution de ce vœu,
il propose de le céder au gouvernement pour le
prix de 6,000 francs, et consentirait même à
être payé moitié sur l'exercice 1822 et le reste
sur celui de 1823. Cet ouvrage est de la plus
grande dimension; il a coûté beaucoup de temps,

12

d'étude et d'argent à M. Géricault, et ce serait
peut-être dégoûter un homme appelé à faire le
plus grand honneur à l'école française, que de
repousser une demande aussi juste et aussi modeste. Le *Naufrage de la Méduse* pourrait être
placé dans une des grandes salles de Versailles,
et je suis certain que le temps consolidera la réputation de cette production énergique et puissante[1]. »

Il est certainement impossible de défendre une
meilleure cause avec plus de chaleur et de
clairvoyance. La réponse ne fut sans doute pas
favorable, car l'intelligent directeur du Musée
écrit au ministre une nouvelle lettre en date du
27 mai de la même année, puis une troisième le
27 mai 1823. Celle-ci est d'une fermeté que l'on
rencontre rarement chez un subordonné et mérite bien d'être conservée. « Monseigneur, écrit
M. de Forbin, on a souvent adressé à l'administration des arts le reproche de ne pas encourager exclusivement le genre historique, qui ne

1. A Son Excellence le ministre de la Maison du roi,
2 février 1822.

peut trouver de protection que dans le gouvernement. J'ai souvent entendu citer à l'appui de
cette critique peu fondée l'exemple de l'oubli
dans lequel on laissait un ouvrage important,
composition hardie, d'une exécution large, vigou-
reuse, et qui promet à la France un habile
artiste de plus. Le *Radeau de la Méduse*, tableau
de près de 20 pieds, prouve que son auteur,
M. Géricault, a puisé dans les ouvrages de
Michel-Ange le grandiose qui ne plaît pas à la
multitude, mais qui constitue le véritable peintre
d'histoire... M. Géricault est tout à fait découragé par l'espèce d'abandon dans lequel on laisse
son tableau, qu'il offre depuis deux ans de céder
pour 5 ou 6,000 francs. C'est ce qu'on paye
aujourd'hui un petit tableau de genre. »

Cette démarche n'eut pas plus de résultat que
les précédentes. Mais M. de Forbin ne se tint pas
pour battu. En 1824 Géricault était mort. On
allait procéder à la vente de son atelier. Le directeur du Musée écrit à M. de la Rochefoucauld
qui avait succédé à M. de Lauriston : « Monsieur
le vicomte, vous pouvez vous rappeler un tableau

de feu Géricault qui produisit une vive sensation au Salon de 1819; cet ouvrage d'une grande dimension, représentant le naufrage de la frégate *la Méduse,* est surtout remarquable par la hauteur, la gravité de l'ordonnance et par l'extrême énergie de l'exécution. Aucun peintre sans exception depuis Michel-Ange n'avait été appelé à sentir et à rendre le genre terrible d'une manière plus puissante que feu Géricault..... Veuillez bien me faire connaître vos intentions dans les vingt-quatre heures, la vente étant irrévocablement fixée à l'un des premiers jours de la semaine [1]. » La réponse datée du 1er novembre autorisait l'achat du tableau, mais le ministre ne mettait à la disposition de M. de Forbin qu'une somme de 4 ou 5,000 francs. La mise à prix était de 6,000 francs, et l'achat ne put par conséquent s'effectuer. C'est M. Dedreux-Dorcy qui couvrit l'enchère de 5 francs et devint ainsi pour un moment propriétaire du tableau [2]. M. de

---

1. A M. le Vte de la Rochefoucauld, chargé du département des beaux-arts, 30 octobre 1824.

2. La vente de l'atelier de Géricault se fit le 2 novembre

Forbin écrit de nouveau au ministre le 8 novembre de la même année. Cette fois il a trouvé
un biais et il touche au port. On appliquera à
l'achat de la *Méduse* les 5,000 francs déjà ac-
cordés, en y ajoutant 1,005 francs pris sur une
somme de 6,000 francs destinée à un peintre
nommé Bonnefond, pour un tableau de sa façon, *la Chambre à louer;* un amateur lui en
offrait 8,000 francs, et il trouvait par conséquent son compte à renoncer à la commande
de l'administration. L'affaire fut ainsi réglée et
approuvée par lettres ministérielles du 12 novembre 1824[1]. Voilà comment le *Radeau de la
Méduse* nous est resté, mais nous avons couru
grand risque de le perdre, et nous devons certainement ce chef-d'œuvre au goût éclairé de
M. de Forbin, et au dévouement, au patrio-
tisme, au désintéressement de M. Dedreux-
Dorcy.

1824, à l'hôtel Bullion, rue J.-J. Rousseau, par le ministère
de M⁰ Parmentier, commissaire-priseur, et de M. Henri,
expert des musées royaux. Elle produisit 53,000 fr.

    1. *Archives de l'art français,* par M. de Chenevières.
T. I, 1851-1852, p. 71 à 80.

XI.

Géricault partit pour Londres tout au commencement de 1820, très-peu de temps après la
clôture de l'exposition, en compagnie de Charlet
et de l'économiste Brunet. Ses relations alors
très-intimes avec Charlet remontaient à l'année
1818. Dès cette époque, il admirait beaucoup
l'habile et mordant dessinateur, dont les lithographies commençaient à être appréciées. Il les
achetait avidement dès qu'elles paraissaient, et
prenait un vif plaisir à en détailler les beautés à
ses amis. Avec sa violence ordinaire, il voulut à

tout prix faire la connaissance de Charlet; ce
désir était devenu chez lui une idée fixe, un véritable cauchemar. Il avait fait part de son intention
à M. Dorcy, et les deux amis étaient conve-
nus de saisir la première occasion. Charlet, très-
pauvre encore et qui faisait tous les métiers pour
vivre, était alors installé à Meudon dans une
petite auberge, les *Trois-Couronnes,* que Juhel,
peintre barbouilleur philosophe, l'avait chargé de
décorer. Le facétieux artiste avait peint sur les
volets des lapins, des lièvres, des canards, des
brioches, avec un homme debout qui montrait la
porte de l'écurie. Géricault et M. Dorcy, passant
un jour près du bouchon, aperçurent ces peintures
dont la belle couleur les frappa et entrèrent pour
demander le nom de l'auteur. Charlet a raconté
lui-même cette première entrevue : « J'étais dans
tout le feu de ces compositions, écrit-il, quand
l'aubergiste vint me prier de monter au premier
étage où l'on m'attendait; j'y trouvai deux joyeux
convives attablés, et au milieu d'eux un compagnon qui, après m'avoir dit qu'il s'appelait Géricault, ajouta : « Vous ne me connaissez pas, mon-

sieur Charlet, mais moi je vous connais et vous estime beaucoup ; j'ai vu de vos lithographies qui ne peuvent sortir que du crayon d'un brave, et si vous voulez vous mettre à table avec nous, vous nous ferez honneur et plaisir. — Comment donc, messieurs, mais tout l'honneur et le plaisir sont pour moi. » Je me mis donc à table, et tout se passa bien, et même si bien que de ce jour date une amitié que la mort seule a contrariée. Pauvre Géricault, excellent cœur d'honnête homme et grand artiste[1]. » Géricault revint à Paris à deux heures du matin. Les libations avaient été abondantes ; il était enchanté et dans un tel état d'exaltation qu'il se mit à embrasser M. Jamar, qui l'attendait à l'atelier, sans vouloir plus le lâcher.

Depuis ce moment les deux artistes se virent fréquemment, et il s'établit entre eux une véritable intimité qui n'eut pas, à ce que je crois, une heureuse influence sur Géricault. Charlet était un homme de beaucoup de talent et d'es-

1. *Charlet, sa vie, ses lettres,* par le colonel de La Combe, p. 17.

prit, un observateur incisif, ingénieux et souvent profond, un dessinateur très-habile ; mais, sous le rapport du caractère, il n'était pas l'égal de Géricault. Je ne voudrais pas contrister l'ombre de son admirateur passionné, de son biographe, le colonel de La Combe, mais Charlet n'était pas du tout un *cœur d'or,* comme son panégyriste le répète à tout propos. Il avait des vertus privées que l'on est assez surpris de rencontrer chez un homme de cette nature : il était bon père de famille et d'une probité à toute épreuve. Sans doute, il aimait ses amis à sa manière, mais il se livrait, même envers eux, à des plaisanteries cruelles qui passent toutes les bornes, et que je ne puis lui pardonner. Son plus grand bonheur était de déranger les jeunes gens ; il les menait à la barrière, les grisait de vin bleu, se divertissait comme un fou et comme un méchant de leurs balourdises, puis les plantait là. Géricault était sans défense vis-à-vis de ceux qu'il aimait. Charlet l'entraîna souvent. Un jour, M. Dorcy le vit revenir d'une de ces escapades couvert de boue, dans un état pitoyable. Il était tombé dans la rivière et s'était fait un grand trou dans la cuisse. Le pauvre Géricault était très-honteux de ces aventures, jurait qu'on ne l'y prendrait plus, mais ces résolutions ne tenaient pas longtemps.

C'est Charlet qui a raconté cette histoire d'une tentative de suicide à Londres, dont personne hors lui, n'a jamais entendu parler. « Charlet rentrant à l'hôtel à une heure avancée de la nuit, dit M. de La Combe, apprend que Géricault n'est pas sorti de la journée et qu'on a lieu de craindre de sa part quelque sinistre projet. Il va droit à sa chambre, frappe sans obtenir de réponse, frappe de nouveau, et comme on ne répond pas davantage, enfonce la porte. Il était temps ! Un brasier brûlait encore et Géricault était sans connaissance, étendu sur son lit ; quelques secours le rappellent à la vie. Charlet fait retirer tout le monde et s'assied près de son ami :

« Géricault, lui dit-il de l'air le plus sérieux, voilà déjà plusieurs fois que tu veux mourir ; si c'est un parti pris, nous ne pouvons l'empêcher. A l'avenir, tu feras donc comme tu voudras, mais au moins laisse-moi te donner un conseil.

Je te sais religieux; tu sais bien que mort, c'est devant Dieu qu'il te faudra paraître et rendre compte; que pourras-tu répondre, malheureux, quand il t'interrogera?... Tu n'as seulement pas dîné... »

« Géricault, éclatant de rire à cette saillie, promit solennellement que cette tentative de suicide serait la dernière [1]. »

Eh bien, tout cela ne serait qu'une de ces facéties cyniques, une de ces inventions féroces dont Charlet se rendit plus d'une fois coupable. Géricault avait sans doute des moments d'humeur sombre; mais il fut relativement tranquille et heureux pendant qu'il habita l'Angleterre, comme en témoigne sa correspondance; et M. Dorcy, qui alla le rejoindre à Londres au commencement de 1821, n'a rien su ni rien vu qui puisse donner la moindre créance à une anecdote qu'il dément de la manière la plus catégorique [2].

---

1. *Charlet,* etc., par le colonel de La Combe, p. 19.
2. Charlet garda cependant un vif souvenir de Géricault, et il s'occupa activement de la souscription que l'on ouvrit pour lui élever un tombeau, comme le prouve une lettre,

L'affaire du radeau s'arrangea facilement et
promptement, car dès le 23 avril 1820, Géricault
écrivait de Londres à son ami ; « Mon cher
Dorcy, je n'ai encore écrit que les lettres les
plus pressées, et j'ai attendu que je fusse un peu
installé pour vous donner quelques détails. Notre
ouvrage est reçu par M. Bulock, qui se charge
de tous les frais et qui me donne un tiers dans

---

très à sa décharge, qu'il écrivit à cette occasion. Cette pièce
est inédite, et quoique les premières lignes seules se rapportent à Géricault, je la donne en entier; elle complétera
l'intéressant recueil du colonel de La Combe :

« Mon cher ami, je te remercie de ce que tu fais pour
Géricault, qui n'a trouvé que de froids souvenirs, et dont la
souscription ne dépasse pas 1,800 ou 2,000 fr. Il est très-
naturel et très-bien que sa ville natale ne reste pas en
arrière. Il serait même bien et très-bien de mettre en avant
de commander son buste pour votre musée, ce serait une
chose digne et noble de la part des Rouennais. Penses-y.

« C'est au notaire de la souscription, M. Aubry, rue de
Grammont, n° 7, que l'on devra écrire pour ce que tu me
marques.

« Étex, à qui j'ai donné connaissance de ta lettre, m'a dit
t'avoir écrit, adressant sa lettre à Paris ; peut-être ne l'as-tu
pas reçue.

« Quand tu viendras à Paris, je te propose d'aller visiter
Aquelon. Ne trouves-tu pas que cela serait drôle, de retâter
du La Chenette, et de revoir les lieux si chers à notre

les bénéfices. Cela me paraît assez avantageux, et même s'il m'avait fallu entreprendre seul cette affaire, j'y eusse entièrement renoncé, vu les embarras infinis que cela donne. J'ai vu quelques tableaux exposés qui ne peuvent que donner de la confiance. L'école anglaise ne se distingue véritablement pas par des sujets de paysage, de marine et de genre. Veuillez dire bien des choses à mon ami Lediu. Charlet

enfance? Vois-tu deux vieillards, deux perruques, c'est-à-dire une, car tu es encore bien *vert solitaire?*

« Je t'ai dit, je crois, que je m'étais fait flouer 20,000 fr. ce qui, pour moi, est une ruine presque complète; mais comme toi je possède beaucoup de philosophie. Ma foi, m...

« Je t'attends et me promets quelque plaisir à revoir cette salle · où nous composions cette grande revue du Père éternel. Heureux temps! on respectait notre guêtre patriotique et notre nez couvert de lauriers. S'il te reste quelques parties du grand homme, apportes-en; on repique dessus d'une manière alarmante pour le gouvernement; je te conseille de t'en munir; mais évite la douane; on poursuit la redingote grise, et le chapeau est très-mal vu par l'autorité, ce qui fait qu'il est demandé en hausse, prime avec assurance pour fin du mois.

« Ma famille embrasse la tienne, au revoir, mille amitiés.

« Charlet.

« 5 mars 1840. — Monsieur, Monsieur Bellangé, directeur général du musée de Rouen, à Rouen. »

le regrette particulièrement; il est persuadé qu'il pourrait faire beaucoup d'argent ici dans une exhibition. Auguste Lethière doit avoir reçu la lettre où je le prie d'adresser le plus promptement possible le grand rouleau (le *Radeau de la Méduse*) à M. Bulock, comme il a déjà fait pour le *Brutus* de M. Lethière...[1]. »

L'exhibition de la *Méduse* réussit à souhait. On la montrait moyennant 1 schelling d'entrée, et chaque visiteur recevait en entrant une lithographie au trait reproduisant le tableau, et due à la collaboration de Géricault et de Charlet. Ce sujet maritime, traité dans ces données dramatiques et avec tant de réalité, devait en effet plaire aux Anglais. Géricault n'eut d'ailleurs qu'à se louer de M. Bulock, qui lui donna 17,000 fr. pour sa part. Cette somme, jointe à quelques autres menus profits, lui permit de vivre sans toucher à ses revenus pendant le séjour de près de trois années qu'il fit en Angleterre. Il était con-

---

1. Les lettres qui ne portent pas d'indications particulières sont pour la plupart inédites et m'ont été communiquées par les amis de Géricault.

tent, calme tout au moins, vivait au milieu des
chevaux, peignait un peu et dessinait beaucoup.
Cette existence anglaise, telle que son état de fortune lui permettait de la mener allait à ses goûts ;
il écrivait à M. Dorcy, en date du 12 février
1821: « Mon cher Dorcy, vous m'auriez sans doute
accusé mille fois, si vous étiez capable de fiel,
pour l'oubli où je semble vous laisser depuis mon
départ ; mais la première cause en est sans doute
dans l'extrême confiance que j'ai en votre bonne
amitié, qui fait que je manque des premiers
égards pour me la conserver. Je n'alléguerai
donc aucune bonne raison, parce que je n'en ai
pas, et je ne vois à vous offrir comme excuse
que mon insipide paresse ; mais ce n'est vous
apprendre rien de nouveau, et comme vous en
êtes un peu niché là aussi, je compte sur cette utile
indulgence qu'on doit avoir entre confrères. Vous
supposez peut-être, mon cher ami, d'après la
disposition naturelle de votre esprit pour le plaisir, que j'en prends beaucoup ici ; rien cependant
n'est moins vrai. Je ne m'amuse pas du tout, et
ma vie est absolument celle que je mène à Paris,

travaillant beaucoup dans ma chambre et rôdant
ensuite pour me délasser dans les rues où il y a toujours un mouvement et une variété si grande que
je suis sûr que vous n'en sortiriez pas; mais le
motif qui vous y retiendrait m'en chasse. La sagesse, je le sens, devient de jour en jour mon lot,
sans cesser, malgré cela, d'être le plus fou de tous
les sages, car mes désirs sont toujours insatiables,
et quoi que je fasse, c'est toujours autre chose que
je voudrais faire; je suis cependant plus raison-
nable que vous, puisque au moins je travaille et
que je lithographie à force. Me voilà voué pour
quelque temps à ce genre qui, étant tout neuf à
Londres, y a une vogue inconcevable. Avec un peu
plus de ténacité que je n'en ai, je suis sûr qu'on
pourrait faire une fortune considérable. Je me flatte
que ce ne sera pour moi que l'affiche, et que
bientôt le goût des vrais amateurs qui auront ainsi
appris à me connaître m'emploieront à des travaux plus dignes de moi. Vous appellerez cela de
l'ambition; mais, ma foi, il n'est rien de tel que
de battre le fer pendant qu'il est chaud, et puisque je commence à être encouragé, j'envoie au

diable tous les *Sacré cœur de Jésus*[1]. C'est un
vrai métier de gueux à mourir de faim. J'abdi-
que le cothurne et la sainte Écriture pour me
renfermer dans l'écurie dont je ne sortirai que
cousu d'or. Si Charlet voulait suivre ce parti-là,
il serait bientôt en état de nous payer à dîner.
Dites, je vous prie, bien des choses de ma part à
ce gueux-là. J'ai été extrêmement malade, mais
cela va mieux; n'en parlez pas à mon père, il
s'affecterait trop. Je lui dis seulement que j'ai été
enrhumé, et vous pourriez lui dire la même
chose; cette concordance l'empêchera de supposer que cela a été plus grave. J'ai eu quelques bons
amis qui m'ont bien soigné et désennuyé. Le sort
veut que je ne rencontre que des gens meilleurs
que moi, et je me fatigue à chercher ce qui peut
me mériter leur amitié. Une conquête aussi, mon
cher Dorcy, car je dois tout vous dire... »

Je passe la conquête. Tout cela est encore
trop près de nous! Mais on conviendra que cette
lettre n'est pas précisément celle d'un spléné-

---

1. Allusion au tableau qui lui avait été commandé après
l'exposition du *Radeau de la Méduse*.

tique, et je ne crois pas que Géricault ait jamais eu l'esprit plus dispos et mieux portant.

Charlet n'était pas resté longtemps à Londres; il s'y ennuyait à mourir et n'y fit presque rien. Les soldats, les bonnes d'enfants, les gamins de Paris, ses modèles ordinaires, lui manquaient, et la lourde ivresse des buveurs d'ale et de gin ne disait rien à cet esprit gaulois; pendant ce séjour de près d'une année, il ne trouva pas peut-être à placer dix calembours. Il avait soif du vin frelaté des cabarets de la barrière qui éveillait sa verve goguenarde et inspirait son facétieux et mordant crayon. Au commencement de 1821, il était de retour, et depuis assez longtemps, semble-t-il, car Géricault lui écrit en date du 23 février : « Je croyais la susceptibilité attachée seulement à mon malheureux caractère; lorsque la passion vient avant le jugement, on est à plaindre alors, et en quelque sorte excusable de se montrer susceptible; mais chez vous, mon cher, la susceptibilité devient un défaut plus que ridicule, puisqu'il ne peut être que le résultat d'une petite cause. Si vous eussiez vu les passages de

mes lettres où j'affectais de vous tenir rancune,
vous auriez senti le vrai sens que j'y attachais;
et au lieu de me voir d'un mauvais œil, vous
m'auriez conservé le *bon* que j'aime tant, quoique je le redoute pour mes défauts. S'il était
donné à tout le monde d'entendre la plaisanterie,
mon père ne vous eût pas rendu au sérieux ce
qu'il avait ainsi compris. Mes lettres en font foi,
et comme je ne vous cacherais pas plus ma rancune que mon amitié, vous les trouveriez, au contraire, pleines de cette colère exagérée qui n'est,
entre amis, qu'une manière comique et affectueuse de caresser sans fadeur. Chassez donc
jusqu'au souvenir de cette fâcheuse impression,
et si, dorénavant, je vous paraissais ou fantasque
ou brutal, n'en accusez encore que ma misérable
constitution et accordez-moi amitié et pardon.
Que mon portrait ne trouble plus à l'avenir vos
séances gastronomiques et qu'il vous inspire seulement l'idée de boire à ma santé; je fête ainsi
le vôtre quelquefois.

J'ai fait part à **M.** Jules de votre souvenir et
il m'a chargé de vous dire aussi mille choses.

Quant à M. Gabriel de M..., je ne lui ai pas encore répondu ; mais je le ferai ; c'est cependant grâce à votre bon avis. Je vous avouerai que je l'avais oublié ; il y a de certains gens, *si bons* qu'ils soient, auxquels on ne pense qu'en les voyant. Toute lettre qui n'est pas écrite du cœur est une corvée pour moi. Je ne sais en l'honneur de quel saint ce brave homme m'a honoré de sa prose ou de sa poésie, car les plaisirs champêtres y sont longuement décrits. Il prend aussi la peine d'expliquer le bonheur domestique, les pénates, la tendresse paternelle et l'amour filial..., puis les avantages de la patrie sur le sol étranger, et les *ah!* et les *ho!*... Hélas ! je sens combien j'aurai de peine à le dédommager de ses frais ; mais il est *si bon,* qu'il me passera encore celle-là.

J'ai un texte heureux cependant pour commencer... Cher ami, ou trop bon ami... la fortune ennemie... a permis que de ce pays... Ah ! quand pourrai-je sur le sol précieux, désirable... de la patrie chérie...

Vous trouverez que je me laisse un peu trop aller à une passion que je blâme si fort en vous ;

cela est vrai, je l'avoue; mais je déteste la froide chaleur et cette sensibilité qu'excitent seulement les vents, les orages et le clair de lune avec les pénates.

Mais vous, ne me blâmez-vous pas, malicieuse vipère? Vous vous réjouirez au contraire de me voir aussi méchant que vous, et vous profiterez de cela pour donner un libre cours au venin dont vos poumons sont pétris. Mon père traduirait cette phrase par : *Théodore vous garde rancune.* La candeur de cet excellent père ne lui permet même pas de supposer que l'on puisse exprimer ainsi son amitié. Il prend tout au pied de la lettre et je voudrais pouvoir vous montrer de quel sérieux il me demandait quelquefois l'explication de certaines *grignadésiardes* qui m'étaient échappées.

Avouez, cher ami, que nous n'avons, avec cette ingénuité, aucune analogie, et que le seul rapport qu'il y ait entre mon père et nous, c'est de boire le même vin [1].

1. A propos de la naïveté du père de Géricault, Charlet racontait cette anecdote : Le brave homme, entendant un

Adieu, mon cher Charlet, portez-vous bien,
écrivez-moi quelquefois et engagez particulièrement Ledieu à se méfier de vous. —
Géricault[1]. »

A quelque temps de là, Géricault écrivait à
Vernet, d'un ton plus sérieux et sur des sujets
plus importants, une lettre datée de Londres,
1er mai[2], que je veux encore citer. « Mon cher
Horace, j'ai reçu enfin un petit mot de vous; j'ai
eu bien de la peine à l'arracher, mais enfin je
suis content de mes efforts; vous ne m'avez pas
oublié entièrement, c'est tout ce que je désirais

jour son fils se plaindre de ne pouvoir trouver *les blancs
de Schnetz,* courut chez Charlet, et, l'abordant d'un air
suppliant, lui dit: « Vous êtes l'ami de mon fils, rendez-
moi un grand service. J'entends toujours Théodore se
lamenter de ne pouvoir trouver les blancs de Schnetz,
informez-vous, je vous prie, où ils se vendent, et, coûte que
coûte, je veux lui en acheter; le pauvre garçon est trop
malheureux..... »

1. Et en marge:

> Avec moi désormais bannissez la rougeur
> Qui de votre beau front dépare la candeur.

Charlet, etc., par le colonel de La Combe, p. 19 et suiv.

2. « A M. Horace Vernet, rue des Martyrs, n° 11, à Paris. »
La lettre porte le timbre de mai 1821.

le plus de savoir. Le bon Pugeol est venu me voir avec Jemmeville ; ils m'ont remis plusieurs lettres que je n'ai point voulu lire avant que j'eusse arraché d'eux tout ce qu'ils pouvaient me dire de vous et de vos travaux. Vous ne doutez pas du plaisir que j'ai ressenti du succès de votre dernier ouvrage, mais cependant je remettrai à vous faire mon compliment quand j'aurai vu ; il me semble que c'est la seule manière entre artistes et amis ; vous n'avez que trop déjà de ces louangeurs insipides qui répètent plus qu'ils ne peuvent sentir, et qui dégoûteraient presque de faire bien par leur incapacité à le découvrir.

Je disais l'autre jour à mon père qu'il ne manquait qu'une chose à votre talent, c'était d'être trempé à l'école anglaise, et je vous le répète, parce que je sais que vous avez estimé le peu que vous avez vu d'eux. L'Exposition qui vient de s'ouvrir m'a plus confirmé encore qu'ici seulement on connaît ou l'on sent la couleur et l'effet. Vous ne pouvez pas vous faire une idée des beaux portraits de cette année et d'un grand nombre de paysages et de tableaux de genre ; des ani-

PEINT PAR GERICAULT

LE DERBY DE 1821 À EPSOM

maux peints par Ward et par Landseer, âgé de
18 ans ; les maîtres n'ont rien produit de mieux
en ce genre ; il ne faut point rougir de retourner
à l'école ; on ne peut arriver au beau, dans les
arts, que par des comparaisons. Chaque école a
son caractère. Si l'on pouvait parvenir à la réunion de toutes les qualités, n'aurait-on pas atteint
la perfection ? Cela demande de continuels efforts
et un grand amour. Je les vois ici se plaindre de
n'avoir pas un bon caractère de dessin et envier
l'école française comme beaucoup plus habile :
que ne nous plaignons-nous aussi de nos défauts ?
quelle est *cette sotte orgueil* qui nous porte à fermer les yeux dessus, et est-ce en refusant de
voir le bien où il est et en répétant follement que
nous sommes ce qu'il y a de mieux, que nous
pouvons honorer notre patrie ? Serons-nous toujours nos juges, et nos ouvrages, un jour, mêlés
dans les galeries, ne porteront-ils pas témoignage
de notre vanité et de notre présomption ? Je faisais, à l'Exposition, le vœu de voir placés dans
notre musée une quantité de tableaux que j'avais
sous les yeux. Je désirais cela comme une leçon

qui serait plus utile que de penser longtemps.
Que je voudrais pouvoir montrer aux plus habiles
même plusieurs portraits qui ressemblent tant à
la nature, dont les poses faciles ne laissent rien
à désirer et dont on peut vraiment dire qu'il *ne
leur manque que la parole !* Combien aussi seraient
utiles à voir les expressions touchantes de Wilky
(*sic*) ! Dans un petit tableau, et du sujet le plus
simple, il a su tirer un parti admirable. La scène
se passe aux Invalides ; il suppose qu'à la nouvelle d'une victoire ces vétérans se réunissent
pour lire le *Bulletin* et se réjouir. Il a varié tous
ses caractères avec bien du sentiment. Je ne
vous parlerai que d'une seule figure qui m'a paru
la plus parfaite, et dont la pose et l'expression
arrachent les larmes, quelque bon que l'on tienne.
C'est une femme d'un soldat qui, tout occupée
de son mari, parcourt d'un œil inquiet et hagard
la liste des morts... Votre imagination vous dira
tout ce que son visage décomposé exprime. Il
n'y a ni crêpes ni deuil ; le vin, au contraire,
coule à toutes les tables, et le ciel n'est point
sillonné d'éclairs d'un présage funeste. Il arrive

cependant au dernier pathétique comme la nature
elle-même. Je ne crains pas que vous me taxiez
d'anglomanie. Vous savez comme moi ce que
nous avons de bon et ce qui nous manque. Tout
à vous, Géricault[1]. »

1. Quoiqu'elle n'ait qu'un assez médiocre intérêt, je donne
encore la lettre que Géricault écrivit de Londres à Mme Bro,
femme du colonel Louis Bro de Comères (plus tard général
de division). Elle montre qu'au milieu de la vie occupée et
assez agitée qu'il menait en Angleterre, il n'oubliait pas les
intérêts de ses amis.

« Londres, 26 septembre 18.....

      « Madame,

    « Il est tout naturel d'éprouver une sorte de plaisir à la
réception d'une lettre que l'on attend, mais j'expliquerais
difficilement celui que m'a fait l'aimable réponse que vous
avez bien voulu m'adresser, puisque je n'osais plus l'espérer. L'idée la moins triste qui se présentât à moi jusqu'à
présent était que peut-être ma lettre avait été égarée et que
cette cause suffirait pour me priver en même temps et d'une
lettre de vous, Madame, et de votre recette. Je ne vous fati-
guerai point par les détails de la peine que cela me faisait,
ni des mille consolations que j'étais, chaque jour, obligé de
donner à M. Saint-Marc. Il n'y a plus qu'à nous réjouir puisque vous n'avez pas dédaigné de venir à notre aide. Le bon
M. Saint-Marc ne se possède pas, car joignant à la vivacité
naturelle du pays celle commune à tous les gens entrepre-
nants, il croit voir dans l'eau de Botot particulièrement un
coup de fortune. Cela vient heureusement faire distraction

à plusieurs chagrins qui l'ont depuis quelque temps accablé, la perte d'une fille de quatorze ans, des friponneries de toute espèce auxquelles l'avait exposé son trop de bonne foi.

« Votre recette d'eau de Botot ne sera communiquée à personne. Ainsi ayez toute tranquillité à cet égard. Je ferai pour mon compte un grand usage de celle que vous me donnez pour la santé et le repos de mon père, c'est-à-dire que j'ajouterai encore à la dose que j'avais coutume d'employer, jusqu'à ce que j'aie le plaisir de lui porter moi-même toutes les raisons possibles de se tranquilliser, et de vous renouveler mes remercîments bien sincères.

« Votre dévoué serviteur,

« GÉRICAULT.

« Veuillez être, Madame, mon interprète auprès de M. Bro, et donnez, s'il vous plaît, à mon père les nouvelles intéressantes de ma bonne santé comme ce qui le touche le plus. » — A Mme Bro, rue des Martyrs, 23, à Paris.

XII.

Comme on a pu le voir par une de ses lettres, Géricault s'était beaucoup occupé de lithographie pendant son séjour en Angleterre, et la grande suite de douze pièces, ainsi que quelques autres estampes de moindre importance, qu'il a faites et publiées dans ce pays, sont certainement au nombre de ses plus importants ouvrages en ce genre. Mais il avait commencé beaucoup plus tôt, dès l'année 1817, à dessiner sur la pierre. Cet art nouveau s'était rapidement naturalisé chez nous, et il y arriva en peu de temps à la perfection.

La découverte du Bavarois Senefelder n'était connue que depuis quelques années, et déjà la France avait des imprimeurs lithographes tels que le comte de Lasteyrie, Motte et Engelmann, dont les premiers essais offrent des résultats excellents qui n'ont guère été surpassés. Les artistes les plus en renom, Carle et Horace Vernet, Girodet[1], Gros, Guérin, Prud'hon, Hersent, Léon Cogniet, avaient adopté le crayon lithographique. La nouveauté produisait son effet ordinaire. On s'arrachait ces faciles et brillantes estampes. C'est dans ces circonstances, et au moment le plus vif de l'engouement, que Géricault revint d'Italie. Il comprit aussitôt le parti qu'il pouvait tirer du nouveau procédé. Dès l'abord, il le mania avec la plus grande supériorité, et on peut dire qu'il en est l'un des créateurs. Quelques-unes de ses lithographies sont des mo-

---

1. On possède un essai lithographique de Girodet daté de juillet 1816, et de Gros deux pièces très-recherchées, l'une datée de 1817, l'autre publiée en 1818.

LITH . PAR GÉRICAULT

BOUCHERS DE ROME

dèles du genre, des œuvres d'une haute portée,
magistrales et accomplies. On y lit, plus facilement peut-être, que dans sa peinture même, ses
grandes qualités d'inventeur, de dessinateur, de
dramaturge. On voit sans voiles, pour ainsi dire,
dans ces simples compositions dépouillées de la
magie du coloris, tout son savoir, toute la puissance pathétique de son génie. On ne saurait,
sans les connaître, apprécier le grand artiste tout
entier, et son crayon vaut bien son pinceau. Je
ne m'arrêterai cependant qu'à un petit nombre
de planches principales, renvoyant, pour les
moins importantes ainsi que pour tous les détails,
au catalogue spécial de cette partie de son
œuvre.

La première pièce que Géricault ait exécutée,
les *Bouchers de Rome,* est un souvenir du pays
qu'il venait de quitter. C'est une scène très-
simple, légèrement crayonnée, mais du plus beau
caractère de dessin. Deux bouchers à cheval,
dans le pittoresque costume des paysans de la
campagne de Rome, la longue pique à la main,
conduisent quelques bœufs qu'un chien irrite par

ses aboiements. On aperçoit un troisième cavalier à droite, dans le lointain. Cette charmante
planche est de 1817 et a été imprimée chez Lasteyrie, comme le prouve une épreuve d'essai
unique et des plus précieuses, qui fait partie de
la riche collection de M. His de La Salle. Une
autre pièce de grande dimension, dessinée à la
plume, et d'une rareté telle que, pour ma part,
je n'en connais que les deux épreuves du Cabinet des estampes et de la collection de M. de
Triqueti : *le Trompette de lanciers,* doit être de
cette même époque, ainsi que *le Porte-étendard,*
portrait de jeune homme vu à mi-corps, vêtu
d'un costume noir à crevés, avec une large fraise
blanche, et portant un drapeau sur l'épaule
droite, exécuté au crayon et au lavis. Ces premiers essais ont un intérêt tout particulier. Géricault cherche sa manière et tâte en quelque sorte
le terrain. Il emploie le crayon, la plume, le lavis, soit seuls, soit simultanément. C'était un
esprit curieux, chercheur et, même dans les petites choses, ennemi de toute routine. Il se servait du procédé qui convenait le mieux au sujet,

LES BOXEURS

et souvent de l'instrument quelconque qu'il avait
sous la main et qu'il ployait à son but. Dans les
Boxeurs, l'une de ses plus admirables planches,
le torse de l'un des combattants (un nègre) est
dessiné à la plume, le reste de la figure est au
crayon : c'est l'inverse pour l'autre personnage.
Les moyens importent peu, du reste : tout est
bien qui finit bien ; et, dans cette estampe, Géricault a obtenu, de la réunion de ces deux procédés, les plus excellents résultats. Cette lithographie, d'une étonnante vigueur, est de la plus
grande beauté. Le modelé du torse du nègre, en
particulier, est d'une puissance extraordinaire ;
le dessin des jambes de l'autre figure est superbe ; les personnages qui suivent le combat et
qui discutent le mérite des coups sont indiqués
avec beaucoup de vivacité et complètent de la
manière la plus heureuse cette composition capitale. Nous citerons aussi, comme une œuvre hors
ligne appartenant à cette première époque, le
Mameluk de la garde impériale défendant un
jeune trompette blessé contre des cosaques qui
arrivent au galop. La composition est d'un effet

14

saisissant, et la figure du mameluk admirable de
résolution, de courage impassible, d'héroïsme
sans emphase. Une pièce, également d'une grande
importance et des plus rares (puisque la pierre
s'est brisée après le tirage de la quatrième ou de
la cinquième épreuve), les *Deux Chevaux qui se
battent dans une écurie,* est de cette première
époque et mérite aussi de nous arrêter. C'est un
de ces sujets que Géricault affectionnait et qu'il
relevait par le grand caractère qu'il savait leur
donner. Deux chevaux, dans une écurie, se mordent au cou en se cabrant. Un garde-écurie en
manches de chemise, et coiffé d'un bonnet de
police, s'efforce d'arrêter le combat en les frappant d'un balai. Dans l'ombre, au premier plan,
on voit un hussard couché sur la paille; il se réveille au bruit, se relève à demi et regarde les
animaux furieux. C'est bien peu de chose; mais
quel bel effet! quelle manière grandiose de comprendre la forme du cheval! quelle ardeur, quelle
passion, quelle vérité dans tous les mouvements,
et comme la composition est habilement combinée
pour concentrer l'intérêt sur les acteurs princi-

CHEVAUX QUI SE BATTENT DANS UNE ÉCURIE

paux ! Cette lithographie est une œuvre complète,
et il est bien regrettable qu'elle soit d'une si
grande rareté et, partant, si peu connue.

Les événements politiques et militaires ont,
comme on peut le croire, fourni de nombreux
sujets à Géricault. *Le Factionnaire suisse au
Louvre* est une interprétation pittoresque d'un
article de 1817 du *Constitutionnel,* qui faisait
alors de l'opposition bonapartiste. Un factionnaire de la garde royale suisse arrête un ancien
soldat avec une jambe de bois, coiffé d'un chapeau rond et en redingote, qui se présente pour
traverser le Louvre. Le militaire, indigné, déboutonne sa redingote et fait voir sa croix d'honneur en disant : « Sentinelle, portez... arme ! »
D'autres personnages, au second plan, regardent et applaudissent. Les fonds, qui représentent les Tuileries, ont été, assure-t-on, dessinés
par Horace Vernet.

Malgré leur beauté, malgré leur actualité, ces
premières lithographies de Géricault n'avaient
aucun succès. Lorsqu'il fit une de ses plus vi-
goureuses planches, un *Caisson d'artillerie,* il

chargea M. Jamar d'aller chez l'imprimeur,
Mme Delpech, lui chercher quelques épreuves.
« Puisque M. Géricault n'a pas besoin de
travailler pour vivre, lui dit celle-ci, il ferait
bien mieux de renoncer à ce métier. » Cette fortune contraire chagrinait et irritait Géricault sans
le décourager. Le premier moment passé, il re-
commençait de plus belle ; il y mettait une incroyable ardeur. Quelques-unes de ses lithographies sont des œuvres très-mûries, très-soignées
et pour lesquelles il avait fait un grand nombre
de travaux préparatoires, études ou croquis dont
nous possédons une partie ; mais d'autres, au
moins par leur exécution définitive, sont de véritables improvisations. Tel est le cas pour cette
superbe pièce : *Artillerie à cheval changeant de
position.* Elle fut exécutée par Géricault dans son
atelier du faubourg du Roule, pendant qu'il travaillait au tableau de *la Méduse.* Il avait peint
jusqu'à la nuit. Vers cinq heures, M. Jamar sor-
tit pour dîner ; la planche n'était pas commencée ; il rentra vers onze heures et la trouva terminée. Géricault était dans une vive agitation, et

ARTILLERIE À CHEVAL CHANGEANT LE POSTILLON

si impatient de voir le résultat de son travail,
qu'il demanda à M. Jamar de courir avec la
pierre chez l'imprimeur Motte et de lui en faire
tirer une épreuve. L'honnête Motte était couché ;
il finit pourtant par venir parlementer, et, de
sa fenêtre, dit en riant à M. Jamar « que ces
peintres étaient de bien drôles de corps et qu'on
ne venait pas réveiller les gens à pareille heure. »
L'impatient artiste dut attendre au lendemain.
Dans ce même ordre de sujets, Géricault a fait
encore deux planches très-importantes pour
l'*Histoire de Napoléon,* par Arnault : l a *Marche
dans le désert* et le *Passage du mont Saint-
Bernard.*

Tous ces excellents ouvrages sont cependant
surpassés, à mon avis, par l'admirable planche
intitulée *Retour de Russie.* A l'égard de l'élévation de la pensée et du sentiment, de la conception poétique et dramatique, Géricault n'a
peut-être rien fait de plus complet et de plus
puissant. C'est la même inspiration que celle du
Cuirassier blessé, mais avec une exécution plus
savante et une impression plus grandiose et plus

navrante encore. Au milieu de la plaine glacée
s'avance un grenadier manchot qui mène par la
bride le cheval harassé d'un cuirassier aveugle
et qui porte le bras gauche en écharpe; un chien
à demi mort de fatigue les suit. Plus loin, à
droite, on voit un soldat d'infanterie qui porte
son camarade sur son dos. Ces figures résument
de la manière la plus dramatique cet horrible
désastre. L'expression des têtes est admirable
et déchirante. C'est de la résignation chez l'un,
une profonde douleur et presque du désespoir
chez l'autre. Le *Retour de Russie* est un de ces
ouvrages d'une inspiration franche et puissante,
et, quoique les figures paraissent un peu courtes,
d'une facture admirable, qui s'empare absolument des yeux et de l'imagination. M. Jamar,
chargé par Géricault de vendre cette pièce, n'en
put trouver que cent francs : la pierre seule en
avait coûté soixante ou soixante-dix.

Peu de temps après son arrivée en Angleterre, Géricault s'était mis en rapport avec Hullmandel, le meilleur imprimeur-lithographe de
Londres, et avec les éditeurs Rodwell et Martin,

LE RETOUR DE RUSSIE

chez qui il publia, dans les premiers mois de
1821, les douze pièces (treize en comptant le
titre) qui forment la suite des grandes lithographies anglaises. Ces estampes eurent beaucoup
de succès; cependant elles furent la cause d'un
nouveau mécompte pour l'artiste, car l'éditeur
le frustra de tout le profit qu'il en pouvait attendre : il paraît même qu'en fin de compte Géricault dut mettre quelque chose de sa poche pour
couvrir les frais. Ces planches sont toutes d'une
grande beauté, et trois d'entre elles, en particulier : le *Pauvre Homme à la porte d'un boulanger*, le *Joueur de cornemuse* et la *Femme paralytique* me paraissent être au nombre de ses
œuvres les plus pathétiques et les plus accomplies. La première a pour titre ces deux vers
tirés d'une de ces poésies si populaires en Angleterre, nommées *nursery rhymes*.

Pity the sorrows of a poor old man
Whose trembling limbs have born him to your door.

Elle représente, en effet, un malheureux tombé
d'épuisement à la porte d'un boulanger. Son

chien est assis entre ses jambes et lève la tête
vers lui. On aperçoit, à travers la fenêtre de la
boutique, un homme âgé qui parle à la boulangère appuyée des deux mains à son comptoir. Cette scène, si simple, est pleine de sentiment. La figure du malheureux exprime de la
manière la plus poignante l'affaiblissement que
produit la plus extrême misère : tout est mort
chez lui, hormis le sentiment du besoin journa-
lier. Le joueur de cornemuse, *the piper,* est un
vieillard aveugle, vêtu d'une houppelande sordide,
qui, accompagné de son chien, marche en jouant
de son instrument dans une rue solitaire de Londres. Son expression est navrante; personne ne
répond à son appel; il n'aura pas d'aumône. De
pas en pas, dans ses ténèbres, il s'est égaré loin
du centre dans quelque faubourg abandonné;
car on ne voit, dans le fond du tableau, qu'un
mur à demi démoli et quelques constructions
sans fenêtres. La mise en scène est parfaite : c'est
ce jour blafard de Londres, cette atmosphère
humide qui glace jusqu'aux moelles, cette mélancolie profonde, intense, cet ensemble navrant

LITH. PAR GÉRICAULT

AD GRAND & CIE

LE PAUVRE HOMME

qui caractérise *the merry England,* la joyeuse Angleterre. La femme paralytique est une composition plus importante : la pauvre impotente est assise, enveloppée de misérables vêtements, dans
une sorte de fauteuil grossier, de brouette à roues
pleines. Le malheureux (moins homme que bête)
qui la traîne se repose, appuyé contre le dossier du
fauteuil. A gauche, au premier plan, une jeune
fille, qui tient un enfant par la main, les regarde
avec une expression de pitié et de terreur. A
droite, pour faire contraste à cette scène de douleur, l'artiste a mis l'avant-train d'une voiture
élégante. La figure de l'homme est d'une réalité
effrayante : c'est bien cet être abruti par le vice
et par la misère, hébété par le gin, que l'on ne
rencontre que dans les carrefours de Londres. Il
est incroyable combien Géricault s'est pénétré
d'emblée du caractère anglais, et rien ne prouve
mieux que ces admirables planches la puissance
d'assimilation dont il était doué.

La figure de la jeune fille est ravissante, et elle
est presque une exception dans l'œuvre du grand
maître. Géricault, en effet, n'a pour ainsi dire

jamais représenté de femmes. On pourrait pourtant en citer une autre, dans le même sentiment gracieux et naïf, qui se trouve dans une des pièces de la grande suite française, le *Vieux cheval à la porte d'une écurie;* mais ce serait à peu près tout[1]. Il ne semble pas que le peintre audacieux et savant ait compris la beauté féminine dans ce qu'elle a de délicat et de distingué. Il a dit lui-même : « Je commence une femme, et ça devient un lion; » et aussi très-familièrement, en frappant sur l'épaule d'un de ses amis : « Nous deux X..., nous aimons les grosses f...... » Il lui fallait des formes amples et robustes, des mouvements accusés et violents, des expressions énergiques : toujours le drame et la passion avec une nuance d'ardeur, de sensualité, de brutalité même, que l'on trouve dans ses *Femmes enlevées par des Centaures,* dans les bacchantes du *Silène,* de M. Eudoxe Marcille, dans la figure de

---

1. J'ajoute cependant la jeune fille qui se cache le visage avec les deux mains dans le dessin de la *Traite des nègres* que j'ai publié, ainsi que les deux jolis croquis gravés sur bois dans la *Gazette des Beaux-Arts.* (Mai 1867.)

LE JOUEUR DE CORNEMUSE

négresse de l'un des plus beaux dessins de M. de
La Salle. Cette disposition étonne d'autant plus
chez Géricault, que l'on a pu apprécier par cent
preuves l'élévation de son caractère, la sensibilité, l'excellence, la tendresse de son cœur.

En quittant Paris, Géricault avait emporté une
provision de *cartons lithographiques,* beaucoup
plus légers et plus faciles à transporter que les
pierres, d'ailleurs encore rares et très-chères à
cette époque. Il s'en servit pour dessiner sept
estampes qui ne sont pas au nombre des mieux
réussies qu'il ait faites. Il faut citer pourtant une
pièce charmante et d'une extrême vérité locale :
le *Portrait d'une jeune femme et de ses trois en-*
fants. Ce procédé présentait de graves inconvénients. Géricault ne l'a pas employé davantage,
et depuis lors on l'a avec raison tout à fait abandonné.

Ces estampes avaient fait du bruit; aussi, lorsqu'il revint à Paris, les éditeurs demandèrent-ils
des lithographies à Géricault. C'est alors qu'il se
lia avec les frères Gihaut, avec qui il conserva
jusqu'à la fin les meilleures relations. C'est pour

eux qu'il fit la suite des douze petites pièces imprimées par Engelmann, celle des huit petites
pièces par le même imprimeur, et une troisième série, de sept petites pièces, tirées par
Villain. Ces planches sont presque toutes des
variations sur le thème qu'il préférait, le Cheval.
Il a représenté son animal favori sous toutes ses
faces, dans toutes ses variétés de race, d'âge,
de robe, dans toutes ses allures, de manière à
satisfaire aussi bien le *sportman* que l'artiste.
C'est un monument de science hippique tracé
par un crayon prodigieusement habile et que
dirige le goût pittoresque le plus distingué.

Le public français avait enfin pris goût aux
lithographies de Géricault; les frères Gihaut lui
demandèrent une répétition de sa grande suite
anglaise; mais on ne voulait que des chevaux.
On conserva six des sujets de cette nature qui
avaient paru dans la publication anglaise, et Géricault fit des aquarelles qui devaient servir de
modèles pour les six autres. Il chargea de l'exécution du tout MM. Léon Cogniet et Volmar,
dirigeant, revoyant et corrigeant çà et là. Tout

LA FEMME PARALYTIQUE

le travail de grattoir en particulier est de lui. Géricault n'était pas fâché de reprendre au moins
quelques-unes de ses lithographies anglaises; il
n'en était pas complétement satisfait. Je tiens de
M. Cogniet lui-même qu'il trouvait que dans ces
planches, si admirables cependant, la lumière
était trop disséminée. Il recommandait à ses collaborateurs, surtout au peintre distingué, très-
jeune alors, qu'il avait chargé de reproduire
les six pièces déjà publiées, d'élaguer le blanc
qui se trouvait dans les noirs, de renforcer les
ombres de manière à donner plus de franchise et
quelque chose de plus gras au travail. Malgré
ces améliorations de détail, la surveillance et les
corrections du maître, ces pièces, quelque belles
qu'elles soient, n'égalent pas les estampes anglaises. Elles sont très-connues, et je ne m'y arrête pas davantage. Les pierres existent, et on
en tire encore d'assez bonnes épreuves. Géricault fit aussi pour Mme Hulin, la suite de cinq
pièces encadrées qui parut en 1823. Il exécuta
sur la pierre quelques autres estampes, ainsi
qu'une petite gravure à l'eau-forte représentant

un cheval gris pommelé vu de trois quarts, qui
porte à cent et une le nombre des planches
sorties de sa main.

Comme la plupart des peintres de la Renaissance, Géricault a fait de la sculpture. On connaît
son cheval écorché, dont le moulage est dans tous
les ateliers, chef-d'œuvre aussi bien par le choix
des formes que par la science anatomique et la
perfection du rendu[1]. C'est le plus beau cheval
qui existe. Géricault a aussi sculpté sur une pierre
du mur de son atelier de la rue des Martyrs, un
Cheval retenu par un homme, d'un très-faible
relief et qui a été moulé. Il s'était mis à ce travail, d'inspiration, creusant le moellon à la grâce
de Dieu, avec un ciseau de menuisier. M. Jamar,
voyant son embarras, monta la rue des Martyrs,
et trouva près de la barrière des tailleurs de
pierre qui lui vendirent quelques outils; c'est
avec ces instruments grossiers que Géricault
termina cet ouvrage. On peut encore citer un

1. La cire originale a longtemps appartenu à M. Susse.
Elle vient d'être achetée par M. Maurice Cottier, l'un des
amateurs les plus distingués de Paris

LE CHARIOT DE CHARRON

Bœuf terrassé par un tigre, ébauche très-largement exécutée; un *Satyre enlevant une femme,* en ronde bosse; un groupe en terre cuite, représentant un *Nègre qui brutalise une femme.* Enfin, il fit une maquette en cire d'une statue équestre de l'empereur de Russie, à ce que je crois. Le cheval, très - énergique et très - élégant, se cabre et est presque debout sur les jambes de derrière; le cavalier, en costume militaire, se porte un peu en avant et regarde au loin; il appuie la main qui tiendrait la bride sur le garrot du cheval, et élève le bras droit. Le cheval est du reste beaucoup plus avancé que la figure, laissée à l'état d'ébauche. Géricault ne reculait pas devant l'idée d'exécuter ce groupe dans de grandes proportions, et il ne nous paraît pas douteux qu'il n'eût réussi dans un art où il pouvait déployer, autant que dans la peinture, son audacieuse imagination et appliquer son savoir.

XIII.

En Angleterre, Géricault ne s'était pas occupé uniquement de lithographie. Il y avait fait quelques tableaux et un grand nombre d'importantes aquarelles. La plupart de ces ouvrages sont restés de l'autre côté du détroit et nous sont inconnus. Parmi ceux que nous possédons, nous n'en voyons que deux ou trois qui méritent d'être spécialement rappelés. C'est d'abord le grand *Derby d'Epsom,* que le Louvre vient d'acquérir, le plus achevé peut-être de ses tableaux de chevalet, un peu sec d'exé-

15

cution, mais du dessin le plus précis, le plus
savant, le plus admirable, d'un mouvement,
d'une *furia* indescriptibles, d'un effet superbe;
puis, la charmante *Course de chevaux montés,*
qui appartient à M. de La Salle, peinture claire,
légère, de la plus excellente qualité; enfin une
aquarelle, qui est en Angleterre, représentant un
Arabe conduisant un étalon noir pour saillir une
jument, et dont la lithographie, par Andrew,
donne la plus haute idée[1]. Il est probable que
c'est peu de temps après son retour qu'il peignit
la *Forge de village* et l'*Enfant donnant à manger
à un cheval*[2], qui parurent, après sa mort, à
l'exposition de 1824, ainsi que l'*Écurie*[3] et un
Cheval bai brun sortant d'une écurie, tableau
acheté cette même année 1824 par la Société
des Amis des arts[4]. Nous pouvons être plus affir-
matif à l'égard du *Four à plâtre,* du musée du
Louvre. C'est pendant une promenade qu'il fit à

1. La peinture appartient à M. Édouard Sartoris, à
Londres.
2. A M. Schickler.
3. Au même.
4. A Mᵐᵉ Saint-Elme Petit.

Montmartre, avec M. Dedreux-Dorcy, qu'il vit
cette masure dans son nuage gris, sous un ciel
terne, avec quelques chevaux mangeant leur
maigre pitance dans ce lieu mélancolique. Ce
motif le frappa. Il en fit sur l'heure un léger
croquis, rentra et peignit aussitôt l'excellent petit
tableau qui devait avoir une influence si marquée
sur les peintres contemporains. On trouve sans
doute Géricault dans tous ces jolis ouvrages;
mais il est impossible de ne pas remarquer qu'ils
sont d'une médiocre importance pour l'auteur de
la Méduse, alors dans toute la force de l'âge et
du talent. Géricault était revenu mal portant d'Angleterre, où il avait beaucoup souffert d'une scia-
tique prise dans une promenade sur la Tamise,
et qui ne s'était jamais complétement guérie. Il
se plaignait aussi de la poitrine. Il éprouvait une
sorte de lassitude physique et morale causée sans
doute autant par l'état de sa santé que par le
peu de succès qu'obtenaient ses ouvrages, quoiqu'on commençât à rechercher ses lithographies.
Il était distrait, et l'art n'avait plus toutes ses pensées. C'est alors qu'il eut la singulière idée de

jouer à la bourse. Ils avaient fait, son ami Dorcy et lui, une somme de 10,000 francs, qu'ils confièrent à l'agent de change Mussard. Il va sans dire qu'ils perdirent leur argent jusqu'au dernier sou. Il s'était aussi intéressé pour 2/6 dans une entreprise de pierres artificielles, dont la fabrique était à Montmartre, et qui ne tourna guère mieux. Lui si large, si généreux, se préoccupait un peu plus que de raison de ces questions d'argent. Il faut dire que, malgré les économies qu'il avait faites pendant son séjour en Angleterre, ses dépenses dépassaient peut-être son revenu. Il allait beaucoup dans le monde, avait plusieurs chevaux dans son écurie et faisait de gros sacrifices pour son art : il s'était, par exemple, si vivement épris des esquisses de la *Bataille du Mont-Thabor*[1] et de celle d'*Eylau,* de Gros, qu'il paya 2,000 francs le droit de les faire copier[2]. Il y avait

1. Le tableau n'a jamais été exécuté.
2. C'est M. Montfort qui fit la copie de la *Bataille d'Eylau ;* celle de la bataille du *Mont-Thabor* fut exécutée par M. Lehoux. Après la mort de Géricault, cette copie fut achetée par Horace Vernet, qui la donna au musée d'Avignon,

alors, me semble-t-il, dans tout son être un trouble
difficile à définir, mais impossible à méconnaître,
et qui ne devait pas tarder à être aggravé par
un accident très-sérieux qui lui arriva peu de
mois après son retour d'Angleterre.

Il était allé seul à cheval visiter de très-bon
matin cette fabrique de pierres artificielles dans
laquelle il avait un intérêt, et dont j'ai parlé. En
revenant, il trouva la barrière fermée, et pendant qu'il attendait qu'on l'ouvrît, son cheval,
animal très-vigoureux, fit un écart et le lança
par-dessus sa tête. Géricault alla tomber à plat
sur un tas de pierres. Au moment de sortir,
comme il l'a raconté, n'ayant pas trouvé la boucle
de son pantalon, il avait noué les pattes de drap,
et c'est à la pression de ce nœud contre l'épine
dorsale qu'il attribuait la vive douleur qu'il res-
sentit aussitôt. Il put cependant se relever et
gagner son domicile. Il resta quelque temps
très-souffrant; il avait un abcès dans le côté
gauche. Son médecin, méconnaissant la nature

où on la montre comme un ouvrage de l'auteur du *Radeau
de la Méduse.*

ou la gravité de son mal, lui ordonna l'exercice.
Il fait alors imprudence sur imprudence et va à
Fontainebleau. En route, le cabriolet se brise. Il
s'obstine à continuer son voyage à cheval, et
comme son abcès le gênait, il voulait à toute
force l'ouvrir avec une lardoire; on eut toutes
les peines du monde à l'en empêcher. Il arriva,
mais la fatigue avait beaucoup empiré son état.
Quelques jours après, étant allé au champ de
Mars voir les courses, il eut une rencontre, fit
un effort pour retenir son cheval; l'abcès fusa et
se répandit dans la cuisse. Après s'être mis dans
cet état pitoyable, il se décida enfin à aller passer quelques mois chez M. Dorcy, qui demeurait
alors rue du Helder, pour se soigner plus commo-
dément et pour avoir la société de son ami. Il se
remit assez bien et reprit peu à peu son travail.
Il fit, pendant ce temps de convalescence, un
grand nombre de dessins, d'aquarelles et de sépia. C'est alors aussi qu'il entreprit la suite des
douze grandes lithographies dont il avait confié
l'exécution à MM. Léon Cogniet et Volmar. Mais
le succès lui tenait rigueur. Malgré leur beauté,

LE MARÉCHAL ANGLAIS

la vente de ses ouvrages était difficile, ce qui le chagrinait outre mesure et mettait son amour-propre d'artiste à de rudes épreuves. « Un jour, me raconte M. Montfort, j'entrai dans l'atelier de M. Dorcy, où il travaillait alors ; je le trouvai entouré de dessins jetés pêle-mêle sur une table, et, à l'expression de son visage, que je connaissais bien, je jugeai qu'il venait d'éprouver quelque contrariété. Après l'échange des premiers mots, M. Géricault prit la parole et me dit : « C'est un malin que M. P... » (M. P... était un marchand de dessins très-achalandé), et il répétait avec une certaine amertume : « Oh! c'est un malin! » Et comme je lui demandais pourquoi il me disait cela : « Figurez-vous, Montfort, reprit-il, qu'il sort d'ici et que je viens de lui montrer ces dessins; eh bien, M. P... a commencé par en prendre un, puis deux, puis trois, puis le tout ; mais il y donnait à peine un coup d'œil, et, tout en me parlant d'autre chose, il les rejetait négligemment à la masse. « Savez-vous, me disait-il, que la révolution grecque va bon train : Canaris, Collocotroni, Botzaris le turcophage, font des merveilles, etc., etc., » et ce disant, il rejetait toujours les dessins qu'il avait à peine regardés. A la fin, il prit son chapeau, puis, comme il avait la main sur le bouton de la porte, il revint vers moi et, négligemment, en montrant les dessins : « A propos, combien voulez-vous de ça? » De ça, me répétait M. Géricault, comme s'il se fût agi d'un tas de ciboules. « Ah! prenez-les pour rien, étais-je tout prêt à lui dire. » Puis, abaissant les yeux vers les dessins dont le marchand n'avait pris qu'un petit nombre : « Il avait peut-être raison, fit-il; car que peuvent valoir ces méchants morceaux de papier? »

Ces moments de tristesse et de découragement ne duraient pas. Géricault était d'une entière modestie; mais il avait foi en lui-même et se sentait fort de son talent. Il se reprenait bientôt à rêver à quelqu'une de ces grandes peintures qu'il voulait exécuter « sur des murailles avec des sceaux de couleur et des balais pour pinceaux. » Deux sujets l'occupèrent surtout à cette époque : la *Traite des nègres* et l'*Ouverture des portes de l'Inquisition*. Nous ne possédons qu'un dessin

important de chacun de ces ouvrages[1], encore
ne sont-ce que des projets encore bien vagues
qu'il aurait sans doute beaucoup modifiés. Ces
deux compositions offrent pourtant de bien belles
parties, et elles sont assez complètes pour qu'on
puisse juger ce que Géricault en aurait fait s'il
eût pu les exécuter.

L'art perdait sans doute quelque chose à ce
demi-repos que le soin de sa santé imposait à
Géricault ; mais son caractère, son esprit se mû-
rissaient, et il nous est resté quelques renseignements pleins d'intérêt sur les idées qui l'occu-
paient alors. Il avait beaucoup réfléchi sur la
théorie de son art, et, lorsqu'il put sortir, étant
allé faire une promenade à Montmorency avec
quelques-uns de ses amis, il s'expliqua sur ce
sujet d'une manière complète et avec une sorte
de solennité qui les frappa vivement. Il ne leur
cachait pas le peu d'estime qu'il avait pour les
types roides et uniformes des peintres classiques.

1. Celui de la *Traite* appartient à M. de La Salle ; je l'ai
publié ; celui de l'*Inquisition,* à M. Binder. M. Léon
Lagrange possède aussi un joli croquis de ce dernier sujet.

Il disait aussi qu'un artiste ne doit se livrer à
ses inspirations que lorsque, par des études sévères, par des travaux sérieux, il a acquis une
grande connaissance de l'art, lorsque le dessin
net et précis est passé chez lui à l'état d'habitude. Il voulait que, à l'exemple de Michel-Ange,
qui tirait de prime abord une statue d'un bloc
de marbre, un peintre fût assez sûr de lui-même
pour jeter sur la toile une figure correcte, et
ajoutait qu'il fallait savoir se passer de modèle si
l'on voulait obtenir un mouvement vrai, original,
une expression sentie ; car le modèle grimace toujours et charge la nature. Il prenait de l'école
de David ce qui faisait son principal mérite : la
science ; il lui répugnait qu'on imitât les poses
académiques et les agencements conventionnels
qui faisaient alors la base de tous les tableaux.
Il trouvait sans intérêt les sujets tirés de la fable
et de l'histoire ancienne. Notre histoire nationale
lui paraissait tout aussi féconde et tout aussi poétique, et il ne voyait pas que David et Gros, l'un
en produisant le *Serment du Jeu de paume,* l'autre
en peignant les épisodes des *Pestiférés de Jaffa*

ou de la *Bataille d'Eylau,* eussent déployé moins
de talent que dans les sujets empruntés à l'antiquité païenne[1]. Géricault avait l'intention d'exposer ses opinions sur l'art dans un livre qu'il
avait commencé et dont il nous reste quelques
fragments. Il y développait ses propres idées et
combattait celles des peintres classiques. Il pensait que les artistes, eux aussi, devaient élever
la voix et s'efforcer d'éclairer et de former le
goût du public. Géricault a si peu écrit que je
donnerai en entier ces pages précieuses qui nous
font connaître l'opinion du grand artiste sur les
principales écoles de peinture, sur quelques-uns
de ses contemporains, ainsi que sur un sujet qui
a gardé toute son actualité, l'école de France à
Rome.

« J'avais eu l'intention, dit-il, de faire précéder
d'une longue préface les considérations que je
désire soumettre au public sur l'état de la peinture en France; mais je l'ai tout à fait suppri-
mée lorsque son inutilité m'a été reconnue.

1. Batissier, *Géricault,* p. 20.

« Le sujet que je vais traiter sera facilement
compris de ceux pour qui je prends plaisir à le
publier, et que leur importeront alors et mon
âge et mes titres, lorsqu'ils auront su apprécier
que je n'écris point pour mériter ou des éloges,
ou une réputation brillante, mais seulement dans
l'intérêt véritable des arts et pour être utile à ceux
qui les cultivent, en leur soumettant quelques
idées qu'ils auront déjà conçues avant moi, mais
qui, n'ayant pas été communiquées encore,
peuvent, en se répandant, apporter de nouvelles
lumières et procurer à notre école un éclat nouveau, en dirigeant tous les efforts de jeunes concurrents vers le but le plus noble et le plus élevé
de cet art enchanteur, qui n'a pu être regardé
comme inférieur à la poésie que par suite du mauvais emploi que des artistes médiocres en ont trop
souvent fait. Je me suis appliqué à ce que mes
critiques, quoique sévères, fussent toujours im-
partiales. Je puis garantir du moins que jamais
aucune faiblesse ni basse condescendance n'in-
fluenceront mon jugement. J'oserai tout dire,
comme la noble tâche que j'ai à remplir m'en

impose le devoir : je ne veux point de réputation
usurpée, et je repousse pour mon pays toute
vaine gloire dont pourraient le faire briller les
ridicules éloges des talents qu'une emphatique
nomenclature d'hommes de génie et la fas-
tueuse énumération de chefs-d'œuvre imaginaires,
qui n'existent pas même dans la pensée de leurs
auteurs (*sic*) [1]. Notre pays est assez grand de
ses vraies richesses, sans qu'il soit nécessaire
de lui en prêter. Je trouve même honteux les
efforts de certains hommes pour faire ressortir
jusqu'à nos défauts comme des qualités, comme
si l'idée de la perfection pouvait s'étendre sur
une nation en particulier. Jouissons bien de nos
avantages et nous serons assez grands, encou-
rageons nos vrais talents et nous n'aurons plus
besoin d'en gratifier une classe de gens médiocres, qui semblent espérer par leur nombre pouvoir devenir une recommandation pour leur
patrie, et partager avec le génie les honneurs et
la gloire qui en sont la juste récompense.

---

1. Je publie ces pages dans toute leur intégrité, sans me
permettre de corriger les négligences d'un premier jet.

« Il me semble entendre déjà les cris et les
réclamations d'une foule de gens, qui vont craindre que je ne nuise à leurs petits intérêts en dévoilant leur médiocrité. Qu'ils soient tranquilles :
je ne m'occuperai seulement pas d'eux, et encore
moins de leurs productions. Je m'adresserai
quelquefois, il est vrai, à des noms célèbres en
leur demandant compte de l'emploi de leur talent ; je démontrerai qu'ils en ont souvent abusé,
et je croirai faire une chose d'autant plus utile
qu'ils sont plus en évidence et doivent avoir par
conséquent une plus grande influence sur l'opinion de la multitude. Ils pourront crier au sa-
crilége, demander vengeance contre des juge-
ments inaccoutumés, en appeler à l'opinion
publique, ou plutôt aux ridicules adulations
d'écrivains mercenaires ; de ceux qui, sans les
juger, les ont constamment égarés. Leur vaine
fureur ne m'ébranlera pas, je suis au port depuis
longtemps, et, sans passion comme sans rivalité, je veux essayer de guider dans une route
sûre et vraie ceux que l'ambition n'a point encore égarés et que de dangereux éloges n'ont

point rendus insensibles à une sage critique ; et
sans m'inquiéter des petites haines que je ne
manquerai pas de m'attirer par ma sincérité (la
flatterie même n'en garantit pas), je me croirai
bien dédommagé de mes efforts si j'ai le bonheur de plaire à un petit nombre d'esprits sages
et droits, amis de la vérité.

« La supériorité des écoles anciennes d'Italie,
de Flandre et de Hollande est tellement reconnue, qu'elle peut toujours être citée sans risquer
de blesser en rien l'amour-propre de nos modernes, puisque, même en cessant de la proclamer
et d'en recommander l'étude à tous ceux qui
veulent entrer dans la carrière des arts, on a
supposé assez ridiculement que le climat avait
beaucoup contribué à l'élévation de ces écoles ;
que l'Italie, par exemple, produisait d'habiles
dessinateurs comme l'Amérique produit le café,
et que l'humidité de la Hollande devait néces-
sairement donner naissance à des coloristes. Ce
qui répondra aussi victorieusement que pourraient le faire les plus savants raisonnements à
cette ridicule assertion, c'est que l'Italie est au-

dessous de nous aujourd'hui, et que dans son
école il ne croît plus de dessinateurs, et que les
brouillards toujours humides de la Hollande ne
font plus éclore de coloristes.

« J'oserai donc assigner une cause toute différente à l'éclat surprenant dont ces divers pays
ont brillé successivement. Venise, république
riche et puissante, a vu fleurir les arts; la Hollande, maîtresse des mers, a également marqué
l'époque de sa grandeur par des chefs-d'œuvre
en tout genre. Les talents ont disparu de leur
sein après la perte de leur grandeur et de leurs
richesses. Les plus doux climats ont ainsi vu disparaître, avec la liberté, les talents qu'elle avait
enfantés, et les lauriers antiques de la Grèce fa-
vorisée ne reverdiront plus sur un sol flétri par
l'esclavage!

« Les beaux-arts n'étant point d'une première
nécessité n'ont donc pu être que le résultat
de l'abondance, et sont venus à la suite des
premiers besoins satisfaits. L'homme, exempt
d'inquiétude pour les choses de la vie, a dû
chercher des jouissances qui le garantissent de

CHEVAUX ALLANT A LA FOIRE

l'ennui où l'état même de son bonheur l'aurait
infailliblement précipité. Le luxe et les arts sont
devenus alors une nécessité, et comme la nourri-
ture de l'imagination, qui est une seconde existence pour l'homme civilisé. Ils n'ont pris d'ac-
croissement qu'en raison des besoins et des
fortunes, et sont devenus aussi indispensables
dans un grand État qu'ils seraient déplacés chez
un peuple naissant.

« Les nombreux talents dont s'honore la
France aujourd'hui me sont de sûrs garants de
n'être point démenti dans la proposition que je
viens d'énoncer.

« Cependant j'aurai à démontrer combien une
mauvaise direction, un mauvais emploi de
moyens, peuvent être nuisibles à l'esprit national et paralyser en quelque sorte toutes les
causes qui semblent réunies pour assurer notre
supériorité. C'est ici que je prie le lecteur de
m'accorder toute son attention, et de ne pas me
refuser un peu d'indulgence pour les difficultés
que je vais rencontrer à chaque pas, dans un
sujet auquel on n'a point encore osé toucher :

*Des écoles de peinture et de sculpture, et du
concours pour le prix de Rome.*

« Le gouvernement a élevé des écoles publi-
ques de dessin qui sont entretenues à grands
frais, et où toute la jeunesse est admise. Des
concours fréquents semblent y exciter une émulation continuelle, et au premier coup d'œil cette
institution paraît de la plus grande utilité et le
plus sûr encouragement qui puisse être donné
aux arts. Jamais à Athènes ni à Rome, les ci-
toyens n'ont trouvé plus de facilité pour l'étude
des sciences ou des arts, que n'en offrent en
France nos nombreuses écoles de tout genre.
Mais, depuis qu'elles sont établies, c'est avec
chagrin que j'ai remarqué qu'elles avaient produit un effet tout différent de celui que l'on semblait attendre, et qu'au lieu de servir elles sont
devenues un inconvénient réel, puisqu'en donnant naissance à des milliers de talents médiocres, elles ne peuvent s'enorgueillir d'avoir

formé les hommes les plus distingués parmi nos peintres, puisqu'ils ont été en quelque sorte les fondateurs de ces mêmes écoles, ou du moins qu'ils ont les premiers répandu les principes du goût.

« David, le premier de nos artistes, le régénérateur de l'école, n'a dû qu'à son génie les succès qui lui ont attiré l'attention du monde entier. Il n'a rien emprunté aux écoles, qui, au contraire, auraient pu lui être funestes si de bonne heure son goût ne l'avait arraché à leur influence et porté à réformer entièrement le système absurde et monstrueux des Vanloo, des Boucher, des Restout et de tant d'autres peintres alors en possession d'un art qu'ils n'ont fait que profaner. L'étude des grands maîtres et la vue de l'Italie lui inspirèrent ce grand caractère qu'il a toujours su donner aux compositions historiques, et il est devenu le modèle et le chef d'une école nouvelle. Ses principes ont rapidement développé de nouveaux talents dont le germe n'attendait que d'être fécondé, et plusieurs noms célèbres sont bientôt venus proclamer la gloire de leur maître et partager avec lui les triomphes et les couronnes.

« Après ce premier essor, cet élan vers le style noble et pur, l'enthousiasme n'a pu que s'affaiblir, quoique les excellentes leçons déjà reçues ne pussent être entièrement perdues pour le jugement, et que tous les efforts du gouvernement tendissent à prolonger autant que possible cette favorable impulsion. Mais le feu sacré, qui peut seul produire les grandes choses, va chaque jour s'éteignant, et les expositions, quoique nombreuses, trop nombreuses, deviennent chaque année moins intéressantes. On n'y voit plus de ces nobles talents qui excitaient un enthousiasme général, et qu'un public toujours appréciateur du beau, du grand, s'empressait de couronner. Les Gros, les Gérard, les Guérin, les Girodet, ne voyaient point encore s'élever de dignes rivaux de leurs talents, et, quoique chargés d'enseigner une jeunesse toute pleine d'une généreuse émulation, il est à craindre qu'ils n'emportent à la fin de leur longue et honorable carrière le regret de ne point se voir dignement remplacés. Nous

ne pourrions cependant sans injustice les accuser
de ne point prodiguer tous leurs soins à ceux
qui viennent suivre leurs leçons. D'où vient donc
cette aridité, cette disette, malgré les distribu-
tions de médailles, les prix de Rome et les concours de l'Académie? J'ai toujours pensé qu'une
bonne éducation devait être une base indispen-
sable pour toutes les professions, et qu'elle seule
pouvait assurer une véritable distinction dans
quelque carrière que l'on embrassât. Elle sert à
mûrir l'esprit et le rend plus capable, en l'éclai-
rant, de bien discerner le but vers lequel il doit
tendre. On ne peut faire le choix d'un état avant
d'avoir pu en balancer les avantages et les inconvénients, et, à l'exception de quelques tempéraments précoces, on ne voit guère les goûts se
prononcer avant seize ans : alors on peut réellement savoir ce que l'on veut faire, et l'on a encore
toute l'aptitude nécessaire à l'étude d'une profession que l'on choisit par convenance, ou vers laquelle
une passion impérieuse vous entraîne. Je voudrais
donc que l'Académie de dessin ne fût ouverte qu'à
ceux qui auraient au moins atteint cet âge. Ce

n'est point de créer une race toute de peintres
que la nation doit avoir en vue dans cet établis-
sement, mais seulement elle veut offrir au vrai
génie les moyens de se développer, et, au lieu
de cela, c'est une population entière d'artistes
que l'on a réellement obtenue. L'appât du prix
de Rome et les facilités de l'Académie ont attiré
une foule de concurrents que l'amour seul n'eût
point fait peintres, et qui eussent pu s'honorer
infiniment dans d'autres professions. Ils perdent
ainsi leur jeunesse et leur temps à poursuivre un
succès qui doit leur échapper, tandis qu'ils l'eussent employé utilement pour eux et pour leur
pays.

« L'homme vraiment appelé ne redoute point
les obstacles, parce qu'il sent pouvoir les surmonter ; ils sont souvent même pour lui un véhi-
cule de plus ; la fièvre qu'ils peuvent exciter
dans son âme n'est point perdue ; elle devient
souvent même la cause des plus étonnantes productions.

« C'est vers ces hommes-là que toute la solli-
citude d'un gouvernement éclairé doit se porter ;

LITH. PAR GÉRICAULT

ENTRÉE DE L'ENTREPÔT D'ADELPHI

AD. BRAUN & Cⁱᵉ

c'est en les encourageant, en les appréciant, en
employant leurs facultés que l'on peut assurer
la gloire de la nation ; ce sont eux qui feront re-
vivre le siècle qui aura su les découvrir et les
mettre à leur place.

« Je suppose que tous les jeunes gens admis
dans les écoles fussent doués de toutes les qualités qui doivent former le peintre, n'est-il pas
dangereux de les voir étudier ensemble pendant
des années sous la même influence, copiant les
mêmes modèles et suivant en quelque sorte la
même route ? Comment peut-on espérer après
cela qu'ils puissent conserver encore de l'originalité ? N'ont-ils pas fait malgré eux un échange
des qualités particulières qu'ils pouvaient avoir,
et fondu en quelque sorte en un seul et même
sentiment les diverses manières, propres à chacun, de concevoir les beautés de la nature ?

« Les nuances qui peuvent encore survivre à
cette espèce de confusion sont imperceptibles :
aussi est-ce avec un vrai dégoût que l'on voit
chaque année dix ou douze compositions, d'une
exécution à peu près semblable, peintes d'un

bout à l'autre avec une perfection désespérante,
et n'offrant plus rien d'original. Ayant fait depuis
longtemps abnégation de ses propres sensa-
tions, aucun des concurrents n'a pu conserver
de physionomie. Un même goût de dessin, une
même couleur, des ajustements dans le même système et jusqu'aux gestes et aux expressions de tête,
tout semble, dans ces tristes résultats de notre
école, sorti d'une même source, inspiré par une
seule âme, si toutefois on admet que l'âme puisse
encore, au milieu de cette dépravation, conserver quelques-unes de ses facultés et présider en
rien à de semblables travaux.

« Je dis bien plus, et si les obstacles et les difficultés rebutent un homme médiocre, ils sont
au contraire nécessaires au génie et comme son
aliment; ils le mûrissent et l'exaltent : il serait
resté froid dans une route facile. Tout ce qui
s'oppose à la marche dominante du génie l'irrite
et lui procure cette fièvre d'exaltation qui ren-
verse et domine tout et produit les chefs-d'œuvre.
Voilà les hommes qu'il est glorieux à une nation
d'avoir produits, et ni les événements, ni la pau-

vreté, ni les persécutions, ne ralentiront leur essor.
C'est le feu d'un volcan qui doit absolument se
faire jour, parce qu'il est dans son organisation
une nécessité absolue de briller, d'éclairer,
d'étonner le monde. Espérez-vous donc créer des
hommes de cette race ? L'Académie fait malheureusement plus : elle éteint ceux qui possédaient
quelques étincelles du feu sacré ; elle les étouffe en
ne laissant pas à la nature seule le temps de développer leurs facultés, et, en voulant produire des
fruits précoces, elle se prive de ceux qu'une plus
lente maturité aurait rendus savoureux[1]. »

1. Le manuscrit de ces fragments (douze pages sur papier
écolier) appartient à M. Feuillet de Conches, qui a bien
voulu m'autoriser à le publier.

XIV.

A la fin de 1822, Géricault paraissait rétabli;
il retourna à son atelier de la rue des Martyrs et
reprit, pendant quelque temps, son travail et ses
habitudes ordinaires. Mais ce n'était qu'un moment de répit; l'abcès reparut, et cette fois avec
les symptômes les plus graves; le mal, assez léger
à l'origine, était venu se greffer sur une santé
délabrée. Il fit en peu de temps des progrès
effrayants. M. Biète, médecin de l'hôpital Saint-
Louis, appelé en consultation, ordonna le repos
le plus absolu. Géricault s'alita au mois de

février 1823. La mort le tenait; il ne devait pas se
relever et sa longue agonie commença. Pendant
onze mois il supporta, avec une fermeté constante, les étreintes du mal et les opérations plus
douloureuses encore, jusqu'au moment où la
tumeur qui s'était formée près des vertèbres, et
qui se renouvelait sans cesse, eut carié les os. Il
expira dans une crise, le 26 janvier 1824; il était
âgé de trente-trois ans[1].

---

1. « Géricault (Théodore), peintre. — Du lundi vingt-
six janvier mil huit cent vingt-quatre, à midi, acte de décès
de Théodore Géricault, peintre, âgé de trente-trois ans, né à
Rouen, décédé ce matin à six heures, rue des Martyrs, n° 23,
célibataire. Les témoins ont été MM. Pierre-Joseph Dedreux,
peintre, âgé de trente-trois ans, demeurant rue Taitbout,
n° 9, et Antoine-Henri Huré, joaillier, âgé de trente-trois
ans, demeurant quai de l'Horloge, n° 5, lesquels ont signé
avec nous. . . . .
« Registre du 2ᵉ arrondissement de Paris. »

L'église de Notre-Dame-de-Lorette n'était pas construite
à cette époque, et le service funèbre de Géricault se fit dans
une petite église qui se nommait, si je ne me trompe, chapelle
de Saint-Vincent-de-Paul, située dans la rue du Faubourg-
Montmartre, à gauche en allant au boulevard, sur l'emplacement occupé depuis par une école communale, tenue par les
sœurs et qui vient d'être démolie (1867).—On remarqua beaucoup dans le cortége un homme en costume oriental qui suivait
en sanglotant, et qui, selon l'usage de son pays, portait dans un

Pendant cette longue et cruelle maladie, deux de ses plus jeunes amis, dont j'ai plusieurs fois déjà utilisé les souvenirs, le soignèrent continuellement, et je ne peux mieux faire que de leur donner la parole.

« Pour ses amis qui l'ont suivi durant ses jours d'épreuves, m'écrit M. Montfort, il n'en est pas un qui n'ait admiré son courage, sa patience, son égalité d'humeur et son enjouement même, lorsque le mal lui laissait quelque répit. Pendant les onze mois qu'il garda le lit, il n'était pas possible qu'il n'éprouvât pas de rares

pan de sa robe de la cendre dont il se jetait des poignées sur la tête en signe de deuil. C'était Moustapha, pauvre Turc que Géricault avait rencontré dans les rues de Paris avec quelques autres naufragés de la même nation, et qu'il avait pris à son service. Ce brave homme avait pour son maître l'attachement d'un chien. Il couchait sur une natte à la porte de sa chambre et le servit avec un dévouement et une fidélité extraordinaires. Cependant ses manières excentriques effrayaient le père de Géricault, qui finit par obtenir de son fils qu'il s'en séparât. Moustapha avait quelques épargnes, et il entreprit un petit commerce de pastilles du sérail, qui lui procura une jolie aisance; mais il resta toujours profondément reconnaissant de l'intérêt que Géricault lui avait témoigné. — Après le service à l'église, le corps fut conduit au cimetière du Père La Chaise et déposé provisoirement dans le caveau de

moments de découragement; mais la conscience
de sa jeunesse et le désir de vivre, pour réaliser
ce qu'il avait dans l'esprit, relevaient bientôt ses
espérances. C'est ainsi qu'il me demanda de lui
faire la copie de la *Bataille d'Eylau*, lorsqu'il
était déjà très-mal et alité depuis longtemps. Je
travaillais dans une petite chambre à côté de la
sienne, et, lorsqu'il était seul, il m'appelait pour
causer. Nos entretiens, qui touchaient à bien des
choses, revenaient naturellement sans cesse à la
peinture. Heureux de l'entendre et captivé par sa
chaleur communicative, il m'arrivait souvent, ma

la famille Isabey. Plusieurs années après, vers 1840, on fit une
souscription pour élever un monument à Géricault. Le ministre
de l'intérieur fournit le marbre, et M. Étex sculpta la statue.
Elle représente Géricault étendu à terre, enveloppé dans un
manteau et tenant d'une main sa palette et de l'autre un pinceau. La statue fut mise sur le tombeau et y demeura quelques
années. Mais plus tard elle fut enlevée, transportée à Rouen, et
placée au bas de l'escalier du musée de peinture à l'hôtel de
ville, où elle est encore. — Le tombeau actuel, situé tout près
de la chapelle, consiste en un stèle carrée sur laquelle est
sculptée une palette. Le nom de Géricault est inscrit au-dessous, en grosses lettres. — M. Mocquart, ami de Géricault,
prononça sur sa tombe un discours, rapporté dans le tome I de
la *Galerie du Palais-Royal*, à l'article *Chasseur à cheval*.

journée de travail terminée, d'oublier d'aller dîner
et de rester avec lui jusqu'à onze heures du soir.
Je dois dire toutefois que, malgré le charme
que je trouvais à être avec lui, ce n'était pourtant pas toujours cette raison seule qui me rete-
nait : il s'y mêlait aussi un sentiment moins
personnel. La journée, parfois, avait été très-
mauvaise pour lui; il était triste, découragé, et,
comme en causant il semblait oublier son mal,
je restais, reculant le plus possible mon départ,
et répugnant à l'idée de le laisser seul avec la
perspective d'une nuit sans sommeil. Un jour,
j'avais manqué, je ne sais par quel motif, de venir travailler à ma copie, et comme, le lendemain, M. Géricault m'en faisait la remarque et
que je m'en excusais de mon mieux, il m'arrêta
pour me dire qu'il n'y avait dans ses paroles aucune pensée de reproche et que, quant à lui, il
souhaiterait que la copie durât toujours. Ces paroles, si affectueuses dans la bouche d'un homme
que je considérais comme une joie d'avoir connu,
me touchèrent profondément, et je me promis
bien de ne plus m'absenter désormais : elles me

permirent en même temps de juger combien les journées étaient tristes et longues pour lui. C'est en ramenant mes souvenirs sur ces longs entretiens journaliers que je pourrais faire connaître quelques-unes de ses pensées et de ses opinions sur l'art. Plein d'admiration pour les ouvrages de quelques-uns des peintres contemporains, et en particulier pour ceux de Gros, dont il parlait avec une éloquence entraînante, il trouvait cependant que c'était surtout aux anciens qu'il fallait recourir pour l'étude. La peinture est là, me disait-il, et, se servant de la comparaison de l'abeille, qui compose son miel du suc de différentes fleurs, il ajoutait qu'en les étudiant on composait aussi son miel à soi. Porté vers l'école italienne plus que vers toute autre, il disait aussi qu'il n'y avait pas besoin du secours des couleurs pour faire de belles choses, et que les maîtres avaient produit des œuvres admirables avec du noir et du blanc. Et pourtant il professait un grand enthousiasme pour Rubens et pour Rembrandt, et il ne parlait qu'avec amour des tableaux de genre hollandais et flamands. Malgré cela lorsqu'il passait de ces grands génies aux hommes de son temps, il trouvait aussitôt des paroles pleines de chaleur et leur donnait les éloges les plus sincères. Un jour, je lui parlais du tableau du *Sacre*, de David, que je ne connaissais pas alors : « La moitié de ce tableau, me dit-il, est magnifique; c'est aussi beau que Rubens. » Et comme je le regardais étonné, il reprit : « Oui, Montfort, tout aussi beau! » Avec quelle passion ne me dépeignait-il pas, parmi les œuvres de Gros, soit la *Peste de Jaffa*, soit la *Bataille d'Aboukir* ou celle de *Wagram*, avec une pièce d'artillerie, à la droite du tableau, enlevée au galop par des chevaux couverts d'écume, et dont les roues font voler la boue dans leur mouvement rapide; puis encore, je lui demandais dans quel tableau moderne il trouvait les plus grandes qualités de dessin : il me cita, dans *les Pestiférés de Jaffa*, les figures sur le devant de la composition. Une autre fois, je lui rappelais la *Révolte du Caire*, de Girodet. « Oh! c'est très-beau, » me dit-il, et, me citant avec éloges plusieurs des figures de cet ouvrage, il ajouta : « C'est encore

17

plus *Turc* que Gros. » Dans une autre circonstance, je venais de voir *la Justice poursuivant
le Crime,* de Prud'hon; je lui en parlai, il en fit
un grand éloge; je lui fis observer que, dans le
jeune homme mort, les contours n'étaient pas
arrêtés, qu'ils semblaient perdus dans le fond,
et je lui demandais s'il aimait cela. « Oh!
non, me dit-il; pas du tout.» Et comme je me
montrais surpris de ce qu'il me disait, après
les louanges qu'il avait données au tableau et
à l'auteur, il ajouta : « Pour moi, si je pouvais tracer mon contour avec un fil de fer, je
le ferais. » Un jour qu'il parlait devant moi de
faire, d'après nature, un détail assez insigni-
fiant, je lui demandais si c'était une obligation
de tout faire d'après le modèle; c'est alors qu'il
me répondit : « Assurément, pour moi, je ne
ferais pas un torchepinceau sans nature. » Peut-
être, dans ce cas, exagérait-il à dessein sa
pensée : j'étais très-jeune alors, et il pouvait
craindre qu'entraîné par l'exemple de mon maître
Horace Vernet, doué d'une mémoire exception-
nelle, prodigieuse, je me crusse appelé à faire

comme lui et à négliger, par suite, l'étude de
la nature.

« A l'exposition de 1819 figurait le portrait de
M. de Nanteuil, par Pagnest ; et comme M. Géricault en parlait avec de grands éloges, et que
j'avais été moi-même très-frappé de cette peinture, j'allai jusqu'à dire devant lui que cela semblait être la nature elle-même et non de l'art, et
que je n'avais jamais rien vu de Van Dyck qui
m'eût fait une pareille impression. Et comme je
l'interrogeais du regard pour savoir s'il parta-
geait mon sentiment, il me dit ces simples mots :
« Oh ! Montfort, c'est bien beau, Van Dyck ! » et
je compris qu'il ne sacrifiait pas Van Dyck à
Pagnest. Il admirait beaucoup le cheval du portrait de l'électeur de Brandebourg par le peintre
flamand. Les trois plus beaux chevaux peints
qu'il eût vus étaient un de Gros, un de Rubens
et un de Raphaël (celui, autant que je puis me
rappeler, qui se trouve dans la fresque d'Attila,
au Vatican). A cette époque, on faisait peu de
peinture murale soit dans les églises, soit dans
les monuments publics, ce qui faisait dire à

M. Géricault que, sous ce rapport, les anciens
étaient mieux partagés que nous : « Aujourd'hui,
continuait-il, on vous commande un tableau, et,
s'il n'est pas réussi, c'en est fait de vous. Tel
n'était pas le cas autrefois : l'on vous donnait
une chambre à peindre, et si l'on échouait sur
l'une des murailles, il en restait trois autres pour
se rattraper. » Bien que forcé de garder continuellement le lit et souvent même sans changer
de position, M. Géricault ne demeurait pas pour
cela oisif : souvent il faisait des croquis de chevaux; il dessina plusieurs fois sa propre main[1].
Il copia patiemment à l'aquarelle, et dans ses
moindres détails, plusieurs dessins indiens qui
lui avaient été prêtés : ils représentaient des
femmes dont il admirait beaucoup la délicatesse
et le caractère précis, et des chevaux qu'il trouvait pleins de physionomie et de race. Il copiait
aussi des lithographies de Charlet, et il répon-
dait, à ceux qui s'en étonnaient, qu'il fallait faire
son profit du bien partout où on le rencontrait.

1. M. Lehoux possède une de ces mains aux crayons
rouge et noir.

« Dans ses moments de calme, et quand l'espérance de guérir prenait le dessus, il confiait à
ses amis quelques-uns de ses projets : il avait l'intention de peindre la *Traite des nègres,* ce qu'il
considérait comme un très-beau sujet; il songeait
aussi à la *Reddition de Parga,* « et je ferai aussi,
disait-il, un tableau de chevaux grands comme
nature, et un de femmes, mais des femmes, des
femmes!... » Ces dernières paroles impliquaient
l'idée de la force qu'il ne séparait guère de la
beauté. D'autres jours, au contraire, il était profondément découragé ; il se voyait mourir et
s'écriait : « Si j'avais seulement fait cinq tableaux ; mais je n'ai rien fait, absolument rien! »
Suivant lui, en effet, il était resté dans son
tableau de la *Méduse* bien loin du but qu'il se
proposait d'atteindre.

« On se ferait difficilement l'idée d'un caractère plus élevé et plein en même temps d'une
simplicité aussi grande. Sa bonté, sa bonhomie
même envers nous tous[1], qui étions alors presque

1. MM. Robert-Fleury, Eugène Lami, Lehoux, Jamar et
quelques autres.

encore des enfants, était incomparable. Il savait
se mettre à notre portée, et pour ainsi dire à
notre niveau, sans que cela diminuât en rien
l'admiration sincère que nous avions pour lui.
Aussi, entendant parfois dire autour de moi :
« Ce fou de Géricault a fait ceci ou cela, » je
m'en étonnais singulièrement; car tous les conseils qu'il nous donnait, soit sur notre manière
d'agir dans la vie, soit pour ce qui touchait à
notre art, étaient pleins de sagesse. Il avait une
modestie et une pudeur extrêmes, et une disposition à admirer les autres que l'on rencontre
bien rarement chez les artistes. Une fois, lorsqu'il était déjà bien mal, en entrant dans sa
chambre dont la porte était au pied du lit, je le
trouvai une feuille de papier dans les mains,
qu'il était en train de considérer. « Tenez, Montfort, regardez cela, » s'écria-t-il en me jetant la
feuille sur le pied du lit. Je la pris, je la regar-
dai à mon tour. C'était un dessin à la mine de
plomb représentant une femme d'un très-beau
caractère. « C'est d'Ingres, » reprit-il; et comme
je tournais les yeux vers lui pour lui exprimer le

plaisir que me causait ce beau dessin, il ajouta :
« C'est comme Raphaël. »

« Dans les derniers temps de cette longue et
cruelle maladie, me dit de son côté M. Lehoux,
où il montra tant de force d'âme, où il eut tant à
souffrir, et du mal qui le minait et du traitement
souvent plus cruel qu'on lui infligeait, je le veil-
lais alternativement avec M. Dorcy; je passais
la nuit auprès de lui, couché sur un divan, afin
d'être à même de lui donner les soins que ré-
clamait sa position. Combien je me rappelle vivement la tristesse de ces longues nuits! car même
lorsque le mal lui laissait quelque trêve et qu'il
se reprenait à espérer, je ne savais que trop que
la mort serait le terme de cette horrible maladie. Je revois son modeste intérieur. Je me plais
à me reporter, par la pensée, dans cette petite
chambre de la rue des Martyrs. Elle était très-
simplement meublée : un petit lit en fer garni
de grands rideaux blancs où je l'ai vu si longtemps souffrir avec tant de courage et de résignation, une ancienne commode avec un marbre
blanc, placée au pied du lit; une petite table,

un grand fauteuil jaune, et ce divan sur lequel
on couchait pour le veiller. Les murs étaient
couverts d'un papier de tenture gris qui dispa-
raissait presque entièrement sous des gravures et
de belles copies d'après les maîtres de toutes les
écoles qu'il avait faites dans sa jeunesse. Il avait
réuni là celles qu'il affectionnait le plus : le
Christ au tombeau et le *Martyre de saint Pierre,*
d'après Titien ; une copie d'après Fabricius, représentant un guerrier assis devant une muraille
éclairée par un rayon de soleil. D'autres encore
d'après M. Gros, et quelques études de chevaux.....

« En dehors de la peinture qui tenait toujours
une grande place dans nos entretiens, il se plaisait soit à des réflexions sur les lectures que nous
lui faisions, soit à parler de lui, de sa jeunesse,
sujet qu'il savait bien devoir nous intéresser et
auquel nous ne manquions pas de le ramener
fréquemment. Il nous donnait, sur la manière
dont nous devions marcher dans la vie, des conseils que nous écoutions avidement, captivés et
comme sous le charme d'une fascination. Il me

dit, à plusieurs reprises : « Aimez bien votre
mère, car personne ne vous aimera comme elle :
ni votre maîtresse, ni votre femme!..... »

C'est de ce lit de douleur qu'il écrivit à M. Eugène Isabey, très-jeune alors, une charmante
lettre, sa dernière, je crois. « J'ai vu hier ton
cher papa, qui veut bien prendre mille soins de
moi et qui m'a assuré que tu aurais quelque plaisir à recevoir ce bonjour de moi. De dedans mon
lit, je te l'envoie, mon cher Eugène, avec mille
amitiés et surtout avec un peu plus d'espoir que
je n'en avais lorsque tu es parti, puisque je crois
réellement éprouver un peu de mieux. Néanmoins je n'ose pas encore trop chanter victoire,
par la crainte de retomber tout à plat. Je t'envie
tellement la faculté de travailler, que je puis, sans
crainte d'être taxé de pédant, t'engager à ne pas
perdre un seul des instants que la bonne santé te
permet de si bien employer. *Ta jeunesse aussi
se passera, mon jeune ami.* Adieu. Tout à toi de
cœur. Géricault. »

Au dire des contemporains de Géricault, ses
portraits ne donnent de lui qu'une idée très-im-

parfaite. Les uns le représentent tout jeune, flatté
ou plutôt atténué et enjolivé ; d'autres, lorsque
la maladie avait déjà cruellement exercé ses ravages. Il était blond ; la barbe avait même une
teinte rousse assez prononcée. Sa tête était bien
construite, régulière et très-noble. La mâle
énergie du visage était tempérée et embellie par
une expression très-marquée de douceur : comme
illuminée par un rayon vif de son âme affectueuse
et chaude ; ses yeux surtout, pleins d'éclairs et
de caresses, avaient un charme irrésistible.
Plutôt grand que petit, il avait une stature forte
et svelte. Il était remarquablement bien fait, et
Vernet assurait qu'il n'avait jamais vu un plus
bel homme ; les jambes surtout étaient superbes:
celles de l'éphèbe qui tient le cheval au milieu de
la *Course de chevaux libres,* me dit M. Dorcy.
Très-soigné dans sa mise, il suivait la mode non
sans quelque affectation : il était homme du
monde ; mais l'égal des plus brillants cavaliers
de l'époque restait l'ami et le bon camarade de
ses plus humbles compagnons d'atelier. Lui, le
grand artiste, avait surtout, ce que je ne soup-

çonnais pas en commençant cette étude, un cœur excellent. Tous ceux qui l'ont connu m'ont parlé de la même manière de l'empire incroyable qu'il exerçait, et après quarante ans, ils sont encore sous le charme. Il inspirait à chacun cette sympathie franche et vive que lui-même ressentait pour tous.

La mort prématurée de Géricault est un malheur immense, irréparable pour notre école. S'il eût atteint le terme ordinaire de la vie humaine, et confirmé par des succès réitérés les promesses de ses débuts, une ère nouvelle se serait peut-être ouverte pour l'art français. Son influence a sans doute été très-grande et elle dure encore. Il a puissamment agi sur nos peintres de genre, sur nos paysagistes, et d'une manière plus marquée, plus évidente, sur Delacroix, sur Decamps et sur le sculpteur Barye. Mais les grands exemples qu'il aurait donnés à ces artistes si brillamment doués, le secours de sa main ferme, puissante et si douce leur a manqué trop tôt. Il fallait un pareil maître, si savant, si convaincu, disposé à tout comprendre et à tout aimer, pour élever et pour discipliner les peintres contemporains, pour les guider sur la route dangereuse du naturalisme où plus d'un s'est égaré. Ils auraient subi sans répugnance et sans révolte l'ascendant de son génie, car il était l'un d'entre eux. Ils le comprenaient, ils l'admiraient et l'aimaient. Cependant je ne voudrais pas exagérer ma pensée. Le temps des grandes écoles fidèles et compactes est passé. On ne saurait assigner de limites aux progrès des sciences. Aussi longtemps que durera le monde, elles s'élèveront d'assise en assise, d'étage en étage, chaque siècle et chaque savant dépassant et surpassant celui qui l'a précédé, apportant un fait, un point de vue nouveau, une découverte, dévoilant à son tour quelqu'un des mystères de l'univers physique. Il n'en est pas ainsi dans le domaine de l'imagination. Toutes les idées et toutes les formes, toutes les combinaisons pittoresques et poétiques ont été essayées. L'homme a fait depuis longtemps le tour des choses de l'esprit. A cet égard la civilisation est accomplie, et comme elle ne disparaîtra pas dans quelque cataclysme de barbarie, il ne se trou-

vera plus de ces artistes de génie qui découvraient,
au détour d'un siècle, une contrée inconnue, un
horizon nouveau, une face jusqu'alors ignorée
de l'humaine vérité. Ceux-là étaient bien vraiment des maîtres, des inventeurs et des promo-
teurs. Depuis quelques siècles déjà nous assistons
à un tout autre spectacle. Le monde n'est pas
fini pour cela. Nous avons eu dans notre époque
moderne, et nous aurons encore de grands poëtes
et de grands peintres capables de grouper autour
d'eux, pendant un temps plus ou moins long,
des élèves et des disciples; ils apporteront une
nuance, quelque interprétation nouvelle; ils don-
neront une certaine impulsion et le ton; mais
c'est tout. Depuis la renaissance, l'esprit humain
s'est émancipé. Il échappe de plus en plus à la
contrainte étroite de l'exemple, à l'influence dominante du temps et du lieu. Chacun puise avec
liberté dans la tradition, ce trésor d'expérience
qu'ont amassé les siècles, et revêt d'une forme
savante une pensée, un sentiment personnels.
De sorte que désormais on verra de grands
artistes originaux et isolés qui se rattacheront,

suivant la nature de leur talent, à des doctrines
déjà représentées dans le passé, plutôt que de
grands chefs d'école. Et c'est à mon sens un
honneur pour notre pays et pour notre temps
d'avoir produit des génies aussi puissants et aussi
divers que les David, les Gros, les Prud'hon, les
Géricault. Ils portent sans doute l'empreinte de
la société dans laquelle ils ont vécu; ils appartiennent à une race et à une époque déterminées,
et on le voit. Mais ils se sont moins soumis
qu'ils ne l'eussent fait dans un autre âge à la loi
fatale, et je ne saurais reconnaître un signe de
décadence dans ce caractère d'originalité, de
vérité individuelle, dont leurs ouvrages portent
une marque si frappante.

CATALOGUE RAISONNÉ

DE

L'ŒUVRE DE GÉRICAULT

La classification du catalogue des peintures,
des sculptures, des dessins et des lithographies
de Géricault, que je présente au public, m'a
beaucoup embarrassé. Dans un travail de ce
genre, lorsqu'on peut le suivre absolument,
l'ordre chronologique est sans contredit le meilleur. Il est simple, naturel et fournit les indications les plus précieuses sur les évolutions du
génie de l'artiste. Je n'ai pas hésité à l'adopter
pour les œuvres dont on connaît la date précise.
Mais il restait à disposer cette foule d'esquisses,
d'études, de dessins sur lesquels nous ne possédons point de documents certains, et qui, vu la
brièveté de la vie de Géricault et la rapidité (on

18

pourrait dire l'instantanéité) de son développement, ne présentent pas de ces caractères tran-
chés qui permettent de les rapporter à une
époque déterminée de sa vie. Après bien des
hésitations, des tâtonnements, des essais, je me
suis décidé à grouper ces ouvrages auprès de
ceux de même nature dont la date nous est
connue; cette méthode aura au moins l'avantage
de mettre de la clarté dans mon travail et de
faciliter les recherches. C'est ainsi que j'ai réuni
une grande partie des études d'atelier, les académies proprement dites, ainsi que les chevaux
isolés qui pour la plupart sont antérieurs aux
deux cavaliers du Louvre; puis, après ces deux
ouvrages et d'autres compositions militaires, les
animaux divers, quoique je sache bien que quelques-uns d'entre eux ont été faits d'après nature
au *Zoological Garden* de Londres; enfin, après
les courses des chevaux montés que Géricault
peignit en Angleterre, les sujets de chevaux
qui ont le caractère de tableaux et un certain nombre de compositions qui appartiennent
évidemment aux dernières années de sa vie.

Cette méthode n'est pas rigoureuse, je le sais :
c'est un compromis ; elle a les défauts de
tous les compromis, et si je l'ai adoptée, ce
n'est pas que je la trouve parfaite, mais parce
que je n'ai pas su en imaginer une meilleure.
On trouvera d'ailleurs dans ce catalogue des
erreurs et des lacunes, et, bien loin de les dis-
simuler, je les signale hautement pour qu'on me
donne les moyens de corriger les unes, de combler les autres. En commençant cette partie de
mon travail, je n'avais d'autre intention que de
m'instruire moi-même et de me mettre en état,
par une étude détaillée et approfondie, de juger
le grand artiste et d'écrire sa vie, de sorte que
dans bien des cas j'avais négligé de prendre des
notes suffisantes sur des ouvrages qu'il ne m'a
pas été possible de revoir, et qui se trouvent incomplétement et peut-être inexactement
décrits. Je sollicite de toutes les personnes qui
ont à cœur la gloire de notre grand peintre,
des renseignements qui me permettront de faire
disparaître ces imperfections.

CATALOGUE RAISONNÉ

DE

L'ŒUVRE DE GÉRICAULT

PEINTURES.

(1810 — 1812.)

1. PORTRAIT DE GÉRICAULT PEINT PAR LUI-MÊME. Il est représenté encore imberbe, âgé de dix-huit ou dix-neuf ans. Cette intéressante peinture, sur papier verni, appartient par indivis à MM. Henri et Félix Moulin, à Mortain.

H., 20. — L., 14 cent.

2. PORTRAIT DE M. FÉLIX BONNESŒUR. Ce portrait de famille a été exécuté vers la même époque que le précédent. — A M. Félix Moulin, à Mortain.

H., 53. — L., 44 cent.

3. ENSEIGNE D'UN MARÉCHAL FERRANT. Cet ouvrage, que Géricault peignit à Rouen dans sa première jeunesse,

pendant un des séjours qu'il fit dans sa ville natale, m'est inconnu.

H.,   — L.,

4. CHAR ANTIQUE. Il est attelé de deux chevaux qui s'enlèvent au galop, et conduit par une jeune femme que dirige un jeune homme placé derrière elle. Cette peinture, de la première jeunesse de Géricault, a un très-grand intérêt par sa date. Ce n'est qu'une copie d'après une gravure de Carle Vernet; mais on y trouve déjà l'énergie de Géricault et son originalité de facture. Les chevaux sont beaucoup plus terminés que le reste. — A M. Smith.

H., 60. — L., 76 cent.

5. LE DÉPART D'ULYSSE. Ulysse, accompagné de Pénélope et de Télémaque, suivis de plusieurs femmes, est sur le point de s'embarquer : il pose le pied sur le bord du bateau, où l'attendent ses compagnons; l'un d'eux lui tend la main pour l'aider à monter. Composition importante de dix-huit figures.

Géricault a peint cette curieuse esquisse lorsqu'il était encore dans l'atelier de Guérin.—A M. Camille Marcille.

H., 49. — L., 68 cent.

6. ACADÉMIE. D'après le modèle Cadamour. De grandeur naturelle et jusqu'à la cuisse, la hanche recouverte d'une draperie rouge. La figure est vue par le dos, retournant la tête vers le spectateur, le bras droit baissé, le gauche porté horizontalement en avant et replié. — A gauche, dans le bas, une figure nue couchée sur le dos, sur la table à modèle, très-largement ébauchée. Fond de ciel nuageux. — A. M. Leconte.

H., 78. — L., 62 1/2 cent.

7. Académie. Homme debout : la tête est vue de profil. Le bras droit est posé sur une table à modèle, à la hauteur de la poitrine. La main gauche tient un bâton qui est appuyé sur le sol, près de la jambe gauche. — A M. Camille Marcille.

H., 80. — L., 64 cent.

8. Académie. Jeune homme assis sur un rocher, et jouant de la flûte. La jambe droite est repliée; la gauche est en avant. Des vagues battent le rocher. Fond de ciel. — A M. Camille Marcille.

H., 59. — L., 49 cent.

9. Académie. Homme debout : de ses deux mains il tient une corde sur laquelle il tire. — A M. Camille Marcille.

H., 80. — L., 64 cent.

10. Académie. Homme debout, la jambe gauche en avant, les deux mains croisées sur la tête, qu'il tourne à gauche, Il porte un glaive de forme antique attaché par un ruban rouge et il est chaussé de cothurnes. Fond de montagnes, ciel très-sombre à peine éclairé à l'horizon à droite. — A M. de Triqueti.

H., 75. — L., 60 cent.

11. Académie. Homme couché. Il a le bras étendu vers la droite. Cette étude doit avoir été faite à l'atelier de Guérin. — A M. Binder.

H., 50. — L., 67 cent.

12. Académie. Homme nu. — Vente Delacroix, février 1864, 200 fr. (n° 226 du catalogue.)

H., 28. — L., 21 cent.

13. Buste de jeune homme. Il est tourné à droite et vu de trois quarts. Ses cheveux sont ébouriffés, ses moustaches naissantes. Le cou nu est entouré d'un vêtement bordé de fourrure. Signé dans le fond à droite : « Géricault. » Cette étude doit avoir été faite à l'atelier de Guérin, dont elle rappelle la manière. — A M. His de La Salle.

H., 44. — L., 36 cent.

14. PORTRAIT D'UN JEUNE GARÇON ASSIS DANS LA CAMPAGNE. — Vente Delacroix, 370 fr. (n° 225 du catalogue).

H., 45. — L., 38 cent.

15. TÊTE D'HOMME. — Vente X. Hôtel Drouot, 11 février 1867.

H.,   — L.,

16. GRAND PAYSAGE EN HAUTEUR. Dans le genre du Guaspre. Au second plan des pêcheurs mettent à l'eau une barque. Vente Ary Scheffer, mars 1859, 1,150 fr. — A M. Dornan. — Le pendant de ce tableau, qui m'est inconnu, se trouvait dans l'atelier de Géricault, au faubourg du Roule, pendant l'exécution de *la Méduse*.

H., 2 m. 54. — L., 2 m. 20 cent.

17. MARINE. Au premier plan à gauche, une barque échouée, et près d'elle deux personnages en costume grec moderne; à droite, de hautes falaises. Ciel couvert, mer orageuse obscurcie dans la partie moyenne du tableau par l'ombre d'un nuage. — Cette belle pochade a appartenu à M. Paul Flandrin, puis à M. Moureaux, qui l'a vendue récemment à M. Alfred Stevens pour le prix de 700 francs.

H., 45. — L., 55 cent.

18. TURC MONTÉ SUR UN CHEVAL ALEZAN BRULÉ QUI GALOPE A DROITE. Il est vêtu d'un costume bleu, coiffé du turban,

et se baisse à droite pour ramasser sa lance avec son
sabre. Dans le fond à droite, deux cavaliers tracés à
la plume. Cette intéressante esquisse a été faite d'après
une composition de Carle Vernet qui a été lithographiée.
— A M. de Triqueti.

H., 36. — L., 45 cent.

19. Épisode de la guerre d'Égypte. Au premier plan,
un cheval blanc qu'un mameluck s'efforce d'emmener;
à gauche en arrière, un autre cheval, et dans le coin,
du même côté, des armes suspendues; au fond, un incendie. — A M. Valferdin.

H., 16. — L., 25 cent.

20. Un croisé, la lance a l'épaule, sur un cheval gris-
isabelle. Il est tourné à droite et fait cabrer sa monture au-dessus des cadavres d'un Maure et d'un cheval.
Au second plan, à droite, un cheval sans cavalier s'en-
fuit en retournant la tête. Fond de montagnes. — A
M. Herpin.

H., 44. — L., 52 cent.

21. Cheval blanc debout dans une écurie. Il est de profil
et tourné à gauche. Au second plan à gauche, un autre
cheval avec une couverture, vu en trois quarts par la
croupe. On aperçoit, au-dessus de la croupe du cheval
blanc, la tête d'un troisième cheval. D'après une inscription placée sur la traverse du châssis, cette étude aurait
été peinte à Versailles en 1810, et elle représenterait
trois étalons célèbres. Le premier se nommait *Tamerlan;*
le second, à gauche, *Néron.* — De bons juges pensent
que cet ouvrage n'est qu'une copie du tableau original
qui aurait disparu. — A M. Berville.

H., 46. — L., 54 cent.

22. TROMPETTE DE LANCIERS POLONAIS SUR UN CHEVAL
   BLANC. Le cheval tourné à gauche se cabre. Dans le
   fond, à droite, on aperçoit quelques lanciers. Cette pein-
   ture un peu sèche est probablement de la jeunesse de
   Géricault. — Vente Collot (n° 39 du catalogue). — A
   M. James-Nathaniel de Rothschild.

H., 40. — L., 32 cent.

23. CHEVAL TURC DANS UNE ÉCURIE. Il est bai brun, vu de
   trois quarts par la croupe, la tête tournée à gauche, et
   porte une selle orientale richement ornée. Devant lu.,
   la mangeoire. — Sur papier marouflé. — Vente Mosselman, 1849, 750 fr. — Musée du Louvre (n° 247 du catalogue).

H., 35. — L., 25 cent.

24. CHEVAL ESPAGNOL DANS UNE ÉCURIE. Il est bai brun,
   vu de profil et tourné vers la droite. On aperçoit dans
   une stalle au fond de l'écurie un autre cheval de même
   robe, tourné à gauche avec une couverture. — Vente
   Mosselman, 520 fr. — Musée du Louvre (n° 248 du
   catalogue).

H., 50. — L., 60 cent.

25. CHEVAL ALEZAN DORÉ. Il est tourné à droite et attaché
   par sa longe dans une écurie. Un coq et trois poules
   picorent autour de lui. Superbe pochade signée à gauche
   en rouge : *G.* — Sur papier marouflé. — A M. His de
   La Salle.

H., 28. — L. 36 cent.

26. CHEVAL NOIR SORTANT DE L'ÉCURIE. Le cheval est vu de
   profil, tourné à droite, avec une couverture rayée ; le
   palefrenier, en manches de chemise, le tient par sa longe.
   A gauche, on aperçoit deux autres chevaux dans leurs
   boxes. On assure qu'Horace Vernet a travaillé à ce ta-

bleau. — C'est sans doute cet ouvrage qui a été lithographié par Volmar, sous le titre *l'Étalon,* dans le tome II
de la *Galerie du Palais-Royal.* — Vente du roi Louis-
Philippe, avril 1851, 1,000 francs (n° 48 du catalogue).

H., — L.,

27. CHEVAL ARABE. Il est gris pommelé et tourné à gauche,
avec une selle rouge placée sur une housse jaune. Derrière lui, un Arabe est appuyé à la selle. Un autre Arabe
accroupi au-dessous de la tête du cheval. Esquisse peu
avancée. — A M. Schickler.

H., 35 1/2. — L., 44 cent.

28. ÉTUDE DE CHEVAUX. Cheval gris, à peine pommelé, avec
une couverture rouge, allant à gauche, monté par un
homme en bottes à l'écuyère et culotte bleue. A gauche,
un autre cheval de même robe et également monté, vu
par la croupe. Pochade peu avancée. — Vente van Cuyck,
février 1866, 1,530 francs.

H., 29. — L., 35 cent.

29. CHEVAL GRIS AU RATELIER. Il est vu de profil, tourné
à droite et attaché par deux longes. — A M. Hauguet.

H., 25. — L., 33 cent.

30. CHEVAL GRIS BLANC. Il est vu de profil, la tête tournée
à gauche. Il est peint très-vigoureusement, en pleine
lumière, et se détache sur un fond de mur brun noir
qu'on distingue bien dans la partie gauche de la toile,
mais qui, sur la droite, disparaît dans l'obscurité. —
Acheté 600 francs par M. Reiset, et vendu le même prix
au musée de Rouen.

H., 59. — L., 72 cent.

31. TÊTE DE CHEVAL BLANC. Cette peinture a été faite par Géricault avant son voyage d'Italie.

Le châssis porte en effet un numéro à l'encre. Géricault, avant son départ, avait catalogué et marqué toutes ses études, qu'il laissait entre les mains de son père. La plupart des peintures de cette époque qui n'ont pas été rentoilées portent des marques semblables. — A M. Jullienne de Turmenine.

H., 55. — L., 46 cent.

32. CHEVAL BAI BRUN AVEC LES PIEDS BLANCS, DEBOUT DANS UNE ÉCURIE. Il est tourné à gauche ; la tête et les pieds sont très-achevés, le corps est moins avancé. A gauche, on voit la croupe d'un cheval blanc. Cette peinture a été donnée par Géricault à M. Léon Cogniet.

H., 37. — L., 45 cent.

33. CHEVAL BRUN A L'ÉCURIE. Il est de profil, la tête tournée à gauche. Au fond, on voit un râtelier.

Cette petite étude a appartenu à M. Revil, puis à M. d'Houdetot. — A M. Dutuit, à Rouen.

H., 25. — L., 34 cent.

34. CHEVAL A L'ÉCURIE. Il est bai brun, vu de profil et tourné à droite. Il est attaché à sa mangeoire par une longe. Jolie étude, d'une exécution fine et souple. — A M. Étienne Arago.

H., 23. — L., 32 cent.

35. CHEVAL A L'ÉCURIE. Avec la croupe d'un second cheval. Peinture très-fine et harmonieuse. — A M. Marquiset.

H.,   — L.,

36. DEUX CHEVAUX A L'ÉCURIE. — Vente Ary Scheffer, mars 1859, 500 francs (n° 23 du catalogue).

H., 29. — L., 20 cent.

37. CHEVAL ISABELLE AU GALOP. Il va à gauche et se détache
sur un fond clair de paysage. Le ciel est orageux. — A
M. Grahame.

H., 31. — L., 38 cent.

38. ÉTUDE DE CHEVAUX. Il sont pommelés, vus de trois
quarts par la croupe et attachés dans une écurie. — A
M. Deshayes.

H., 241/2. — L., 321/2 cent.

39. ÉTUDE DE CHEVAUX. — Vente Ary Scheffer, 390 francs
(n° 26 du catalogue).

H., 30. — L., 20 cent.

' (1812 — 1816.)

40. OFFICIER DE CHASSEURS A CHEVAL (GUIDES) DE LA GARDE
IMPÉRIALE, CHARGEANT. Le cavalier, le sabre à la main,
se retourne sur son cheval gris pommelé, vu de trois
quarts par la croupe, qui va à droite et se cabre. A
gauche sont d'autres cavaliers, et tout au premier plan
un canon renversé. Dans le fond à droite, un combat ;
des chasseurs chargeant ; une pièce d'artillerie attelée.
— Musée du Louvre (n° 243 du catalogue). — Ce tableau
a été lithographié par Adam dans le tome Ier de la *Galerie
du Palais-Royal.*

Ce bel ouvrage, peint en trois semaines ou un mois,
dans une arrière-boutique du boulevard Montmartre, là
où se trouve maintenant le passage Jouffroy, fut exposé
au Salon de 1812, sous le titre de *Portrait équestre,* et
valut une médaille d'or à son auteur. Il représente

M. Dieudonné, lieutenant aux guides. Géricault avait
fait une vingtaine d'esquisses pour ce tableau qui différaient beaucoup entre elles. La plupart, les premières
surtout, étaient, dit-on, d'une grande faiblesse. Le *Chasseur*, exposé une seconde fois au Salon de 1814, en
même temps que le *Cuirassier*, fut acheté, comme ce
dernier tableau, par le duc d'Orléans. En 1848, ces deux
ouvrages avaient été prêtés par Louis-Philippe à la Société des artistes pour son exposition du bazar Bonne-
Nouvelle. Ils échappèrent ainsi à la destruction qui
n'épargna qu'un petit nombre des tableaux de la galerie
du Palais-Royal. A la vente de Louis-Philippe, ils furent
achetés l'un et l'autre par l'administration du Musée pour
la somme de 23,400 francs.

H., 2 m. 92. — L., 1 m. 94 cent.

41. ESQUISSE DE L'OFFICIER DE CHASSEURS A CHEVAL, CHAR-
GEANT. Cette superbe esquisse présente quelques variantes notables. Le cheval va à gauche, tandis que dans
le tableau il va à droite, et le cavalier se retourne beaucoup moins complétement que dans l'ouvrage terminé.
A gauche, au-dessous du train de devant du cheval, on
voit une pièce de canon renversée. — A M. His de
La Salle. — Lithographié par Eug. Le Roux.

H., 51. — L., 38 cent.

42. ESQUISSE DE L'OFFICIER DE CHASSEURS A CHEVAL, CHAR-
GEANT. Ébauche largement exécutée, moins avancée que
la magnifique esquisse de M. de La Salle, qui lui est sans
doute postérieure. Comme dans cette dernière, le cheval
va à gauche. La composition est d'ailleurs presque identique. La tête du cheval est très-belle. — A M. de Varenne.

H., 51 1/2. — L., 40 cent.

43. ESQUISSE DE L'OFFICIER DE CHASSEURS A CHEVAL, CHAR-
GEANT. Ébauche peu avancée, et très-probablement l'un
des premiers projets de Géricault pour le tableau du
Louvre. Le haut de la composition seul est peint, le bas,
notamment les jambes du cheval, est tracé au pinceau.
Le cavalier a le même mouvement que dans le tableau,
mais il porte un drapeau sur lequel il se détache. Cette
peinture est exécutée sur le revers d'une copie de la
Descente de croix de Jouvenet. — A M. Feuillet de
Conches.

H., 50. — L., 42 cent.

44. ESQUISSE DE L'OFFICIER DE CHASSEURS A CHEVAL, CHAR-
GEANT. Elle est presque identique au tableau du Louvre.
On voit à gauche un drapeau d'infanterie. — A M. Hau-
guet.

H., 34. — L., 41 cent.

45. ESQUISSE DE L'OFFICIER DE CHASSEURS A CHEVAL, CHAR-
GEANT. Presque identique au tableau du Louvre. Le cheval
marche à gauche. — A M. de la Rosière.

H., 47. — L., 36 cent.

46. ESQUISSE DE L'OFFICIER DE CHASSEURS A CHEVAL, CHAR-
GEANT. Petite esquisse très-vivement et très-librement
exécutée. Le cheval marche à gauche. C'est peut-être
celle qui a appartenu à M. Villot. — A M. Gigoux.

H., 16. — L., 12 cent.

47. TÊTE DE M. DIEUDONNÉ, lieutenant des guides, peinte
d'après nature pour le tableau du Louvre. — A M. Tripier.

H., 46. — L., 38 cent.

48. CHEVAL BLANC COUVERT D'UNE PEAU DE TIGRE. Il est
dressé sur ses jambes de derrière. Cette belle ébauche,

qui a malheureusement beaucoup souffert, est peinte avec
une grande énergie. C'est une étude pour le *Chasseur à
cheval*. — Achetée par M. Cogniet à la vente de Géricault.

H., 45 1/2. — L., 55 cent.

49. LE TRAIN D'ARTILLERIE OU LE PASSAGE DU RAVIN. Une
pièce de canon attelée de quatre chevaux descend au
galop le talus de droite d'un ravin qui coupe la toile en
obliquant de gauche à droite. Deux des chevaux ont
déjà passé le fond du ravin et gravissent le talus de
gauche. Sur le premier plan, l'officier, coiffé du colback,
le sabre à la main, enlève d'un geste puissant chevaux
et cavaliers. On sent que l'obstacle est vaincu, que la
pièce passera et parviendra, en faisant un détour, à aller
se mettre en ligne auprès d'autres canons qu'on aperçoit
dans le fond et dont on distingue les lueurs. A l'origine,
il y avait deux petites parties de la toile qui n'étaient
pas couvertes. La figure de l'un des cavaliers du train
tournée vers l'officier était moitié blanche, moitié rouge.
Une main imprudente n'a pas craint de boucher ces
trous. On assure aussi que le ciel sombre a été peint
ou repeint par Adam. Le terrain, inégal, est d'un vert
triste. Géricault a fait cette magnifique ébauche en revenant d'assister à des manœuvres d'artillerie à Vincennes.
Elle a appartenu à MM. Alfred de Dreux, Étienne Arago,
Isabey, comte d'Espagnac. C'est M. Jules Lecesne, au
château de Houlgate, près Lisieux, qui la possède aujourd'hui. Il en existe une belle copie par M. de Lansac,
vendue au Musée du Havre par feu M. Couveley.

Les dimensions que je donne ne sont qu'approximatives.

H., 1 m. — L., 1 m. 60 cent.

50. Les Poitrails. Étude de chevaux vus de face. Sept chevaux de différentes robes. Ce tableau a été exécuté à Versailles en 1813. — Vente Seymour, 14 févr. 1860, 4,000 francs, à M. Couteaux, à Bruxelles. — Appartient aujourd'hui à M. van Praet, de la même ville.

H., 39. — L., 94 cent.

51. Les Croupes. Étude de chevaux vus de croupe. Vingt-cinq chevaux de différentes robes. Tableau peint à Versailles en 1813, comme le précédent. — Vente Seymour, 10,500 francs, à M. Couteaux. — Vente Couteaux, mars 1865, 9,900 francs, à M. Hagemans.

H., 33. — L., 91 cent.

52. Cuirassier blessé quittant le feu. Il est à pied, se dirige à gauche et tourne la tête à droite en levant les yeux vers le ciel. Il descend péniblement un terrain en pente, tenant d'une main son sabre et de l'autre conduisant son cheval bai brun par la bride. Dans le fond à gauche on aperçoit, à travers la fumée, un combat qui se livre sur un pont.

On assure que ce bel ouvrage fut exécuté en une quinzaine de jours. Il fut exposé en 1814 et acheté par le duc d'Orléans, avec le *Chasseur,* comme il a été dit plus haut, et vendu avec lui à l'administration des Beaux-Arts. — Vente Louis-Philippe. — Musée du Louvre (n° 244 du catalogue). — Lithographié par Volmar dans le tome Ier de la *Galerie du Palais-Royal.*

H., 2 m. 92. — L., 2 m. 27 cent.

53. Esquisse du Cuirassier blessé quittant le feu. Cette belle et intéressante esquisse, peinte très-rapidement et très-largement, a gardé toute sa fraîcheur. Elle

est presque identique au tableau du Musée du Louvre.
Cependant la tête du cavalier est plus de profil. —
A M. James-Nathaniel de Rothschild.

H., 54. — L., 44 cent.

54. CARABINIER A MI-CORPS. Il est en buste et vu de profil :
la tête est découverte et tournée à gauche. Il est revêtu
de la cuirasse en cuivre jaune sur l'uniforme blanc, et
pose la main droite sur sa hanche. — Vente Stevens,
1851, 1,300 francs. — Musée du Louvre (n° 245 du
catalogue).

II., 1 m. 1. — L., 82 cent.

55. NAPOLÉON DONNANT UN ORDRE A UN OFFICIER SUPÉRIEUR
DES GUIDES. L'empereur, monté sur un cheval blanc
tourné à droite, étend le bras droit en arrière et parle à
l'officier qui se retourne pour l'écouter. Napoléon est
en frac vert, bottes à l'écuyère et culotte de peau
blanche; l'officier, dans la même tenue que celle du
Chasseur du Louvre. Les figures se détachent sur un
fond de bataille qui rappelle celui de ce dernier tableau.
Cette peinture est bien caractérisée et menée avec la
fougue caractéristique de Géricault. Cependant les
jambes du cheval de l'empereur tiennent encore un peu
de la manière de Carle Vernet.

A M. Eugène Disant, à Reims.

H., 46. — L., 55 1/2 cent.

56. CHEVAL DE NAPOLÉON. Il est blanc, de race arabe, d'une
grande élégance de formes, sellé, bridé, prêt à partir.
Ce tableau, qui valut, dit-on, à Géricault une médaille
d'or de l'impératrice Marie-Louise, représenterait,
d'après des traditions de famille, un cheval de Napoléon

que Géricault aurait peint d'après nature vers 1815. — A Mlle Clouard, à Mortain.

H., 36. — L., 45 cent.

57. OFFICIER SUPÉRIEUR DE LANCIERS POLONAIS. Le cheval, robuste, l'œil en feu, se cabre au bord d'une rivière; au-dessous de lui, dans la fumée, on aperçoit un groupe de cavaliers russes. Le fond est occupé par un beau paysage du Nord. On suppose que ce tableau représente Poniatowski se précipitant dans l'Elster. C'est un ouvrage très-terminé; la bride seule du cheval est restée inachevée.

Appartient par indivis à MM. Henri et Félix Moulin, à Mortain.

H., 45. — L., 36 cent.

58. MAMELUCK DE LA GALERIE D'ORLÉANS. Il est vu à mi-corps; la tête, de face, se détache sur un ciel gris. La toile est collée sur une plaque de verre qui porte : *Mameluck peint par Géricault,* avec le monogramme qui distingue les tableaux appartenant à la galerie d'Orléans. — A M. Valferdin.

H., 31. — L., 22 cent.

59. EXERCICE A FEU DANS LA PLAINE DE GRENELLE. J'ignore ce qu'est devenu ce tableau, exposé en 1814 sous le n° 434 du catalogue.

H.,   — L.,

60. TROMPETTE DE CHASSEURS A CHEVAL DE LA GARDE IMPÉRIALE. Le cheval gris de fer pommelé est vu de profil et marche à gauche. Les jambes sont coupées par le cadre : celles de derrière au-dessous des jarrets; celles de devant : la gauche au genou, la droite plus

près du corps. Le cavalier, sa trompette au dos, se retourne à demi vers le spectateur, de sorte que la tête, éclairée par la gauche, se présente de face. Fond obscur avec des teintes fauves qui rappellent le ciel du *Chasseur à cheval*. — A. M. Binant.

H., 70. — L., 57 1/2 cent.

61. CUIRASSIER VU DE DOS. Le cheval bai brun est arrêté; il est vu de trois quarts par la croupe et tourné à droite; le cavalier, le sabre à la main, lève le bras. — Vente Delacroix, 2,300 fr. (n° 223 du catalogue). — A M. Haro.

H., 45. — L., 36 cent.

62. LANCIER ROUGE DE LA GARDE IMPÉRIALE, DEBOUT PRÈS DE SON CHEVAL. — Vente Delacroix, 3,210 fr. (n° 222 du catalogue). — Au prince Napoléon.

H., 45. — L., 38 cent.

63. CHARGE DE CUIRASSIERS. Ce tableau, dont j'ai perdu toute trace, a appartenu à M. Richard Wallace. C'est celui qui a été lithographié par Volmar. — Vente R. Wallace, 1857, (adjugé pour le prix de 5,550 francs à l'expert M. Ferdinand Laneuville).

H.,   — L.,

64. CHARRETTE CHARGÉE DE SOLDATS BLESSÉS. Un grenadier de la garde impériale porte un de ses camarades dans ses bras. Cette esquisse rappelle la lithographie *la Laitière et le Vétéran*. — A M. Sauvé.

H., 31. — L., 29 cent.

65. PORTRAIT DE M. BONNESOEUR DE LA BOURGINIÈRE, ancien député, ancien président du tribunal de première instance de Mortain. Il est représenté en costume

de l'empire. Cette peinture doit avoir été exécutée vers
1815. — A M. Henri Moulin, à Mortain.

H., 38. — L., 30 cent.

66. PORTRAIT EN BUSTE DE M. DEDREUX-DORCY. Il a été
exécuté avant le voyage de Géricault en Italie. — Vente
de Morny, 1,600 fr.

H., 57. — L., 45 cent.

67. LA TEMPÊTE. Une femme est étendue au premier plan
sur le sable.

Cette peinture, d'un très-bel aspect, a été faite comme
une sorte d'imitation d'un tableau qu'Horace Vernet
exécutait pour un amateur russe dans l'atelier de Géricault, rue des Martyrs. Elle a appartenu à M. Constantin marchand de tableaux, et a été lithographiée sous ce
titre : *la Tempête, ébauche,* par Ch. Bouquet.

H., — L.,

68. LIONS. Trois lions et trois lionnes accroupis ou couchés
près de débris et d'ossements. L'un des lions, vu de
profil et tourné à gauche, se soulève sur ses pattes de
devant et rugit. — A M. Schickler.

H., 47. — L., 58 1/2 cent.

69. LION DEBOUT. Il marche à gauche. La tête est de face
et très-terminée, tandis que le corps est beaucoup moins
avancé. Fond obscur. Cette belle esquisse est signée à
gauche : « Géricault. » — A M. His de La Salle.

H., 37. — L., 45 cent.

70. LION. Il est vu de profil et marche à gauche. Étude
d'après nature. — Vente Seymour. — A M. Binder.

H., 35. — L., 44 cent.

71. TÊTE DE LIONNE. Elle est de grandeur naturelle et tournée à droite. L'exécution de ce bel ouvrage est d'une grande souplesse. — Vente Rouillard. — A M. Valferdin.

H., 55. — L., 65 cent.

72. DEUX TIGRES. La gueule ouverte, ils grognent et sont prêts à se battre. L'un est couché à gauche et vu de face; l'autre, sur la droite, est debout et paraît vouloir tourner autour du premier. Ils sont dans une caverne dont on voit l'ouverture sur la gauche, au fond du tableau. — Vente Hippolyte Bellangé. — A M. Alfred Baudry, à Rouen.

H., 58. — L., 71 cent.

73. TIGRE COUCHÉ. Il se détache en clair sur un fond de paysage très-vigoureux. — Donné par Géricault à M. Bro père. — Au colonel O. Bro de Comères.

H., 16. — L., 21 cent.

74. TÊTE DE BOULEDOGUE. Elle est vue de trois quarts, tournée à droite. La couleur générale est brune; le museau est blanc avec le nez noir. Les yeux sont injectés de sang. Le col a été ajouté. Sur papier maroufté. — A M. His de La Salle.

H., 23. — L., 26 cent.

75. TÊTES DE CHEVREUIL ET DE CHEVRETTE. Elles sont vivantes et grandes comme nature. Celle du chevreuil est vue de profil et tournée à gauche, l'autre est presque de face. Elles sortent d'herbes et de broussailles comme si les animaux étaient couchés dans un fourré. Le fond n'est qu'ébauché. — Cette étude, des plus remarquables, a été donnée par M. His de La Salle au musée de Rouen.

H., 41. — L., 67 cent.

76. JEUNE CHEVREUIL. Il est mort et étendu sur un linge blanc. — A M. Mündler.

H., 30. — L., 43 cent.

77. CHÈVRE AVEC UN CHEVREAU. La chèvre, de grandeur naturelle, est debout, vue par la croupe et tournée à gauche. Son pelage d'un blanc fauve est semé de taches brunes oblongues. On n'aperçoit que la tête du chevreau penchée vers la terre, à gauche sous celle de sa mère. — Les animaux, très-largement brossés, se détachent sur un fond bistre. — Vente Perrier 1832. — A M. Lefebure de Saint-Maur.

II., 1. m. — L., 74 cent.

78. LE RENARD AU POULAILLER. Il descend furtivement d'une fenêtre à gauche. On voit au milieu du poulailler une cage à poulets, et à droite trois poulets et un coq effrayés. — A M. Valferdin.

H., 32. — L., 43 cent.

79. COQS ET POULES. — Vente Seymour.

H., 61. — L., 51 cent.

80. NATURE MORTE. Un poulet plumé sur un tapis de velours rouge frangé d'or. Un pilon en cuivre jaune; des fruits; un verre de Venise ; une volaille accrochée au mur.

Cette belle étude rappelle le genre de Snyders. — A M. Binder (2,800 fr.).

H., 98. — L., 80 cent.

81. NATURE MORTE. Au milieu, une tête de chevreuil vue de trois quarts. A gauche, un coq-faisan posé sur un linge ; à droite, une pie accrochée par une aile au montant d'un chevalet. — A M. Jules Grenier.

H., 60. — L., 72 cent.

1816 — 1818.

82. COURSE DE CHEVAUX LIBRES. Les chevaux rangés, en ligne devant la corde tendue, sont tournés à gauche. De jeunes hommes en costume romain moderne les retiennent. Le fond est occupé par des maisons et par une tribune chargée de spectateurs. Cette tribune est garnie d'une tenture. Scène exacte, peu composée, peinte à Rome en 1817. — Lith. par Eug. Le Roux. — A M. Couvreur.

H., 42 1/2. — L., 59 cent.

83. COURSE DE CHEVAUX LIBRES. Les chevaux, tournés à droite, se cabrent et sont retenus par des personnages en costume romain moderne. Mais au lieu d'être placés suivant une ligne oblique, comme dans la précédente esquisse, ils sont disposés de manière à former une composition en longueur. Un homme est renversé, au coin, à gauche, et s'appuie au sol de ses deux mains. La plus grande partie du fond est occupée par un édifice en partie garni d'une tenture. A gauche, une tribune avec des personnages assis, au-dessus desquels on aperçoit quelques monuments de Rome. — Sur papier maroufflé. — A Camille Marcille.

H., 45. — L., 60 cent.

84. COURSE DE CHEVAUX LIBRES. Dans cette esquisse les chevaux, tournés à droite, sont retenus par des personnages presque nus. Le centre du tableau est occupé par un cheval blanc qui se cabre et qu'un jeune homme s'efforce de retenir. — Ni spectateurs. ni monuments. Il

ne reste de réel que l'obélisque de la place du Peuple
que l'on aperçoit au second plan. Au fond, les montagnes bleues de la campagne romaine. — A M. Couvreur.

H., 31. — L., 43 cent.

85. COURSE DE CHEVAUX LIBRES. Cette esquisse, de la plus
grande beauté, est très-avancée et nous paraît être la
dernière qu'ait exécutée Géricault. On peut la regarder
comme le projet arrêté et définitif du tableau qu'il méditait. Elle se rapproche beaucoup par sa disposition de
celle que possède M. Couvreur et qui vient d'être
décrite. On peut même dire qu'elle n'en diffère que par
un plus haut degré de perfection. — Sur papier marouflé. — Lith. par Eug. Le Roux. — A M. Camille Marcille.

H., 45. — L., 60 cent.

86. ÉPISODE DE LA COURSE DE CHEVAUX LIBRES. Un jeune
homme en costume de paysan romain, portant un drapeau rouge brodé d'or de la main gauche, tient de
la droite, par la crinière, un cheval noir, vu de
profil, tourné à droite et couvert d'une housse verte
bordée d'or. En arrière, des constructions; à droite,
une barrière et une échappée où l'on voit une colonne
surmontée d'une statue. — A M. Binant.

H., 44. — L., 59 cent.

87. ÉPISODE DE LA COURSE DE CHEVAUX LIBRES. Cheval
gris pommelé qui s'efforce de s'échapper des mains de
quatre personnages vêtus à l'antique. Homme et cheval
sont de profil, tournés à gauche. En avant, deux des
hommes arrêtent l'animal, l'un, en le tenant par les
naseaux, l'autre par la crinière; le premier est vêtu d'une
tunique verte; l'autre, caché en partie, porte un man-

teau bleu et il est coiffé d'un bonnet phrygien. Les deux autres personnages retiennent avec effort le cheval par la queue ; celui du premier plan, penché en arrière, est entièrement nu, le second a un manteau roux qui va tomber. Cette esquisse, très-avancée, est du plus beau caractère. — Vente faite par M. Pillet, en avril 1866. — Achetée 1,680 francs par M. Couvreur, qui la vendit quelques jours plus tard 2,000 francs au musée de Rouen.

H., 47. — L., 60 cent.

88. ÉPISODE DE LA COURSE DE CHEVAUX LIBRES. Étude d'après nature pour l'homme nu qui arrête un cheval à la droite de la composition. — Vente Delacroix. — A M. Mène.

H., 33. — L., 23 cent.

89. ÉPISODE DE LA COURSE DE CHEVAUX LIBRES. — Vente Delacroix, 600 francs (n° 224 du catalogue). J'ignore ce qu'est devenu ce tableau.

H., 32. — L., 40 cent.

90. ÉTUDE POUR LA COURSE DE CHEVAUX LIBRES. Un homme assis s'appuie des deux mains sur la terre ; il tient sa jambe droite levée. On ne voit de sa tête que les cheveux. — Sur papier maroufflé. — A M. Camille Marcille.

H., 21 1/2. — L., 21 1/2 cent.

91. CINQ CHEVAUX DE POIL DIFFÉRENT. Ils sont groupés autour d'un poteau et tenus par un maquignon et deux palefreniers. Les costumes paraissent être romains. — Signée, à droite, en rouge : T. G. — Sur papier maroufflé. — A M. His de La Salle.

H., 23. — L., 31 cent.

92. EXÉCUTION CAPITALE. Le bourreau montre au peuple la

tête du supplicié. Un religieux à genoux prie pour lui.
Cette esquisse a été peinte à Rome. — Vente de M. Marcille père.

H.,   — L.,

93. LES APÔTRES AU JARDIN DES OLIVIERS. Je n'ai pas vu
ce tableau. — Vente Boittelle. Janvier 1867.

H.,   — L.,

94. ÉPISODE DE LA GUERRE DES TITANS. Un personnage de
formes athlétiques soutient des roches qui s'écroulent.
Vu de dos, appuyé sur le genou gauche, il repousse avec
la main du même côté le rocher dont il maintient un
autre pan avec son épaule droite. Tout le corps est dans
la demi-teinte, à l'exception du bas de la jambe droite
vivement éclairée. D'autres figures épouvantées à sa
droite et à sa gauche.

Cette pochade d'une grande invention est d'un ton
superbe. — A M. Charles Clément.

H., 38. — L., 45 cent.

95. MARCHÉ AUX BOEUFS. Au premier plan un homme, qui
n'a qu'une draperie rouge sur le bras, retient par la
corne un bœuf qui a passé l'une de ses jambes sur une
barrière. A droite, un autre bouvier, entièrement nu et
accroupi, maintient d'une main un bœuf terrassé et de
l'autre arrête un chien qui se précipite sur l'animal.
Derrière lui, un troisième personnage debout brandit
une pique dont il va frapper un autre bœuf. Il est vêtu
d'une sorte de jupe verte et coiffé d'un morceau d'étoffe
bleue, et porte sur l'épaule gauche une draperie rouge
qui pend par devant et par derrière. Le fond est occupé
par quelques constructions et des montagnes ; ciel nuageux ; couleur lourde et désagréable. Géricault a exécuté

cette peinture après son retour d'Italie. Les animaux
n'appartiennent pas à la race romaine, et on sait d'ailleurs que le motif en a été pris dans un abattoir qui
existait rue de la Pépinière. — D'après M. Dedreux-
Dorcy, il a fait dix-huit ou vingt esquisses de cette composition. — A M. Couvreur.

H., 56 1/2. — L., 48 cent.

96. UN HAQUET CHARGÉ DE BARRIQUES ARRÊTÉ A LA PORTE
D'UNE BRASSERIE. Il est attelé de deux chevaux dont un
pie. Un chien noir sur le devant du tableau.

Cet ouvrage avait été fait pour le docteur Biète, peu de
temps avant le *Radeau de la Méduse*. Il fut exposé en
1826, dans la galerie Lebrun, rue des Jeûneurs — A
M. Delessert (n° 47 du catalogue).

H., 58. — L., 72 cent.

1818 — 1820.

97. LE RADEAU DE LA MÉDUSE. Le *Radeau de la Méduse*
fut exécuté en huit ou neuf mois (de novembre 1818 à
août 1819), dans un atelier de grande dimension que
Géricault avait loué tout exprès dans le haut du faubourg
du Roule (n° 80 aujourd'hui 232). Il le termina dans le
foyer du Théâtre-Italien, aujourd'hui l'Opéra-Comique,
où il ajouta le personnage, à droite, dont il a été parlé plus
haut. C'est M. Martigny, son ami, qui posa pour cette
figure. — Le vieillard, à gauche, a été fait d'après plusieurs
modèles. La pose du fils, étendu sur ses genoux, fut donnée par M. Jamar. Le personnage, à droite, qui s'efforce de
se lever, est M. d'Astier, officier d'état-major, ami de

Géricault; celui qui est tombé, la tête en avant, et appuyé
au bord du radeau, Eugène Delacroix. Le nègre est
Joseph, modèle bien connu dans les ateliers.— La *Méduse*
eut peu de succès. Géricault ne fut proposé que le onzième
pour le prix, qui fut remporté par un peintre, nommé
Guillemot, auteur d'une *Résurrection de Lazare*. —
L'exhibition du *Radeau de la Méduse* en Angleterre rap-
porta 17,000 francs à Géricault. — Ce tableau fut adjugé
pour le prix de 6,005 francs à M. Dedreux-Dorcy, à la
vente de l'atelier de Géricault, faite le 2 novembre 1824,
à l'hôtel de Bullion, rue J.-J. Rousseau, par le ministère
de M. Parmentier, commissaire-priseur, et de M. Henri,
commissaire-expert des musées royaux. Cette vente,
comprenant les tableaux, esquisses, dessins, etc., que
laissait le peintre, produisit 53,000 francs. M. Dedreux-
Dorcy céda le *Radeau de la Méduse* au Musée du Louvre
pour le même prix qu'il l'avait payé.

Géricault, après avoir hésité entre la scène qu'il a
représentée et celles où les matelots se révoltent contre
leurs officiers et où les naufragés sont recueillis par le
canot de l'*Argus*, et dont on possède plusieurs dessins,
fit trois esquisses du sujet auquel il s'était arrêté; l'une
a appartenu à M. Jamar, puis à la duchesse de Montebello; elle est aujourd'hui la propriété de M. Moreau;
l'autre, dont la composition n'est pas complétement
identique à celle du tableau, appartient à M. Schickler;
la troisième est perdue. Géricault avait prié M. Montfort
de faire de l'esquisse qui appartient à M. Moreau une
copie qu'il désirait offrir comme un souvenir à M. Corréard; par un concours de circonstances, cette copie
resta entre les mains de l'ami dévoué du grand peintre,
qui la possède encore. Ces deux esquisses n'ont, ni
l'une ni l'autre, le personnage à droite recouvert d'un

drap, qui ne fut ajouté dans le tableau qu'au dernier moment.

A la demande de Géricault, M. Lehoux fit une réduction du tableau qui servit pour la gravure de Reynolds.

H., 4 ^{m} 91. — L., 7 ^{m} 16.

98. LE RADEAU DE LA MÉDUSE. C'est la première esquisse que fit Géricault de son projet définitif. Elle diffère en plusieurs points de la composition du tableau du Louvre. Le nombre des personnages est moindre ; les deux matelots qui font des signaux sont debout sur le plancher du radeau ; la figure enveloppée d'un drap qui termine le tableau à droite manque, etc., etc. Cette belle esquisse a été lithographiée. Comme il a été dit plus haut, M. Montfort en fit, à la demande de Géricault qui voulait l'offrir en souvenir à M. Corréard, une copie qu'il possède encore. — A M. Schickler.

II., 30. — L., 44 cent.

99. LE RADEAU DE LA MÉDUSE. Cette intéressante esquisse est, d'après les souvenirs de MM. Montfort et Jamar, la seconde que fit Géricault avant l'exécution du tableau du Louvre, et il avait eu, un moment, l'intention d'en faire un ouvrage très-terminé. La composition qui diffère très-peu de celle du tableau a d'abord été dessinée à la plume sur la toile, d'une manière très-arrêtée ; puis, après avoir couvert tout l'entourage, Géricault a exécuté le groupe du père qui a le cadavre de son fils étendu sur ses genoux, au premier plan ; Savigny ; l'homme debout sur le tonneau ainsi que celui qui le soutient. Les autres figures restèrent dessinées à la plume et ombrées au bitume. La figure enveloppée d'un drap manque comme à la précédente. Cette peinture fut vendue par

M. Jamar à la duchesse de Montebello, et, à la vente de
celle-ci (6 avril 1857), M. Moreau en fit l'acquisition
pour la somme de 1020 francs.

H., 65. — L., 83 cent.

100. LE RADEAU DE LA MÉDUSE. La composition telle qu'elle
a été exécutée, moins la figure enveloppée d'un drap,
au premier plan, à droite, a été tracée sur la toile, à la
plume, avec une grande précision. Quelques têtes sont
peintes et très-achevées. C'est cet ouvrage que Géricault
abandonna pour ne pas refroidir sa verve, comme il le
dit à M. Montfort, avant de commencer son grand tableau. Je n'ai pu retrouver la trace de cet ouvrage.

H., 1 m. 30. — L., 1 m. 95 cent.

101. LE RADEAU DE LA MÉDUSE. Esquisse très-avancée et
qui diffère considérablement du projet exécuté par Géricault. Elle représente la délivrance des naufragés. Le
radeau n'occupe que la moitié du tableau. A l'avant, un
groupe de six marins, debout ou agenouillés, les bras
tendus ou les mains jointes, attendent avec anxiété un
canot qui vient à leur secours; derrière eux, cinq autres
personnages exténués se traînent avec effort; à l'arrière,
un nègre prie à côté d'un soldat impassible et d'un cadavre mutilé. Debout, adossé au mât, Corréard parle à un
autre naufragé, probablement le chirurgien Savigny.
On aperçoit à l'horizon le brick l'*Argus*.—A Mlle Clouard,
à Mortain.

H., 43. — L., 54 cent.

102. LE RADEAU DE LA MÉDUSE. Les matelots se révoltent
contre les officiers. — Cette esquisse a été gravée à la
sanguine par Louis Shaal. Je ne l'ai jamais vue. — A
M. Henri Chenavard.

H.,   — L.,

103. Tête d'étude (d'après le modèle Cadamour) pour le père qui tient le cadavre de son fils. Elle est éclairée de côté, très-empâtée dans le clair et d'une grande énergie. — Vente Lherbette. — A. M. Gigoux.

H., 46. — L., 37 cent.

104. Étude de nègre. Il est vu de dos et dans la pose du nègre qui dans le tableau est monté sur une barrique et agite un linge pour se faire remarquer du bâtiment que l'on voit à l'horizon. Le bras gauche élevé et la main du même côté, ainsi que la tête, sont seulement dessinés aux crayons blanc et noir. Cette peinture n'a d'autre fond que l'impression primitive de la toile. — A M. Lehoux.

H., 55. — L., 45 cent.

105. Les suppliciés. Les deux têtes, de grandeur naturelle, sur la même toile, connues sous ce nom, ont été peintes comme études, pour le *Radeau de la Méduse,* dans l'atelier de la rue des Martyrs. L'une d'homme, renversée, la bouche ouverte, et tournée à droite, est celle d'un voleur mort à Bicêtre, que Géricault garda, dit-on, quinze jours sur son toit; l'autre est le portrait d'une petite bossue qui posait dans les ateliers. Géricault a mis la tête d'homme dans la *Méduse,* en la retournant. C'est celle du dernier personnage à gauche.

Cette toile, achetée par M. Colin à la vente de Géricault, appartient maintenant à M. Eugène Giraud. M. Binder possède une belle copie de la tête d'homme, qui passe à tort pour un original.

H., 50. — L., 67 cent.

106. Étude d'après la nature morte pour la Méduse. Une partie du bras avec la main vue du côté de la

paume. Cette étude, peinte sur toile, a été collée sur un panneau de chêne. — A M. Lehoux.

H., 19. — L., 33 cent.

107. ÉTUDE D'APRÈS LA NATURE MORTE POUR LA MÉDUSE. Deux jambes vues par les pieds, et un bras avec la clavicule ; un linge blanc maculé de sang est placé sur le haut du bras et recouvre une partie de l'épaule. Ce morceau est, à l'égard de l'exécution, l'un des plus beaux qu'ait faits Géricault. — A M. Claye.

H., 54. — L., 64 cent.

108. ÉTUDE D'APRÈS LA NATURE MORTE POUR LA MÉDUSE. Cette belle étude est, à peu de chose près, la répétition de la précédente, mais elle a été peinte à la lumière de la lampe. — A M. Lehoux. — M. Champmartin, qui travaillait alors avec Géricault, fit aussi une étude d'après ce même groupe. Elle appartient également à M. Lehoux.

H., 45. — L., 37 1/2 cent.

109. PORTRAIT DE M. LEBRUN. M. Lebrun venait d'avoir la jaunisse. Géricault lui demanda de poser pour une étude qui devait lui servir pour son *Radeau de la Méduse*. Cette peinture fut exécutée à Sèvres, en 1818 ou en 1819, dans la même chambre que la *Diligence de Sèvres*.

H., 46. — L., 38 cent.

110. PORTRAIT DE LA MÈRE DOUCET. Vieille, coiffée d'un mouchoir. C'était la portière de la maison du faubourg du Roule, où Géricault avait l'atelier dans lequel il a exécuté le *Radeau de la Méduse*.

H., 46. — L., 38 cent.

111. LA DILIGENCE DE SÈVRES. Une diligence vue en travers,

attelée de cinq chevaux, tourne rapidement sur une route en pente.

Cette superbe pochade fut peinte en 1818 ou en 1819, à Sèvres, en quelques heures, sur un panneau de la boiserie de la chambre d'auberge occupée par M. Lebrun, ami de Géricault. Elle a appartenu à M. Ottoz, marchand de couleurs, puis à M. Collot. — Achetée par M. Schroth, le 29 mai 1852, à la vente Collot, 1,190 fr.

H., 53. — L., 64 1/2 cent.

112. ENSEIGNE DE MARÉCHAL FERRANT. Géricault la fit en 1818 ou 1819 pour un maréchal qui habitait une maison située au coin de la rue Roquencourt et de la route de Saint-Germain-en-Laye. Je ne connais pas cet ouvrage (voir plus haut la lettre de M. Lebrun).

H.,   — L.,

113. LE CHIEN DE GÉRICAULT. C'est un bouledogue blanc. Il est blessé à la patte et tourné vers la droite. Géricault possédait ce chien à l'époque où il travaillait à la *Méduse.* — A M. Binder.

H., 22. — L., 28 cent.

114. CONCERT. Des musiciens jouent de divers instruments. Figures à mi-corps. — Ce tableau a appartenu à M. Jamar.

H., 65. — L., 81 cent.

115. LA PAUVRE FAMILLE. Une pauvre femme, assise sur les marches d'une église, tient sa quenouille. Ses trois enfants sont groupés autour d'elle. — Lith. par Weber, dans le tome Ier de la *Galerie du Palais-Royal.*— Vente du roi Louis-Philippe, 405 fr. (n° 45 du catalogue).— A M. Léon de la Rosière.

H., 21. — L., 28 cent.

116. PORTRAIT DE FEMME. C'est celui d'un modèle qui demeurait rue de la Lune et que l'on nommait la grosse
Suzanne. Elle est de face, coiffée en cheveux, robe rouge
avec lisérés verts, collerette blanche. — A M. Valferdin.

H., 46. — L., 37 cent.

117. TÊTE DE JEUNE HOMME. Elle est de grandeur naturelle
et détachée sur un ciel bleu, orangé dans le bas. Col
blanc, longs cheveux blonds bouclés. — A M. Valferdin.

H., 46. — L., 37 cent.

118. TÊTE D'ÉTUDE. Jeune homme, vu de profil, la bouche
entr'ouverte. Donné par Géricault à M. Bro père. — Au
colonel O. Bro de Comères.

H., 46. — L., 37 cent.

119. TÊTE DE SOLDAT. Elle est vue de face. Peinture énergique; grandeur naturelle. — Vendue à l'hôtel Drouot,
le 9 mars 1867.

H.,   — L.,

120. PORTRAIT EN BUSTE DE M. JAMAR. Cet ouvrage, largement traité, fut peint en quelques heures par Géricault, à l'époque où il travaillait à la *Méduse*. Cette belle
peinture est restée jusqu'à ces derniers temps entre les
mains de M. Jamar; elle appartient aujourd'hui à
M. Pernet.

H., 73. — L., 60 cent.

121. PORTRAIT D'HOMME. Il est vu presque de face; grande
cravate blanche, gilet noir, pardessus brun avec la déco-
ration de la Légion d'honneur. Signé, en bas, à gauche,
« T. G. » — A M. Christi.

H., 64. — L. 53 cent.

122. Tête d'étude. D'après le modèle Dubosc. Le cou et le haut du torse ne sont qu'ébauchés. — A M. Christi.

H., 37. — L., 29 cent.

123. Tête d'homme. Étude d'après nature, d'une exécution très-mâle et très-libre. Peinture d'une grande beauté. — A M. Marquiset.

H., 46. — L., 38 cent.

124. Portrait d'un jeune garçon de dix ans environ. Il est vu de face. Ses cheveux bruns, très-longs et abondants, sont rejetés des deux côtés. Il a un grand col rabattu sur une jaquette verte. Les ombres de cette belle peinture sont un peu lourdes, mais l'ensemble est d'une très-belle qualité et d'une étonnante vigueur. — Vente de Kat, mai 1866, 240 francs.

H., 44. — L., 33 cent.

125. Portrait de madame Bro, mère du colonel O. Bro. Elle est représentée assise et vêtue d'une robe blanche; un cachemire rouge est placé sur le dossier de la chaise. — Au colonel O. Bro de Comères.

H., 45. — L., 55 cent.

126. Portrait du colonel O. Bro de Comères, enfant. Il est en costume gris, à cheval sur un gros chien, et tient un sabre à la main droite. — Au colonel O. Bro de Comères.

H., 60. — L., 49 cent.

127. Négresse, portrait en buste. Elle est vue de trois quarts, tournée à gauche, et coiffée d'un mouchoir rouge. La bouche est entr'ouverte. Fond bleu; grandeur naturelle. — A M. His de La Salle.

H., 39. — L., 31 cent.

128. PORTRAIT DU GÉNÉRAL LETELLIER SUR SON LIT DE
MORT. Donné par Géricault à M. Bro père. — Au colonel
O. Bro de Comères.

H., 23. — L., 30 cent.

129. BUSTE DE JEUNE HOMME. Il est vu de face, et porte de
longs cheveux blonds partagés au milieu de la tête. Il
est vêtu d'une chemise à grand col rabattu. Ébauche
peu avancée, mais très-largement peinte. — A. M. Le-
clerc.

H., 47. — L., 38 cent.

130. FEMME VUE DE FACE RELEVANT SA CHEMISE (ventre et
cuisses). Admirable étude de grandeur naturelle. — A
M. Dantan jeune.

H., 58. — L., 40 cent.

131. SCÈNE D'INTÉRIEUR. Un homme tient une femme à
bras-le-corps. Une autre femme est couchée sur un lit.
— A M. Dantan jeune.

H., 20. — L., 29 cent.

132. GUERRIER BLESSÉ A LA JAMBE GAUCHE, QUE PANSE
UN VIEILLARD A GENOUX PRÈS DE LUI. Le blessé est
soutenu par un jeune homme qui semble implorer une
femme qui se détourne. Cette esquisse, peinte sur
papier vernis, a été donnée par Géricault à M. Bro
père. — Au colonel O. Bro de Comères.

H., 14 1/2. — L., 20 cent.

133. SCÈNE DU DÉLUGE. A gauche, au premier plan, quatre
personnages viennent d'arriver près d'un rocher; l'un
d'eux y est déjà monté et reçoit des mains d'une femme
qui est encore sur le radeau un très-jeune enfant. Plus
loin, de grandes roches et une barque à demi sub-

mergée. A droite, un cheval porte une femme évanouie,
qu'un homme à la nage soutient d'une main, tandis que
de l'autre il se cramponne à la tête du cheval. Le ciel,
très-sombre dans la partie supérieure, est plus clair vers
l'horizon et projette sur la mer des reflets sinistres.
Peinture achevée et d'un effet très-puissant. — A.
Mme la vicomtesse de Girardin.

H., 97. — L., 1 m. 28 cent.

1820 — 1824.

134. LE DERBY DE 1821, A EPSOM. Quatre chevaux lancés
à toute vitesse : le premier alezan brûlé, le second plus
rapproché du spectateur, bai brun, le troisième blanc, le
dernièr bai; les jockeys, dans le même ordre, portent bleu
foncé, grenat, bleu clair et blanc, jaune; ciel très-nuageux
avec éclaircie ; la pluie tombe à droite. Collines dans le
lointain. Au premier plan, vaste plaine gazonnée; couleur puissante, ouvrage brillant, lumineux, malgré une
certaine dureté. Peint par Géricault, en 1821, pour
M. Elmon, chez qui il habitait à Londres. — C'est un
des six tableaux ajoutés à la vente Laneuville (9 mai
1866), venant de la famille Chérubini, — 6,100 francs,
à M. Couvreur. — 9000. Au Musée du Louvre.

H., 91. — L., 1 m. 24 cent.

135. COURSE DE CHEVAUX MONTÉS. Trois chevaux montés
par des jockeys anglais galopent à gauche. Celui qui tient
la tête est alezan clair, jockey en casaque blanche; le
second, bai brun, jockey en casaque rouge; le troisième,

alezan brûlé, jockey en casaque bleue. Fond de paysage
à peine montueux. — A M. His de La Salle.

H., 25. — L., 40 cent.

136. COURSE DE CHEVAUX MONTÉS. Ils sont représentés au
   moment du départ, allant à gauche. Le plus rapproché
   du spectateur est bai brun, le second gris, le troisième
   noir. Les jockeys ont été exécutés par Bellangé, après la
   mort de Géricault, qui les avait indiqués par un simple
   frottis. — A M. Hauguet.

H., 25. — L., 36 cent.

137. COURSE DE CHEVAUX MONTÉS. Ils sont au galop. Cet
   ouvrage est faible. Les trois jockeys et le fond sont de
   Leprince. — A M. Hauguet.

H., 26. — L., 37 cent.

138. JOCKEY MONTANT UN CHEVAL DE COURSE. Le cheval,
   rouan, marche à gauche. Le jockey est en costume de
   course avec une jaquette blanche et rouge. Ciel clair.
   — Vente van Cuyck, 2,100 francs.

H., 39. — L., 46 cent.

139. AMAZONE MONTÉE SUR UN CHEVAL PIE. Le cheval
   marche à droite. La jeune femme porte une amazone
   noire, et a un voile vert à son chapeau. Ciel nuageux d'une très-belle qualité. — Vente van Cuyck,
   3,300 fr.

H., 44. — L., 35 cent.

140. ÉCURIE DE CINQ CHEVAUX VUS PAR LA CROUPE. Ils
   sont placés devant le râtelier. Le premier en commençant par la gauche est bai brun; le deuxième, isabelle
   avec les crins noirs; le troisième, gris pommelé; le
   quatrième, bai brun foncé; le cinquième alezan. Le

premier, le troisième et le cinquième portent des couvertures. On aperçoit à l'extrême gauche la tête, le col et le poitrail d'un sixième cheval. M. Lehoux termina, à la prière de Géricault, les accessoires, les pieds des chevaux, etc. — Vente Mosselmann, 1,100 fr. — Musée du Louvre (n° 249 du catalogue).

H., 38. — L., 46 cent.

141. CHARRETTE DE CHARBONNIERS. Attelée de cinq chevaux : quatre blancs et un bai; elle descend de gauche à droite sur une route en pente. Le charretier retient les chevaux du timon; un homme coiffé d'un grand chapeau est assis en avant de la voiture sur les sacs de charbon. Le ciel est sombre et orageux. Dans le fond, à gauche, on aperçoit de l'eau et des voiles.

Ce tableau, très-achevé, très-vigoureux, aurait été fait, dit-on, pendant le séjour de Géricault en Angleterre. C'est une répétition en peinture d'une de ses meilleures lithographies : *the Coal waggon*. On me le donne comme très-beau et authentique. Je ne l'ai pas vu. — A M. Jacobson, à La Haye, qui l'a acheté pour le prix de 1,600 florins (3,400 fr. environ) à un marchand belge nommé Godecharle.

H., 39. — L., 64 cent.

142. LE MARÉCHAL FERRANT. Cheval de charrette harnaché, attaché à la porte d'un maréchal et tourné à gauche. Il est brun avec les pieds blancs. Un apprenti, assis sur le bord de la devanture basse de la boutique, lève sa jambe gauche de devant, et se retourne pour parler au maréchal. Les deux figures et la tête du cheval se détachent en noir sur la lueur rouge de la forge. Ce tableau, très-achevé et d'une belle qualité, est signé à gauche « Géricault. »

La composition a du rapport avec celle de la lithographie « le Maréchal français ». — A M. Schickler.

H., 48 1/2. — L., 58 cent.

143. DEUX CHEVAUX DE POSTE. Ils sont devant l'écurie, tournés à gauche, et paraissent épuisés de fatigue. L'un est bai brun, l'autre blanc. A gauche, un valet d'écurie et un postillon ; ce dernier tient de la main droite une gerbe de paille et de la gauche un seau appuyé sur son genou, dans lequel boit le cheval blanc. Ouvrage d'une exécution très-nourrie et d'une couleur puissante. C'est celui qui a été lithographié par Volmar dans la suite des grandes pièces françaises sous le titre : *Deux chevaux de poste à la porte d'une écurie.* — A M. Hauguet.

H., 37. — L., 45 cent.

144. JEUNE GARÇON DONNANT A MANGER A UN CHEVAL DANS UNE MUSETTE. Le garçon est coiffé d'une calotte rouge. Le cheval, brun, est tourné à gauche. On vient de le dételer, et on voit derrière lui la partie antérieure d'une charrette à deux roues avec les brancards levés. Ciel très-obscur. La composition a beaucoup de rapport avec celle de la lithographie du même nom. — A M. Schickler.

H., 44 1/2. — L., 35 cent.

145. CHEVAUX AU PATURAGE. Deux chevaux auprès d'un bouquet d'arbres. L'un blanc vivement éclairé se gratte la jambe avec sa tête ; l'autre de couleur sombre est derrière lui et appuie le cou sur sa croupe. Terrain vigoureux; ciel obscur avec des éclaircies. Cette peinture bien à l'effet est peu terminée. C'est la composition exacte de

la lithographie *Chevaux flamands*. — A M. Valpinson.

H., 52 1/2. — L., 63 mill.

446. Cour de ferme. Un charretier en blouse bleue avec un
fouet dans la main gauche tient de la main droite le brancard d'une charrette dont il fait sortir un cheval bai brun
tout harnaché et vu de croupe. Plus loin à droite un cheval blanc, également harnaché, se gratte la jambe gauche,
et en arrière paraît la tête d'un troisième cheval prêt
à entrer à l'écurie dont on voit la porte ouverte derrière
lui ; un chien noir est placé au premier plan. La scène
se détache sur un mur blanchâtre ; à gauche par la porte
ouverte de la ferme on voit un paysage terminé par une
montagne très-sombre ; ciel gris avec éclaircies. Ce tableau est très-largement exécuté. Le cheval blanc est
ravissant. — A M. Valpinson.

H., 48. — L., 59 cent.

447. L'Écurie. Trois chevaux vus par croupe, dans une
écurie. Le premier en commençant par la gauche est
blanc et harnaché ; le second, bai brun avec une selle ;
le troisième, alezan. Un palefrenier harnache le cheval
du milieu. A gauche sont suspendus à un pilier une
selle et une veste de postillon. Exécution vive, peinture
très-lumineuse. — A M. Schickler.

H., 43. — L., 52 cent.

448. Cheval bai brun sortant d'une écurie. Il est sans
harnais et s'avance vers la gauche, conduit par un
jeune homme en blouse qui, de la main gauche, le tient
par le licou. Sur le seuil de l'écurie, à droite, on voit un
second cheval alezan clair, à côté duquel marche un
homme plus âgé que le conducteur du premier. Le

groupe principal se détache sur un **mur** que surmonte
un fond de ciel sombre.

Ce tableau, acquis par la Société des Amis des arts
en 1824, appartient à Mme Saint-Elme Petit.

H., 37. — L., 45 cent.

149. SCÈNE DE LA GUERRE DE L'INDÉPENDANCE GRECQUE (?).
Cinq personnages, qui paraissent être des Grecs, sont
groupés dans une salle voûtée. Au premier plan, couchée en travers du tableau, une femme morte à demi,
enveloppée dans une draperie blanche; près d'elle un
personnage coiffé d'une calotte rouge, couvert d'un
grand manteau d'un vert rompu de rouge; derrière la
femme, une autre figure couchée et vue de dos, le torse
et les jambes nus avec un vêtement rouge; à droite, un
homme âgé, assis, la tête appuyée sur sa main; un
autre personnage drapé de vert, étendu de son long,
lève les mains jointes vers le ciel. Dans le fond une cinquième figure assise, vêtue de bleu, tient sa tête dans
ses deux mains. Deux lances sont appuyées contre le
mur à droite, derrière le vieillard. Au fond, à gauche,
une porte ouverte.

Quelques parties de cette ébauche sont très-peu
avancées; on voit partout le trait à la plume qui cerne
les contours; sur quelques points la toile n'est que
frottée, sur d'autres elle n'est pas même couverte. — A
M. Leconte.

H., 36. — L., 44 cent.

150. TROIS GRECS EN COSTUME NATIONAL MODERNE. Ils
sont debout dans la campagne, vêtus de la veste bleue,
du large pantalon et avec de grands manteaux gris. En
arrière, une colline qui descend à gauche. — A
M. Schickler.

H., 22. — L., 35 cent.

151. Jeune Grec en costume moderne. Enveloppé dans
un manteau blanchâtre, il est assis à terre au sommet
d'un rocher qui domine la mer. La tête appuyée sur
sa main, il semble plongé dans de tristes médita-
tions. Il est tourné à gauche et vu en grande partie de
dos. Cette peinture, de la plus belle qualité, a été
donnée par M. O. Bro de Comères à M. Férus, et par
celui-ci à Mme veuve Rostan.

H., 35. — L.. 45 cent.

152. Buste d'un Oriental. Il est coiffé d'un turban. Peinture forte et dure, plus grande que nature. — A M. Gigoux.

H., 60. — L., 48 cent.

153. Mazeppa. Le cheval bai brun, tourné à gauche gravit
la rive escarpée d'une rivière; le train de derrière est
encore dans l'eau et l'animal épuisé se cramponne des
pieds de devant au talus rocheux. Mazeppa est attaché
les reins sur le dos du cheval, la tête appuyée à son
col. Le ciel d'un gris ardoisé est d'un très-beau ton.
— A M. de Triqueti.

H., 25. — L., 20 1/2 cent.

154. Le four a platre. Au premier plan, à gauche, une
charrette dételée et trois chevaux qui mangent dans
leur musette. Plus loin, à droite, le four à plâtre. On
voit près de la porte ouverte l'avant-train d'une charrette que l'on charge de sacs dans l'intérieur du bâtiment. Les deux chevaux de l'attelage sont auprès de la
charrette et mangent l'avoine. Le ciel, sur lequel le
tableau se détache en clair, est très-obscur. Signé à
gauche « Géricault ». Cet ouvrage fut acheté à Géricault lui-même, par Constantin, marchand de tableaux,
puis il passa entre les mains de MM. Jamar, Ferol

et Mosselman. — A la vente de ce dernier, il fut acquis pour le Louvre, pour le prix de 1,350 francs (n° 246 du catalogue).

H., 50. — L., 60 cent.

CINQ ÉTUDES D'ALIÉNÉS. Elles font partie de dix peintures que Géricault fit, entre les années 1821 et 1824, après son retour d'Angleterre, pour son ami le docteur Georget, médecin en chef de la Salpêtrière. Le docteur Georget mourut très-peu de temps après Géricault. A sa vente, cinq de ces études furent achetées par le docteur Maréchal, qui les emporta en Bretagne où elles sont sans doute encore; les cinq autres que nous décrivons devinrent la propriété du docteur Lachèze. Ce sont des portraits en buste — trois hommes et deux femmes — reproduisant différents types d'aliénés.

155. a). *Monomanie du commandement militaire.* Homme coiffé d'un bonnet de police, avec une médaille de commissionnaire pendue sur la poitrine portant le n° 121. Il est en manches de chemise, avec une draperie grise sur l'épaule. Traits réguliers, expression d'énergie.

H., 80. — L., 65 cent.

156. b). *Monomanie du vol des enfants.* Homme avec un vêtement gris; sur la tête une sorte de toque de même couleur; le front arrondi; l'œil doux et caressant.

H., 65. — L., 54 cent.

157. c). *Monomanie du vol.* Homme vêtu d'un habit vert; tête intelligente avec une expression d'audace et de perversité.

H., 60. — L., 50 cent.

158. d). *Monomanie du jeu.* Vieille femme à l'air absorbé

et stupide. Elle est coiffée d'un mouchoir blanc et tient une béquille.

H., 77. — L., 64 cent.

159. e). *Monomanie de l'envie.* On nommait cette femme la Hyène. Elle est coiffée d'un bonnet dont le fond est de couleur avec de grandes barbes blanches. Visage convulsif, affreux ; yeux injectés.

H., 72. — L., 58 cent.

COPIES D'APRÈS LES MAITRES

160. LA MORT DE GERMANICUS, d'après une gravure du tableau de Poussin au palais Barberini à Rome. Les tons des draperies diffèrent complétement de ceux de l'original. Le fond d'architecture est clair. — A M. Eudoxe Marcille.

H., 45. — L., 55 cent.

161. CHEVAL BLANC EFFRAYÉ. Il est tourné vers la droite. — D'après une gravure anglaise. — A M. Binder.

H., 43. — L., 35 cent.

162. CHEVAL DE LA DESCENTE DE CROIX, de Rubens. — Vente Ary Scheffer, 420 fr. — A M. Binder.

H., — L.,

163. LA BATAILLE, de Salvator Rosa, du Musée du Louvre. Cette esquisse a été faite en une seule séance. Elle a appartenu à M. Jamar.

H., 46. — L., 36 cent.

164. LA TRANSFIGURATION, de Raphaël. Cette esquisse, exé-

cutée en 1814, n'est pas achevée, les événements ayant forcé Géricault à abandonner son travail. — A M. Coincy.

H.,   — L.,

165. Le Christ au tombeau, de Titien. Le châssis porte par derrière le n° 134. — A M. Lehoux.

H., 48. — L., 59 1/2 cent.

166. La Prédication de saint Paul a Éphèse, de Lesueur. Le châssis porte par derrière le n° 143. — A M. Lehoux.

H., 45. — L., 37 cent.

167. La Mise au tombeau, de Michel-Ange de Caravage. Cette copie, peinte très-largement et grassement, est l'une des meilleures qu'ait faites Géricault. — A M. Lehoux.

H., 53. — L., 39 cent.

168. Le Concert, de Spada, au Musée du Louvre. — A M. His de La Salle.

H., 25. — L., 32 cent.

169. La Justice et la Vengeance divine poursuivant le Crime, de Prud'hon, l'une des plus belles copies de Géricault. — A M. His de La Salle.

H., 35. — L., 45 cent.

170. La Mise au tombeau, de Raphaël, au palais Borghèse. — Sur papier maroufflé. — Cette superbe copie appartient à M. His de La Salle.

H., 37. — L., 41 cent.

171. La Peste de Milan, de Jacob van Oort, au Musée du Louvre. — A Mlle Clouard, à Mortain.

H.,   — L.,

172. Les Enfants de Philippe II, de Velasquez. — Vente Delacroix, 700 francs (n° 234 du catalogue).

H., 45. — L., 55 cent.

173. Jésus distribuant le pain a ses disciples, d'après un tableau de l'école espagnole. — Vente Delacroix, 195 francs (n° 235 du catalogue).

H., 45. — L., 55 cent.

174. La Descente de croix, de Jouvenet. Cette toile porte au verso une esquisse du *Chasseur à cheval*. — A M. Feuillet de Conches.

H., 50. — L., 42 cent.

175. Le Christ descendu de la croix, de S. Bourdon.— Vente Delacroix, 650 francs (n° 236 du catalogue).

H., 41. — L., 25 cent.

176. Deux têtes, d'après Rembrandt, au Musée du Louvre (son portrait et celui du vieillard). — A M. Binder.

H., 49. — L., 61 cent.

177. Moine, d'après un tableau de Mola. — A appartenu à M. Jamar.

H., 46. — L., 38 cent.

178. Nature morte, d'après le tableau de Weenix, au Louvre. — Vente Seymour. — A M. Binder.

H., 64. — L., 91 cent.

179. Martyre de saint Pierre, de Titien. — Vente Delacroix, 2,060 francs (n° 227 du catalogue).

H., 65. — L., 54 cent.

180. Le Sommeil des apôtres, de Titien.—Vente Delacroix, 750 francs (n° 228 du catalogue).

H., 76. — L., 56 cent.

181. L'Assomption, de Titien. — Vente Delacroix, 510 francs (n° 230 du catalogue).

H., 65. — L., 54 cent.

182. LA DESCENTE DE CROIX, de Rubens. — Vente Delacroix, 1,210 francs (n° 229 du catalogue).

H., 65. — L., 54 cent.

183. MARS RETENU PAR VÉNUS, de Rubens. — Vente Delacroix, 1,200 francs (n° 231 du catalogue).

H., 55. — L., 80 cent.

184. DEUX LIONS. Ce sont ceux de Snyders dans le *Mariage de Henri IV,* par Rubens, au Louvre; mais ils ne sont pas attelés, et le copiste n'a pas reproduit les Amours qui les montent. — A M. Valferdin.

H., 65. — L., 80 cent.

185. SAINT MARTIN, de van Dyck. — Vente Delacroix, 980 fr. (n° 232 du catalogue). — Vente van Cuyck, 830 fr.

H., 45. — L., 37 cent.

186. LA BÉNÉDICTION DE JACOB, de Rembrandt. — Vente Delacroix, 380 fr. (n° 233 du catalogue). — A M. Binder.

H., 37. — L., 45 cent.

187. ÉTUDE, d'après Raphaël. C'est la femme dans l'*Incendie du bourg,* qui, vue de dos, descend les marches d'un escalier portant un vase sur sa tête et en tenant un autre à la main. — Vente van Cuyck, 1,100 francs. — A M. de la Rosière.

H., 33. — L., 23 cent.

188. LA MÈRE DE H. RIGAUD, de Rigaud. — Vente Delacroix, 880 francs (n° 237 du catalogue).

H., 80. — L., 65 cent.

189. LION ATTAQUANT UN CHEVAL BLANC, de Ward. — Vente Delacroix, 750 fr. (n° 238 du catalogue). — A M. Binder.

H., 58. — L., 55 cent.

490. Plusieurs têtes d'hommes d'après différents
maîtres. — Vente Delacroix, 780 francs (n° 239 du
catalogue). — A M. Binder.

H., 73. — 60 cent.

491. Dragon vu a mi-corps, d'après l'une des figures de la
Barrière de Clichy, d'Horace Vernet, au Musée du
Luxembourg. — A M. Auguste Bry.

H., 12 1/2. — L., 11 cent.

SCULPTURES

1. CHEVAL ÉCORCHÉ. Ronde bosse, cire. Il a la jambe gauche de devant levée. — Sans pouvoir préciser la date, on sait que Géricault a modelé cette œuvre admirable dans sa jeunesse. La cire originale, achetée par M. Susse en 1824, à la vente de Géricault, appartient aujourd'hui à M. Maurice Cottier. Elle a été moulée et se trouve dans tous les ateliers.

H., 23. — L., 25 1/2 cent.

2. CHEVAL ARRÊTÉ PAR UN HOMME. Il est emporté et va à gauche; l'homme en costume antique le retient des deux mains; un second personnage nu est renversé sous les jambes de devant du cheval. — Bas-relief peu accusé que Géricault sculpta, en 1819, sur une pierre de son atelier de la rue des Martyrs. Il s'était mis à ce travail avec une ardeur extrême, mais il n'avait qu'un ciseau de menuisier. M. Jamar monta à la hâte la rue des Martyrs et trouva des tailleurs de pierre qui lui vendirent quelques outils, avec lesquels Géricault termina cet ouvrage, dont il existe un moulage. — Sort inconnu.

H., 20. — L., 32 cent.

3. SATYRE ET BACCHANTE. Groupe sculpté au premier coup
dans une pierre commune. C'est un ouvrage dont quelques parties ne sont pas terminées, mais qui est plein
de grandeur et de mouvement. Il a été enduit d'une
couche d'huile grasse qui lui a donné une teinte bistrée
et l'apparence d'un ouvrage en cire. — Donné par Géricault à M. Bro père. Appartient aujourd'hui au colonel
O. Bro de Comères.

H., 29. — L., 35 cent.

4. BŒUF TERRASSÉ PAR UN TIGRE. Cette ébauche est traitée
avec beaucoup de largeur. — A appartenu à M. Formey.
— Sort inconnu. — Les dimensions que je donne ne sont
qu'approximatives.

H., 25. — L., 30 cent.

5. NÈGRE QUI BRUTALISE UNE FEMME. Ronde bosse; terre
cuite. La femme a le genou droit à terre, où elle appuie
également sa main gauche. De la droite elle repousse le
nègre qui la tient d'une main par le cou, de l'autre par
le milieu du corps. — Ce petit groupe plein d'énergie et
de passion a passé des mains de M. Jamar dans celles
de M. Stevens.

H., — L.,

6. STATUE ÉQUESTRE DE L'EMPEREUR ALEXANDRE. Maquette
en cire, peu avancée. Le cheval se cabre, s'enlevant sur
les deux jambes de derrière et lançant les jambes de
devant (la droite est cassée). Le cavalier, vêtu d'un
costume militaire, se porte un peu en avant; la main
gauche, qui tiendrait la bride, est appuyée sur le genou.
Il avance le bras droit (brisé près du coude). — A
M. Lehoux.

H., 30. — L., 29 cent.

DESSINS

1. SIX CHEVAUX VUS PAR LA CROUPE DANS UNE ÉCURIE. Les noms des chevaux sont écrits sur la mangeoire.—Aquarelle de l'enfance de Géricault. — A M. Pernet.

H., 230. — L., 320 mill.

2. HOMME A CHEVAL. Ce petit ouvrage rappelle très-nettement la manière de Carle Vernet, et il a sans doute été fait pendant que Géricault fréquentait son atelier. — A la sépia. — A M. Pernet.

H., 150. — L., 174 mill.

3. MARÉCHAL DE FRANCE. Il est monté sur un cheval qui galope. — Aquarelle dans la manière de Carle Vernet. — A M. Pernet.

H., 160. — L., 260 mill.

4. ATTAQUE DE LA VILLE DE LANDSHUT, d'après le tableau de Hersent au musée de Versailles. — A la sépia et à l'encre de Chine, avec quelques touches à l'aquarelle. — Au verso : cavalier vêtu d'un habit rouge et d'un pantalon jaune, monté sur un cheval bai au galop.

Fond de paysage. — Ce dernier dessin pourrait être
la copie d'une composition de Carle Vernet. —Aquarelle.
— A M. Eudoxe Marcille.

> H., 250. — L., 315 mill.

5. DEUX PAYSAGES. Ils rappellent les deux tableaux en hauteur dont l'un appartient à M. Dornan. — A la plume et
à l'aquarelle. — A M. Sauvé.

> H., 230. — L., 210 mill.

6. TURC A CHEVAL. Il tient une lance.— A la mine de plomb.
— A M. Pernet.

> H., 120. — L., 160 mill.

7. CHEVAL SE CABRANT. Il est monté par un cavalier en bottes
à l'écuyère. — A la mine de plomb, sur papier calque. —
A M. Pernet.

> H., 210. — L., 220 mill.

8. CHEVAL SE CABRANT. Il est monté par un cavalier vêtu
d'une polonaise.—A la mine de plomb, sur papier calque.
— A M. Jamar.

> H., 190. — L., 220 mill.

9. ARABE A CHEVAL. Il lève le bras gauche et se retourne
vers le spectateur. Le cheval, de profil et cabré, marche
à gauche. — A la plume sur papier calque. — A M. Valferdin.

> H., 240. — L., 250 mill.

10. CHEVAL ARABE HARNACHÉ. Au repos et vu de profil; il a
la tête à gauche et ses pieds baignent dans une nappe
d'eau ; la bride, la selle en velours et la housse qu'elle
recouvre sont riches et du meilleur goût. — A l'aquarelle. — A M. His de La Salle.

> H., 185. — L., 235 mill.

11. CHEVAL AU PETIT GALOP. Il marche vers la droite. — Aquarelle très-achevée. — Vente Lherbette. — A M. Gigoux.

H., 200. — L., 290 mill.

12. DEUX GROS CHEVAUX DE CHARRETTE. Ils sont harnachés et vus de croupe. A gauche, l'avant-train d'un troisième cheval vu de profil, légèrement indiqué. — A la mine de plomb.—Au Musée du Louvre, venant de la collection His de La Salle.

H., 180. — L., 235 mill.

13. CHEVAL ANGLAIS A L'ÉCURIE. Il appartenait à Géricault. — A la sépia. — A. M. Pernet.

H., 110. — L., 155 mill.

14. CHEVAL VU DE PROFIL. Géricault destinait ce dessin à Charlet.—Au crayon légèrement estompé.— A M. Pernet.

H., 220. — L., 300 mill.

15. CHEVAL BAI BRUN. Il est tourné à droite et attaché à un poteau dans un cloître. — Aquarelle. — A M. Hauguet.

H., 145. — L., 170 mill.

16. CHEVAL BAI BRUN. Il est tourné à gauche et attaché par deux longes à son râtelier. — Sépia avec quelques touches d'aquarelle. — A M. Hauguet.

H., 195. — L., 250 mill.

17. DEUX CHEVAUX VUS DE FACE TRAINANT UN CHARIOT A QUATRE ROUES. Le conducteur est assis sur le devant du chariot, au-dessus duquel on voit une herse de pont. — A la mine de plomb, sur papier jaune. — A M. Eudoxe Marcille.

H., 190. — L., 130 mill.

18. CHEVAL ATTELÉ A UN TOMBEREAU ET CONDUIT PAR UN HOMME IVRE. Dans le tombereau est assis un homme, dont on voit seulement le haut de la tête; derrière suivent deux enfants. — A la mine de plomb. — A M. Eudoxe Marcille.

H., 100. — L., 155 mill.

19. DEUX HOMMES QUI TRAÎNENT UNE VOITURE CHARGÉE DE GROSSES PIERRES. Sur la même feuille, neuf autres sujets moins importants. — A M. Sauvé [1].

H., 210. — L., 340 mill.

20. INTÉRIEUR D'ÉCURIE. Deux chevaux, l'un gris, l'autre alezan, sont attachés à la mangeoire par leur longe et séparés par des planches superposées. Le premier baisse la tête en la tournant à droite, effrayé par quelque bruit. Quant à l'alezan, dont une partie du corps est masquée par le cheval gris et par les planches de séparation, il a la tête élevée et regarde du même côté que son voisin. — Ce charmant dessin, qui faisait partie de l'album d'une dame de la connaissance du peintre, est à l'aquarelle. — A M. His de La Salle.

H., 82. — L., 109 mill.

21. PORTRAIT ÉQUESTRE D'UN JEUNE HOMME. Vu de profil, en redingote à collet et en bottes à l'écuyère; il monte un cheval à courte queue et sellé à l'anglaise, qui se dirige à gauche, au galop. — Lavé au bistre. — A M. His de La Salle [2].

H., 250. — L., 230 mill.

1. M. Sauvé possède encore deux livres de croquis et plusieurs dessins qui sont de l'enfance et de la première jeunesse de Géricault.
2. Cet ouvrage ainsi que ceux décrits sous les nos 38, 42, 95, 159, font partie de la collection de cent dessins de maîtres donnée en 1847, par M. de La Salle, à l'École des Beaux-Arts.

22. DOUZE SQUELETTES DE CHEVAUX VUS DE PROFIL OU EN
RACCOURCI. Quelques-uns de ces squelettes sont compli-
qués d'une étude myologique, d'autres du système nerveux ou veineux. — A M. Gigoux.

H., — L.,

1812 — 1816.

23. OFFICIER DE CHASSEURS A CHEVAL. Cette composition
pourrait être une première pensée pour le tableau du
Louvre. Le cheval se cabre et marche à gauche. — A la
plume sur papier calque. — A M. Valferdin.

H., 450. — L., 340 mill.

24. OFFICIER DE CHASSEURS A CHEVAL. Composition à peu
près semblable à celle du tableau du Louvre; cependant
l'écart du cheval est beaucoup moins marqué. Il marche
à gauche. — A la pierre noire, avec des rehauts blancs.
— A M. Valferdin.

H., 160. — L., 120 mill.

25. OFFICIER DE CHASSEURS A CHEVAL. Même composition
que dans le précédent dessin, mais beaucoup moins
terminée. Le cheval marche à droite. — A M. Valferdin.

H., 210. — L., 170 mill.

26. OFFICIER DE CARABINIERS. Il est vu de dos, le sabre à
la main, la tête de profil à droite. Il se retourne, regardant fièrement la troupe qu'il commande. Son cheval,
faisant un temps d'arrêt sur le train de derrière, a la
jambe du côté montoir encore levée. Paysage montagneux. En avant du cheval, une troupe défile dans un

ravin. Au second plan, sur la droite, un peloton de carabiniers en marche. — A la pierre noire, lavé de bistre,
avec quelques touches d'aquarelle. — Ce dessin a été
lithographié par Tayler. — A M. His de La Salle.

H., 250. — L., 210 mill.

27. PORTRAIT EN PIED D'UN CARABINIER. Couvert de sa cuirasse et casque en tête, il appuie sa main gauche sur la
poignée de son sabre; de la main droite il tient un gant
à la crispin. Fond de paysage; à droite, une fabrique.
— A la plume, lavé de bistre, avec quelques touches
d'aquarelle. — A M. His de La Salle.

H., 390. — L., 310 mill.

28. CHARGE CONTRE DES ARTILLEURS. Un cavalier arrive,
au galop de son cheval, près de deux artilleurs qui sont
assis sur leur pièce. En avant, un homme est renversé,
un autre est agenouillé. A gauche, un autre homme sur
un cheval au galop vu de face.—A la plume.—A M. Camille Marcille.

H., 210. — L., 290 mill.

29. GRAND'GARDE DE HUSSARDS. Un cavalier s'apprête à
monter un cheval noir; il a déjà le pied gauche dans
l'étrier. Un second cavalier à côté de lui monte un cheval alezan. On voit quelques hussards à droite, en arrière. Du même côté, et en avant, un feu de bivouac,
sur lequel est une marmite. — Aquarelle. — Au colonel
O. Bro de Comères.

H., 125. — L., 155 mill.

30. COMBAT DE CAVALERIE. Au premier plan, deux cavaliers
turcs se sont élancés l'un contre l'autre et vont se sa-
brer. Au second plan, un troisième cavalier va passer
sur le corps d'un ennemi renversé étendu par terre. Au

fond, une ville d'Orient. — A la plume, lavé de bistre. — A M. His de La Salle.

H., 195. — L., 275 mill.

31. ARTILLEUR A CHEVAL. Il est au grand galop, se dirige vers la droite, et tient d'une main une mèche allumée. Au second plan, à gauche, le colonel, le sabre à la main, suit au galop le mouvement de sa troupe dont on aperçoit à droite une partie lancée à fond de train. — A la plume et à l'aquarelle. — A M. Mahérault.

H., 134. — L., 187 mill.

32. OFFICIER D'ARTILLERIE GALOPANT A GAUCHE. Le cheval est noir, avec les pieds blancs. L'officier lève son sabre et se retourne en donnant un ordre. En arrière, une pièce d'artillerie. — Aquarelle. — A M. Schickler.

H., 250. — L., 200 mill.

33. CHARGE DE CUIRASSIÉRS CONTRE DES ARTILLEURS PRUSSIENS. — Aquarelle. — A. M. Mène.

H., 180. — L., 230 mill.

34. CARABINIER DEBOUT APPUYÉ CONTRE UN ROCHER. Il regarde à droite. — Aquarelle. — A M. Émile Galichon.

H., 190. — L., 120 mill.

35. CARABINIER. Il est vu de face et chargeant. — Aquarelle non terminée. — Au colonel O. Bro de Comères.

H., 280. — L., 215 mill.

36. MARÉCHAL DES LOGIS DES CHASSEURS DE LA GARDE ROYALE. Il est vu de trois quarts à gauche. Il est nu-tête et tient la main appuyée sur son cheval. — Aquarelle. — A M. Binder.

H., 310. — L., 190 mill.

37. LE COLONEL LANGLOIS DESSINANT. Il est vu en profil
perdu, dans le costume de grenadier, la giberne au
dos. — A la mine de plomb. — A M. Gigoux.

H., 280. — L., 240 mill.

38. GRENADIERS CROISANT LA BAÏONNETTE POUR REPOUSSER
UNE CHARGE DE MAMELUKS. Au centre, sur le premier
plan, un mameluk renversé de son cheval tient encore
son sabre à la main; sa jambe gauche est appuyée sur
la selle du cheval qui se cabre à la vue des baïonnettes;
à gauche, un porte-étendard des mameluks. — Au
crayon noir lavé de bistre et rehaussé de blanc, sur
papier jaune[1]. — A M. His de La Salle.

H., 200. — L., 280 mill.

39. MAMELUK. Il est appuyé de la main droite à la hampe
d'un drapeau dont on ne voit pas la partie supérieure;
il tient sa main gauche sur la hanche. Le corps est vu
de face, la tête de profil, tournée à droite. En arrière,
à gauche, un cheval indiqué à la pierre rouge. — Aquarelle. — A M. Mündler.

H., 300. — L., 210 mill.

40. ÉPISODE DE LA GUERRE DE MADAGASCAR (?). Un cavalier
français, coiffé du tricorne, son sabre d'une main, un
pistolet de l'autre, combat un Malgache également à
cheval et armé d'un casse-tête. Sur le devant de la composition : près du premier, un soldat français renversé
sur son cheval; près du second, un Malgache qui tombe
de sa monture la tête la première. — Sépia rehaussée
de blanc. — A M. Brame.

H., 190. — L., 273 mill.

1. Je possède une très-belle répétition à la mine de plomb, sur papier
calque, du cheval et du mameluk renversé. Le reste de la composition est
à peine indiqué. Ce dessin m'a été donné par M. Lehoux, qui le tenait de
Géricault lui-même.   H., 220. — L. 320 mill.

41. MAMELUK DÉFENDANT UN JEUNE TROMPETTE BLESSÉ.
Première pensée pour la lithographie du même nom.
Le cheval renversé qui se trouve dans ce dessin n'a
pas été reproduit dans la planche. A gauche de la composition, on voit des cuirassiers chargeant. — A la
plume sur papier calque. — A M. Lehoux.

H., 270. — L., 260 mill.

42. MARCHE DANS LE DÉSERT. Première pensée pour la lithographie qui porte ce titre. — Au premier plan, à gauche,
un attelage de quatre chevaux dont l'un vient de
s'abattre; le conducteur va le frapper pour le remettre
sur pied; à droite, un chameau se relève; au fond, la
composition telle qu'elle a été exécutée par le maître sur
la pierre. — Lithographié en *fac-simile* par M. A. Colin dans notre publication : *Dessins de Géricault,* etc.

Pour réparer la faute qu'il avait commise en plaçant au
second plan le personnage principal, Géricault refit cette
composition sur le verso de son papier, en supprimant
les épisodes du premier plan; il se servit de ce second
dessin pour exécuter la lithographie qui fait partie de la
Vie de Napoléon, par Arnault. — Les deux dessins sont
à la mine de plomb. — A M. His de La Salle.

H., 289. — L., 410 mill.

43. PASSAGE DU MONT SAINT-BERNARD. Composition de
la lithographie pour l'ouvrage de M. Arnault. — A
la mine de plomb sur papier calque[1]. — A M. Lehoux.

H., 330. — L., 410 mill.

---

1. M. His de La Salle possédait un dessin à la mine de plomb du même
sujet, qu'il a donné à l'École des Beaux-Arts.

44. Retraite de Russie. Au milieu, un dragon casqué à cheval, un manteau sur les épaules; près de lui, deux chevaux conduits par la bride par un autre dragon à pied, qui marche devant. Derrière suivent deux fantassins, la tête basse, et coiffés de bonnets à poil. — A l'encre de Chine. — Au verso de ce dessin, qui est en largeur, on voit au-dessus de la tête des trois chevaux un autre cheval au galop. — A la sépia. — A M. Eudoxe Marcille.

H., 165. — L., 280 mill.

45. Bataille de Maïpu. Composition pour la lithographie du même nom. — A la mine de plomb. — A M. de Triqueti.

H., 190. — L., 275 mill.

46. Bataille de Mondovi. Le général Bonaparte, à cheval, marche à droite. Il est accompagné d'un officier supérieur et d'un mameluk. Sur le devant, à droite, quatre figures de combattants à pied. Dans le fond, au milieu de la fumée, on voit des cavaliers et les édifices d'une ville. — A la pierre noire et à l'estompe avec quelques rehauts blancs. — A M. Gigoux.

H., 290 — L., 390 mill.

47. L'Empereur, suivi de son état-major, visitant les blessés après une bataille. — A la sépia, avec quelques touches d'aquarelle. — A M. Camille Marcille.

H., 190. — L., 285 mill.

48. Louis XVIII passant une revue au Champ de Mars. A gauche, des cavaliers font demi-tour et saluent du sabre, en passant devant le roi, assis avec la duchesse d'Angoulême entre les colonnes qui se trouvent à l'en-

trée de l'École militaire. En perspective, à droite, on
voit l'état-major. Deux officiers anglais, debout sur les
marches, de chaque côté du roi, indiquent la date de
ce projet. Un groupe de chevaux tenus en main, et qui
s'animent au passage de la cavalerie, forment le premier
plan du tableau. Cette composition importante n'a jamais été exécutée ; cependant Géricault en a fait une
esquisse peinte à l'huile qui a appartenu à M. Jamar et
dont j'ignore le sort. — A l'aquarelle, très-largement
touché à l'effet.— L'architecture n'est pas de la main de
Géricault. — A M. Lehoux.

H., 260. — L., 360 mill.

49. Louis XVIII passant une revue au champ de Mars.
Louis XVIII, assis devant la façade du palais de l'École
militaire, voit défiler les troupes à cheval.—A la plume
et à la sépia. — L'architecture est à l'encre de Chine.—
A M. Camille Marcille.

H., 180. — L., 210 mill.

50. Le Duc de Berry. Il est sur son lit de mort et entouré
de la famille royale. — Au verso, le même sujet, traité
d'une manière différente. — A la mine de plomb. — A
M. Binder.

H., 190. — L., 250 mill.

51. Lionne allaitant deux lionceaux. Elle est debout,
vue de profil, et tourne la tête vers le spectateur. — A
la mine de plomb, lavé de sépia et d'aquarelle.—Ce dessin
a été fait d'après nature à Londres.— A M. le duc d'Aumale. (Catalogue Reiset, n° 306.)

H., 160. — L., 235 mill.

52. Lion et lionne. Le lion, levé sur ses jambes de devant, regarde à gauche, il se retourne vers la lionne,

22

placée derrière lui, et dont on ne voit que la tête et une
patte. — Aquarelle d'une grande beauté. — A M. Hauguet.

H., 150. — L., 235 mill.

53. Lion dévorant un cheval mort. Une tête et une patte
de lion sont plus étudiées à gauche et à droite dans le
haut du dessin. — A la mine de plomb. — A M. Eudoxe
Marcille.

H., 170. — L., 260 mill.

54. Lion. Il est vu en raccourci, regardant à droite. Sur la
même feuille, au bas, à droite, tête de lion vue de
profil. — A la mine de plomb. — A M. His de La Salle.

H., 170. — L., 220 mill.

55. Tête de lion. A la mine de plomb. — A M. Eudoxe
Marcille.

H., 125. — L., 140 mill.

56. Études de chats. Ils sont dans différentes poses et
présentent les divers degrés de la colère : au centre de
la feuille, une tête de tigre inspirée par les têtes de
chats. — A la mine de plomb [1]. — A M. His de La Salle.

H., 320. — L., 400 mill.

57. Galaor. Chien de l'espèce mâtin qui appartenait à Géricault. Il est couché, la moitié du corps passant hors
de sa niche de pierre. — Aquarelle. — Au colonel
O. Bro de Comères.

H., 155. — L., 155 mill.

---

1. M. Eugène Le Roux a gravé à l'eau-forte ce magnifique dessin. On
assure qu'il n'a été tiré qu'une seule épreuve de cette planche. Elle appartient à M. Mène.

1816 — 1817.

58. COURSE DE CHEVAUX LIBRES. Les chevaux, prêts à s'élancer, sont retenus par des personnages nus. Ce magnifique dessin est probablement le dernier que Géricault ait fait de ce sujet. Il paraît avoir été mis au carreau, et c'est lui sans doute qui a servi pour les esquisses peintes que l'on possède. Il a été lithographié en *fac-simile* par M. A. Colin, dans notre publication : *Dessins de Géricault,* etc. — A la plume. — A M. Eudoxe Marcille.

H., 250. — L., 500 mill.

59. COURSE DE CHEVAUX LIBRES. Dessin presque identique à celui de M. E. Marcille, mais moins arrêté et en somme moins beau. Lithographié par M. A. Colin dans sa première suite de *fac-simile.* — A la plume. — Au Louvre, venant de la collection His de La Salle.

H., 200. — L., 455 mill.

60. COURSE DE CHEVAUX LIBRES. Assez voisine des précédentes. Lithographiée par M. A. Colin, dans une suite qui n'a pas été publiée. Il n'en existe probablement que deux ou trois épreuves d'essai. C'est une des plus belles variantes de ce projet. — A M. Leloir.

H., 375. — L , 400 mill.

61. COURSE DE CHEVAUX LIBRES. Ce beau dessin, de plus petite dimension que les précédents, présente quelques variantes intéressantes. — Vente de Feltre. — A M. His de La Salle.

H., 140. — L., 250 mill.

62. Course de chevaux libres. Hommes nus retenant des chevaux avant la course. — A la plume sur papier jaune. — A M. Camille Marcille.

H., 140. — L., 270 mill.

63. Course de chevaux libres. Plusieurs hommes nus retiennent les chevaux ou courent à leur suite. A la plume. Au verso, trois chevaux; celui du milieu a une plume sur la tête, celui de droite est retenu par un homme nu. — A la plume et à la mine de plomb. — A M. Eudoxe Marcille.

H., 100. — L., 270 mill.

64. Course de chevaux libres. Cinq chevaux au galop; trois d'entre eux ont la tête ornée d'une aigrette. Quatre Romains, en costume moderne, font tous leurs efforts pour les arrêter. — A la plume sur papier jaune. — Gravé en *fac-similé* par M. Durand (*Gazette des Beaux-Arts* (1er mai 1867). — A M. Eudoxe Marcille.

H., 145. — L., 310 mill.

65. Course de chevaux libres. Les chevaux, sur une ligne oblique, sont retenus par de jeunes Romains en costume moderne. La composition est identique à celle de l'une des esquisses peintes appartenant à M. Couvreur. — A la mine de plomb. — A M. Sauvé.

H., 270. — L., 440 mill.

66. Course de chevaux libres. Romains retenant des chevaux avant la course. A gauche, l'un des palefreniers a été renversé. — Croquis à la mine de plomb sur papier jaune. — A M. Camille Marcille.

H., 135. — L., 295 mill.

67. Épisode de la course de chevaux libres. Un cheval

qui s'emporte est tenu aux naseaux par deux jeunes
gens en costume romain moderne. Deux autres personnages le retiennent par la queue. — A la plume. —
Lithographié par M. A. Colin dans sa première suite de
fac-simile. — C'est la composition du tableau que
possède le musée de Rouen [1]. — A M. Jules Sandeau.

H., 160. — L., 255 mill.

68. ÉPISODE DE LA COURSE DE CHEVAUX LIBRES. Quatre
hommes nus s'efforcent d'arrêter un cheval qui s'emporte. Deux d'entre eux tiennent la tête du cheval, les
autres sa queue. Cette composition se rapproche beaucoup de la précédente. — A la pierre noire. — A
M. Eudoxe Marcille.

H., 190. — L., 260 mill.

69. ÉPISODE DE LA COURSE DE CHEVAUX LIBRES. Un cheval
emporté est entouré par quatre hommes qui veulent
l'arrêter : ces hommes sont vêtus du costume italien; à gauche, un autre homme est renversé. — A la
mine de plomb sur papier jaune. — A M. Eudoxe Marcille.

H., 135. — L., 190 mill.

70. ÉPISODE DE LA COURSE DE CHEVAUX LIBRES. Cheval
au galop; sa tête est ornée d'une aigrette. Un palefrenier romain tient de la main gauche sa bride, et appuie
le bras droit sur son garrot. — A la pierre noire.
— Au verso, même sujet, avec variante : l'homme

---

1. Tout ce qui se rapporte à cette magnifique composition a tant d'importance que, malgré l'abondance des documents déjà mentionnés, nous
devons encore signaler deux intéressantes variantes de ce même sujet,
presque identiques au dessin de M. Sandeau, l'une à la plume, l'autre à
la mine de plomb, appartenant à M. His de La Salle.

tient de la main gauche le nez du cheval, et de la
droite la bride. — A M. Eudoxe Marcille.

H., 215. — L., 285 mill.

71. ÉPISODE DE LA COURSE DE CHEVAUX LIBRES. Cheval
au galop. Un homme nu, coiffé d'un bonnet phrygien,
le suit ayant sa main gauche près de sa crinière, et
tenant de la droite un javelot. — Dessin rehaussé de
blanc sur papier calque jaune. — Cet ouvrage, qui avait
été donné par Géricault au docteur Magendie, appartient aujourd'hui à Mme Magendie.

H., 175. — L., 215 mill.

72. ÉPISODE DE LA COURSE DE CHEVAUX LIBRES. Deux
petits dessins à la plume sur papier calque. — A
M. Lehoux.

H., 90. — L., 190 mill.

73. ÉPISODE DE LA COURSE DE CHEVAUX LIBRES. Un palefrenier amène un cheval. Il est placé à sa droite et le
tient par les rênes du bridon, tout près de la bouche;
son bras gauche est appuyé sur le dos du coursier qu'il
dirige du côté droit pour aller retrouver les chevaux
qui vont courir; ceux-ci sont légèrement indiqués
dans le fond ainsi que la tribune des spectateurs. — A
la sépia, sur un croquis au crayon noir. — A M. His
de La Salle.

H., 136. — L., 170 mill.

74. CAVALIER SUR UN CHEVAL QUI MARCHE AU GRAND TROT.
Le cheval rappelle par son style les bas-reliefs antiques.
— Dessin à la mine de plomb très-finement exécuté. —
A M. Lehoux.

H., 120. — L., 180 mill.

75. CINQ CHEVAUX DE POIL DIFFÉRENT. Ils sont tenus par

trois palefreniers en costume romain moderne. Les deux
en avant sont : celui de gauche, blanc; celui de droite,
bai-brun. Cette importante aquarelle est à peu près
identique au tableau de M. His de La Salle décrit dans
le catalogue des peintures. — A M. Hauguet.

H., 230. — L., 300 mill.

76. PRIÈRE A LA MADONE. Groupe de paysans romains pro-
sternés à la porte d'une église, dont on ne voit que
l'entrée indiquée par deux colonnes et un rideau entr'ouvert. Des hommes et des femmes de tout âge sont agenouillés devant cette porte. A gauche, deux jeunes *con-
tadins* à cheval ôtent pieusement leurs chapeaux, et,
près de l'un d'eux, une mère, effrayée par le bruit des
pas du cheval, se retourne en pressant son enfant dans
ses bras. — Lithographié par M. A. Colin dans notre
publication : *Dessins de Géricault,* etc. — A la plume.
— A M. His de La Salle.

H., 265. — L., 400 mill.

77. PAYSAN ROMAIN. Coiffé d'un chapeau à large bord et
presque entièrement drapé dans son manteau, il est vu
de face, debout, le dos appuyé contre un mur, et il
tient dans ses bras un enfant, dont la tête est recouverte
d'un chapeau pareil au sien. — Aquarelle sur croquis
au crayon noir et rehaussé de blanc sur papier brun. —
A M. His de La Salle.

H., 280. — L., 196 mill.

78. LE MARCHÉ AUX BŒUFS. Deux hommes armés de bâtons
sont au milieu de bœufs en furie. Sur le premier plan, un
troisième personnage, genou en terre, a sa main gauche
sur le cou d'un des bœufs qui est renversé, et de l'autre il
retient un chien qui mord la tête du bœuf. A droite, un
autre chien, debout sur ses pattes de derrière, aboie.

C'est la composition do l'esquisse peinte appartenant à M. Couvreur. — Lithographié par M. A. Colin dans notre publication : *Dessins de Géricault,* etc. — A la plume. — A M. Eudoxe Marcille.

H., 295. — L., 510 mill.

79. CROQUIS DIVERS. Deux hommes nus; l'un suit un cheval au trot, l'autre cherche à brider un second cheval. — Homme enchaîné faisant les plus grands efforts pour se délivrer de ses chaînes, etc. — A la plume. — A M. Eudoxe Marcille.

H., 220. — L., 350 mill.

80. COURSE ANTIQUE. Assis dans un antre, entre deux faisceaux qui supportent une couronne, un juge voit courir trois chevaux libres. Sur un tertre abrité par des arbres, une foule nombreuse assiste à ce spectacle.—Aquarelle. — A M. Camille Marcille.

H., 105. — L., 185 mill.

81. MARCHE DE SILÈNE. Ivre et nu, il est monté sur un âne, et a la tête couronnée de pampres. Il est soutenu par un bacchant qui joue de la flûte, et par une bacchante qui tient, de la main gauche, au-dessus de sa tête, une grappe de raisins. L'âne, conduit par un satyre armé d'un thyrse, plie sous le faix. A gauche, d'autres bacchants, debout, tiennent, en dansant, l'un, un vase, l'autre, une coupe. Un troisième est renversé ivre-mort. — A la mine de plomb et à la sépia, rehaussé de blanc, sur papier jaune. A droite, on lit : Géricault. — A M. Eudoxe Marcille.

H., 205. — L., 280 mill.

82. MARCHE DE SILÈNE. Répétition du même sujet. — A

la sépia rehaussé de blanc sur papier jaune. — A
M. Camille Marcille.

H., 210. — L., 280 mill.

83. MARCHE DE SILÈNE. Semblable au précédent. — Trait
à la plume. — A M. Eudoxe Marcille.

H., 200. — L., 320 mill.

84. LE TRIOMPHE DE GALATÉE. A la sépia. Les eaux et le
ciel sont bleus. — A M. Mène.

H., 200. — L., 290 mill.

85. PARIS ET HÉLÈNE. Au-dessous, une frise représentant
une bacchanale. — A la plume. — A M. Valferdin.

H., 290. — L., 190 mill.

86. MARS ET HERCULE. Ils sont nus et debout sur un char
antique, et cherchent à retenir deux chevaux emportés
qui ont heurté sur leur passage une colonne milliaire.
L'un des chevaux est renversé, et son col est sous le
timon du char. A droite, cette composition est répétée
en petit avec une variante. A gauche, au haut du dessin, on lit : Mars et Hercule. Ces mots sont écrits
à l'encre. — A la plume. Le cheval renversé, le timon
et le char sont à la pierre noire. — A. M. Eudoxe
Marcille.

H., 210. — L., 250 mill.

87. MARS ET HERCULE. Ils sont dans un char antique, auquel
sont attelés deux chevaux; celui de droite est renversé,
celui de gauche se cabre. — A la plume. Le cheval qui se
cabre est seulement indiqué à la mine de plomb. — A
M. Camille Marcille.

H., 195. — L., 260 mill.

88. HERCULE ENLEVANT UN BOEUF SUR SES ÉPAULES. A la sépia rehaussé de blanc avec ciel bleu. — A M. Benoît-Champy.

> H., 120. — L., 170 mill.

89. L'HOMME POUSSÉ PAR LA MORT. (« Marche, marche! » Bossuet.) — Croquis à la plume avec quelques touches à la sépia. — A M. Benoît-Champy.

> H., 170. — L., 220 mill.

90. LA BARQUE DE CARON PASSANT LE STYX. Croquis à la plume. — A M. Benoît-Champy.

> H., 160. — L., 320 mill.

91. CENTAURE SAISISSANT UNE FEMME QUI SE DÉBAT. Il marche à gauche. A la plume avec des rehauts blancs. — Au musée du Louvre, venant de la collection His de La Salle.

> H., 150. — L., 220 mill.

92. CENTAURE QUI EMPORTE UNE FEMME. Il marche à gauche. A la plume avec des rehauts blancs. — Au musée du Louvre, venant comme le précédent de la collection His de La Salle.

> H., 200. — L., 455 mill.

93. L'HOMME S'ARRACHANT DES BRAS DU VICE. (Cette inscription, qui se trouve au-dessous du dessin, est de la main de Géricault.) La figure herculéenne, qui repousse les différents vices, est d'une grande puissance. — A la plume. — A M. Sauvé.

> H., 170. — L., 135 mill.

94. DÉFENSE D'UN PONT. Sur un pont, un guerrier (Horatius Coclès [?]) nu, casqué, armé d'un glaive et d'un bouclier, arrête des soldats armés aussi de glaives et de boucliers; derrière, sont des hommes nus qui ont

leurs arcs bandés. Sous l'arche, d'autres assaillants, tenant des arcs et des flèches, arrivent dans un bateau. — A la sépia sur papier blanc jaunâtre. — A M. Eudoxe Marcille.

H., 160. — L., 250 mill.

95. CONCERT CHAMPÊTRE. Un faune et une nymphe des bois sont assis sur un rocher, à l'ombre d'un arbre séculaire, dans un paysage montagneux. La nymphe, le bras gauche appuyé sur l'épaule du faune, le considère avec attention, pendant qu'il tire des sons d'un chalumeau. Les deux figures sont nues; la cuisse et la jambe droites du faune, seules, sont enveloppées dans une draperie. — Au crayon noir, lavé de bistre et rehaussé de blanc sur papier jaune. — A M. His de La Salle.

H., 190. — L., 240 mill.

96. HOMME NU TERRASSANT UN BŒUF. Vu de dos, il tien le bœuf par les cornes et l'a fait tomber sur les genoux au moyen de la forte pression qu'il lui a imprimée en se penchant sur lui. Au-dessus de ce groupe, et dans le sens inverse, le maître a dessiné deux variantes de la lutte. Dans la première, l'homme, vu de dos, a saisi de la main gauche l'une des cornes de l'animal qui s'est cabré et résiste; dans la seconde, l'homme, vainqueur, est à genoux, près du bœuf, et lui tient la tête collée contre la terre. Un combat de deux bœufs, légèrement indiqué, sépare ces deux variantes. Au-dessous du groupe principal, Géricault a dessiné une frise représentant un troupeau de bœufs en marche, précédé et suivi de ses gardiens en costume romain. Ce magnifique dessin a été lithographié par M. A. Colin dans notre publication : *Dessins de Géricault,* etc. — A la plume. — A M. His de La Salle.

H., 240. — L., 305 mill.

97. PICADORES A CHEVAL. Ils sont armés de lances et conduisent des bœufs. — A la plume.

H., 110. — L., 180 mill.

Au verso. Romain armé d'une lance sur un cheval
au galop. — A la plume. — A M. Camille Marcille.

H., 110. — L., 140 mill.

98. DEUX HOMMES NUS, L'UN A CHEVAL, L'AUTRE A PIED,
S'EFFORCENT D'ARRÊTER UN TAUREAU. Ce beau dessin
paraît être la première pensée de la lithographie : les
Bouchers romains. — A la plume. — A M. Mène.

H., 200. — L., 250 mill.

99. CAVALIER ATTAQUÉ PAR UN LION. Il est renversé sur le
dos de son cheval, qui se cabre d'effroi. A droite, une
tête de lion de profil tourné à gauche. — Beau croquis
à la mine de plomb. — A M. Mahérault.

H., 195. — L., 270 mill.

100. CHEVAL ATTAQUÉ PAR UN LION. Il est tourné à gauche
et se cabre en soulevant le lion cramponné à son garrot.
— A la mine de plomb. — Lithographié par M. A. Colin
dans sa première suite de *fac-simile.* — Géricault lui-
même a fait de ce sujet une lithographie dont on ne
connaît qu'un exemplaire que l'on trouvera décrit
dans le catalogue des lithographies. — Au musée du
Louvre, venant de la collection His de La Salle.

H., 210. — L., 200 mill.

101. CHEVAL ATTAQUÉ PAR UN LION. Composition identique

à celle du dessin du Louvre. Le cheval est tourné à droite. — Encre de Chine et sépia. — A M. Mène.

H., 200. — L., 250 mill.

102. LION DÉVORANT UN CHEVAL. Devant un rocher est étendu un cheval mort; un lion a les deux pattes de devant posées sur le corps du cheval qu'il va dévorer.— A l'encre lithographique sur toile. — A M. Camille Marcille.

H., 270. — L., 360 mill.

103. LION DEBOUT. Ses deux pattes de devant sont posées sur le corps d'une femme. — A la plume. — A M. Camille Marcille. — A M. Heymann.

H., 115. — L., 170 mill.

104. HOMME TERRASSANT UNE PANTHÈRE. L'homme est nu ; de la main droite, il tient le nez de la panthère, et de la gauche la mâchoire inférieure de l'animal ; sa jambe droite est engagée entre l'une des pattes de la panthère et sa queue [1]. — A l'encre de Chine. — A M. Eudoxe Marcille.

H., 120. — L., 180 mill.

105. DÉMONS. Ils emportent, l'un un homme, l'autre une femme. — A la mine de plomb. — A M. Binder.

H., 190. — L., 140 mill.

106. PASSAGE DE LA MER ROUGE. A droite, les Israélites continuent leur marche, après avoir traversé la mer. Au milieu, Moïse, armé d'un glaive, assiste à la ruine de

---

1. M. His de La Salle possède un dessin de cette composition, aussi important que celui qui vient d'être décrit et de la même exécution. Au verso se trouve une variante très-remarquable du même sujet à la mine de plomb.

Pharaon, que l'on voit à gauche, dans un char traîné
par deux chevaux, au moment où il va être englouti
dans les flots. — A la sépia. — A M. Camille Marcille.

H., 120. — L., 170 mill.

107. Jésus-Christ au jardin des Oliviers. Il est entièrement drapé et agenouillé; devant lui, un ange lui présente
le calice, sur lequel est une hostie d'où s'échappent des
rayons. — Au crayon noir et à la sépia avec des rehauts
blancs sur papier jaune. — A M. Logerotte.

H., 210. — L., 280 mill.

108. Jésus chassant les marchands du temple. A la
plume avec quelques touches de sépia. — A M. Benoît-
Champy.

H., 125. — L., 160 mill.

1818 — 1820.

109. Le Radeau de la Méduse. Ce projet, très-achevé et des
plus remarquables, diffère considérablement du tableau
du Louvre. Il représente l'épisode de la révolte des matelots contre les officiers. Dans cette scène tumultueuse,
de la plus grande énergie, on distingue surtout au
milieu, dominant la composition, un jeune officier, blessé
et debout, embrassant le mât du bras gauche. Au premier plan, vers le centre, un cadavre, retenu au radeau
par la jambe repliée, qui rappelle la figure à droite du
tableau du Louvre; à droite, un homme, la moitié du
corps dans la mer, se retient des deux mains à une
corde; à gauche, une femme morte étendue; tout auprès, une autre lève les deux mains au ciel. — Cet
ouvrage est exécuté à la plume. — A M. Lamme.

H., 415. — L., 590 mill.

110. LE RADEAU DE LA MÉDUSE. — Ce magnifique dessin se rapproche beaucoup, par la composition, du précédent. C'est la même scène tumultueuse, dramatique et surchargée de personnages. On y trouve cependant quelques variantes assez importantes, et en général très-heureuses, qui expliquent que Géricault ait traité deux fois le même sujet d'une manière aussi achevée. — Au crayon noir et à la sépia sur papier jaune ; la mer et le ciel à l'aquarelle avec quelques touches de gouache. Cet admirable ouvrage a appartenu à Ary Scheffer et monta à sa vente (15 et 16 mars 1859) au prix de 1050 francs. — Il appartient aujourd'hui à M. Hulot.

H., 400. — L., 510 mill.

111. LE RADEAU DE LA MÉDUSE. — Ce beau et important dessin ne reproduit pas plus que les précédents le projet que Géricault adopta pour le tableau du Louvre. Il représente les naufragés au dernier degré de la misère. A gauche, à la place du père qui tient son enfant sur ses genoux, est un personnage accroupi sur un cadavre, dont il ronge le bras ; au pied du mât un homme debout tord ses mains crispées par le désespoir. Deux figures à droite tendent les bras vers l'horizon et paraissent apercevoir quelque navire. Le cadavre accroché aux poutres du radeau existe dans cet ouvrage comme dans les deux précédents, et l'on sait que cette figure ne se trouve ni dans les dessins ni dans les esquisses du projet définitif, et que Géricault ne l'ajouta au tableau qu'au dernier moment dans le foyer du Théâtre-Italien. — A la sépia et à l'aquarelle. —

Vente Grégoire. — Ce dessin a appartenu à M. Nepveu. Il est aujourd'hui entre les mains de M. Duquesne.

H., 275. — L., 370 mill.

412. LE RADEAU DE LA MÉDUSE. C'est le moment où les naufragés sont recueillis par le canot de l'*Argus*. Ils ont déjà presque tous quitté le radeau, qui se trouve à gauche du canot. — A la plume. — A M. Courtin.

H., 90. — L., 200 mill.

413. LE RADEAU DE LA MÉDUSE. Composition qui se rapproche de celle du tableau du Louvre, dont elle paraît être la première pensée. Les naufragés sur le radeau joignent les mains et tendent les bras en voyant, à gauche, approcher un bateau. — A la plume. — A M. Camille Marcille.

H., 230. — L., 330 mill.

414. LE RADEAU DE LA MÉDUSE. Composition presque identique au projet définitif, mais avec des modifications importantes dans le mouvement des figures, qui sont nues pour la plupart. Le jeune homme, sur les genoux de son père, a les jambes placées horizontalement et couvertes d'une draperie; l'homme étendu sur le dos, tout à gauche, manque, ainsi que celui qui, à droite, cherche à se soulever; la voile n'est pas indiquée et le nègre est coupé à la hauteur des épaules. — A la plume, sur papier huilé. — A M. Courtin.

H., 320. — L., 420 mill.

415. LE RADEAU DE LA MÉDUSE. Composition à peu près semblable à celle du tableau. La figure couchée sur le dos, à gauche, manque. — A la plume et à la sépia.

Au verso. L'homme qui cherche à se relever, à droite,
dans le tableau. — A la plume et à la sépia, avec des
rehauts blancs. — A M. Valferdin.

H., 200. — L., 270 mill.

116. LE RADEAU DE LA MÉDUSE. Composition identique à
la précédente. Les quatre figures à gauche sont toutes
assez avancées; les autres ne sont qu'indiquées. —
A la plume.

Au verso. La même figure que dans le précédent,
mais cherchée dans un autre mouvement.—A la plume et
à la sépia, avec des rehauts blancs. — A M. Valferdin.

H., 200. — L., 270 mill.

117. LE RADEAU DE LA MÉDUSE. Ce beau dessin, le plus
complet du projet définitif que je connaisse, reproduit
presque sans variantes la composition du Louvre. — A
la plume et à la sépia, sur un croquis à la mine de plomb.
— A M. Hulot[1].

H., 410. — L., 575 mill.

118. LE RADEAU DE LA MÉDUSE. Groupe de tous les personnages sans le radeau. — Au crayon noir estompé
au milieu. A droite et à gauche, les figures ne sont
indiquées qu'au trait. — A M. Camille Marcille.

H., 300. — L., 430 mill.

119. ÉTUDE DU PÈRE POUR LE RADEAU DE LA MÉDUSE.
C'est probablement la première pensée pour cette figure.
La tête est presque de profil, et le bras gauche, qui dans
le tableau est replié sur le corps du jeune homme, est

---

1. M. Hulot possède encore un grand album de 69 feuilles, renfermant
un nombre considérable d'aquarelles, de dessins et de croquis. — (Vente
Ary Scheffer, 1,090 francs.)

23

étendu. La jambe du même côté est coupée au genou.
— A la plume. — A M. Defer.

H., 210. — L., 220 mill.

120. Étude du père pour le Radeau de la Méduse.
Dans le coin du dessin, à gauche, croquis de la composition complète. — Au crayon noir.

Au verso. Deux autres études d'hommes pour le
même ouvrage. — A M. Camille Marcille.

H., 240. — L., 330 mill.

121. Étude du père et de son fils pour le Radeau de
la Méduse. — A la plume et à la sépia sur papier jaune.
— A gauche, croquis à la mine de plomb de la composition complète.

Au verso. Étude d'homme et de lion — A la plume.—
A M. Camille Marcille.

H., 170. — L., 240 mill.

122. Étude du père et de son fils pour le Radeau de la
Méduse. En sens inverse des mêmes personnages dans
le tableau. A gauche, trois figures également modifiées.
— A la plume.

Au verso. L'avant-train d'un cheval. — A M. Valferdin.

H., 100. — L., 210 mill.

123. Figure du père avec le cadavre de son fils. Très-
belle étude à la mine de plomb. — A M. Gigoux.

H., 290. — L., 210 mill.

24. Cadavre du jeune homme. Première pensée, avec une
différence de mouvement (la tête est à gauche) et des
raccourcis plus brusques. — A M. Gigoux.

H., 200.— L., 260 mill.

125. Cadavre du jeune homme au premier plan du *Ra-*

deau de la Méduse. Il est entièrement nu, tel que Géricault le peignit d'abord. — Au crayon noir. — A M. Gigoux.

H., 200. — L., 270 mill.

126. Étude d'homme pour le Radeau de la Méduse. — A la plume .

Au verso. Étude du père, à la plume, et d'une autre figure, au crayon. — A M. Camille Marcille.

H., 250. — L., 300 mill.

127. Étude pour le Radeau de la Méduse. Le nègre qui fait des signaux, ainsi que le personnage qui le soutient et cinq ou six des figures qui les entourent. — Au roseau sur papier huilé [1] : — A M. Ch. Cournault, à Malzeville, près Nancy [2].

H., 300. — L., 195 mill.

128. Étude pour le Radeau de la Méduse. L'homme qui se précipite vers les personnages qui font des signaux. Il est vu de dos, la jambe et le bras droits en avant, la jambe gauche étendue à peu près comme dans le tableau. — A la plume.

Au verso. L'avant-train d'un cheval et la partie inférieure d'une femme à genoux et drapée. — A M. Valferdin.

H., 230. — L., 290 mill.

129. Étude pour le Radeau de la Méduse. La même figure que dans le numéro précédent. — Au-dessous une

1. M. His de La Salle possède un dessin à la plume sur papier bleu pour le même groupe qui a été gravé en *fac-simile* dans la *Gazette des Beaux-Arts* (avril 1867).

2. M. Cournault possède encore un nombre assez considérable de dessin et croquis se rapportant au *Radeau de la Méduse.*

étude isolée de la main gauche, et au-dessus une autre
étude de cette main, plus celle du bras, mais dans un
sens contraire à celui de la figure. — A la mine de
plomb. — A M. Mahérault.

H., 204. — L., 287 mill.

130. Étude pour le Radeau de la Méduse. Personnage
assis, la tête appuyée sur la main gauche, la droite
derrière le corps; la jambe droite est posée en avant.
— A la plume.

Au verso. Études ostéologiques à la plume de deux
jambes et d'un bras, et quatre têtes de chiens à la mine
de plomb. — A M. Eudoxe Marcille.

H., 135. — L., 210 mill.

131. Six têtes d'étude sur la même feuille, pour diverses
figures du *Radeau de la Méduse.* Ce sont des têtes
d'expression (abattement, effroi, supplication). Elles ont
environ 60 mill. de proportion. — A la mine de plomb.
— A M. Gigoux.

H., 260. — L., 400 mill.

132. Quatre têtes de guillotinés, sur la même feuille.
Elles sont dessinées d'après le même modèle; trois
d'entre elles se présentent en raccourci. — Elles ont de
60 à 80 mill. de proportion. — A M. Gigoux.

H., 280. — L., 210 mill.

133. Homme tenant une hache. Épisode pour l'un des projets du *Radeau de la Méduse.* — Croquis à la mine de
plomb. — A M. Camille Marcille. — A M. Heymann.

H., 190. — L., 180 mill.

134. Quatre croquis représentant un homme tenant

UNE HACHE. Figures pour le même projet. — A la plume. — A M. Camille Marcille. — A M. Heymann.

H., 160. — L., 140 mill.

135. TÊTE D'HOMME GUILLOTINÉ. Elle est représentée sous quatre aspects différents. Dans l'angle inférieur du côté droit, le chiffre 24. — A la pierre d'Italie. — A M. Mahérault.

H., 210. — L., 280 mill.

136. TÊTE DE FEMME. Étude d'après une domestique du père de Géricault qui avait l'intention de s'en servir dans le *Radeau de la Méduse*. — Dessin estompé. — A M. Jamar.

H., 260. — L., 200 mill.

137. JAMBES ET PIEDS D'UN GUILLOTINÉ DANS LEUR ÉTAT DE CRISPATION, dessinés à l'amphithéâtre après l'écorchement. — A la pierre noire. — A M. Gigoux. — Le même artiste possède un répétition du même sujet également à la pierre noire et dans des dimensions un peu plus grandes.

H., 290. — L., 210 mill.

138. ÉTUDE DU RADEAU POUR LE NAUFRAGE DE LA MÉDUSE. Le radeau, un mât, une voile, deux tonneaux. — A la plume.

Au verso. Plusieurs études de têtes pour le *Radeau de la Méduse*. — A la plume. — A M. Camille Marcille.

H., 220. — L., 280 mill.

139. LE RADEAU DE LA MÉDUSE. Quatre compositions pour la 4e édition de la *Relation de Corréard*, lithographiées par Champion.

a). La frégate submergée.

b). Reproduction du tableau.

c). Un ministre du roi Zaïde trace sur le sable une carte d'Europe.

d). Des officiers anglais visitent Corréard à l'hôpital Saint-Louis.

Ces dessins à l'aquarelle appartiennent à M. Leclère fils. Ils ont été gravés par M. Pauquet et publiés dans le *Magasin pittoresque* (tome XXVII, décembre 1859).
H., 105. — L., 170 mill.

1820 — 1824.

140. LE SUPPLICE. Trois hommes, ayant la corde au cou, sont rangés de face sur la planche fatale. Le premier reçoit les exhortations d'un pasteur placé devant lui; le second, les bras pendants et la tête couverte du bonnet qui cache son visage, paraît attendre son sort avec résignation. Un aide, placé devant le troisième, est en train d'abaisser son bonnet, pendant que l'exécuteur assujettit la corde à la poutre placée au-dessus de leur tête. Derrière eux, sur la droite, un homme soutient une femme qui se désole; ces dernières figures sont à peine indiquées. A gauche, au-dessus des têtes, on aperçoit les silhouettes de quelques monuments de Londres. — A la sépia. — A M. Lehoux.
H., 400. — L., 320 mill.

141. UN ENTERREMENT A LONDRES. Deux chevaux, la tête empanachée, traînent un corbillard, dont le sommet est orné de plumes. Les chevaux sont précédés de deux maîtres de cérémonies, vêtus d'une longue redingote, ayant un long crêpe à leur chapeau, et tenant une grande canne surmontée d'une pomme. A gauche du corbillard, un autre maître de cérémonies porte aussi une canne à la main. — A la sépia. — A M. Eudoxe Marcille.

H., 195. — L., 280 mill.

142. ÉTALON CONDUIT POUR SAILLIR UNE JUMENT. Le noble animal, alezan brûlé, est vu de profil. Frémissant, la tête haute, la bouche écumante, il se dirige, en devançant l'Arabe, qui le tient par un caveçon, vers une jument, maintenue à quelque distance par un homme placé devant elle. On la voit de croupe, la tête élevée et retournée du côté de l'étalon qui s'avance. Ce groupe, noyé dans une légère demi-teinte, s'enlève sur une colline ombrée qui lui sert de fond. Le ciel est nuageux et d'un gris clair. L'Arabe, vêtu d'un caban avec capuchon rouge relevé sur la tête et d'un vaste pantalon blanc jaunâtre, est placé du côté opposé au spectateur, de sorte qu'il ne cache rien de ce que le peintre s'est plu à accentuer.

Cette magnifique aquarelle, sur papier teinté, a été reproduite en lithographie par Andrew. — A M. Édouard Sartoris, à Londres.

H., 250. — L., 330 mill.

143. TROIS CHEVAUX DE TRAIT VUS DE CROUPE, ENTRANT SOUS UNE VOUTE. Ils sont conduits par deux charretiers anglais, vêtus d'une blouse et la tête couverte d'un large chapeau dont les bords tombent sur les épaules; l'un des charretiers tient un fouet de la main gauche. Étude pour la lithographie *Entrance to the Adelphi Warf*. A la sépia. — A M. Legentil-Marcotte [1].

H., 285. — L., 370 mill.

444. CHEVAL ANGLAIS AU PAS. Il est monté par un cavalier vêtu d'une longue redingote, et en chapeau. Sur le dos du cheval, une couverture à carreaux marquée d'une M. — Sur toile à l'encre lithographique. — Étude pour la lithographie *Jockey anglais monté sur un cheval qui a une couverture marquée d'une M.* — A M. Marcuyz-Marcille, à Orléans.

H., 200. — L., 335 mill.

445. CHEVAL A LA PORTE D'UNE AUBERGE. Il est tenu par un homme qui boit un pot de bière. A gauche, une jeune fille debout. Étude pour la lithographie *Vieux cheval à la porte d'une auberge.* — A la sépia. — A M. Legentil-Marcotte.

H., 250. — L., 350 mill.

446. CHEVAL ANGLAIS AVEC COUVERTURE A CARREAUX. Il est monté par un jockey, qui est vêtu d'une petite veste, d'un pantalon blanc, et coiffé d'un chapeau. — Sur toile à l'encre lithographique. — A M. Eudoxe Marcille.

H., 210. — L., 310 mill.

447. DEUX CHEVAUX DE TRAIT HARNACHÉS. L'un d'eux a la tête baissée et mange. A gauche est assis un charretier anglais, coiffé d'un large chapeau; il tient ses bras croisés et est endormi. A gauche, une muraille sur-

---

1. M. His de La Salle possède une superbe étude à la sépia pour l'un de ces chevaux.

montée d'un toit. Fond de paysage. — A M. Legentil-Marcotte.

H., 250. — L., 330 mill.

148. TROIS CHEVAUX MONTÉS. Ils sont au galop. Cette petite aquarelle est d'une grande élégance d'exécution. — A M. Hauguet.

H., 00. — L., 80 mill.

149. UN CHEVAL DE TRAIT AUPRÈS D'UNE MAISON. Aquarelle faite en Angleterre. — A M. Benoît-Champy.

H., 170. — L., 230 mill.

150. CHEVAL NOIR HARNACHÉ VU DE PROFIL. Aquarelle faite en Angleterre. — A M. Benoît-Champy.

H., 190. — L., 245 mill.

151. QUATRE CHEVAUX ATTELÉS VUS DE CROUPE. L'un est monté par un homme en blouse. — Croquis à la mine de plomb et pris du haut d'une fenêtre. Fait en Angleterre. — A M. Benoît-Champy.

H., 100. — L., 160 mill.

152. CHEVAL DE TRAIT BAI CLAIR ET BLANC HARNACHÉ. Aquarelle.

Au verso. Quatre croquis : deux représentent deux jockeys conduisant des chevaux, les deux autres des chevaux vus de profil, la tête tournée à droite. — A la mine de plomb sur papier jaune. — A M. Eudoxe Marcille.

H., 195. — L., 265 mill.

153. CUIRASSIERS CHARGEANT. Fragment du panorama de la bataille de Waterloo, que l'on montrait à Londres pendant le séjour de Géricault. A la mine de plomb et à l'aquarelle, sur papier de couleur. — A M. Sauvé.

H., 250. — L., 350 mill.

154. CAVALIERS ANGLAIS ET FRANÇAIS. Comme le dessin précédent, fragment du panorama de la bataille de Waterloo, que Géricault admirait beaucoup, et dont il reproduisit de mémoire quelques parties. — A la gouache, sur papier de couleur. — A M. Lehoux.

H., 280. — L., 380 mill.

155. HORSE-GUARD EN PETITE TENUE, MONTÉ SUR UN CHEVAL BAI-CERISE MARCHANT A GAUCHE. — Aquarelle gouachée d'une très-belle qualité. — A M. James Nathanie de Rothschild.

II., 230. — L., 330 mill.

156. MILITAIRE ANGLAIS A CHEVAL, vu de profil, se retournant et regardant derrière lui. — Aquarelle faite en Angleterre. — A M. Benoît-Champy.

H., 250. — L., 190 mill.

157. JOUEUR D'ORGUE. Auprès de lui, une femme, une sébile à la main, demande l'aumône. — Dessin à la plume fait en Angleterre. — A M. Pernet.

II., 210. — L., 280 mill.

158. PAYSAGE. Entrée d'un parc; site sauvage et d'un grand caractère. Exécution très-robuste; ombres énergiques et profondes. — C'est un simple lavis, mais qui a là consistance de la gouache. — A M. Gigoux.

H., 140. — L., 210 mill.

159. LA TRAITE DES NÈGRES. Au milieu de la composition, un gardien va frapper de son bâton un nègre, les mains liées derrière le dos. A gauche, une négresse, un genou à terre, l'air suppliant, tâche de retenir le bras du gardien. Elle est contenue par un homme qui cherche à l'entraîner. A droite, sur le premier plan, une jeune

fille, qu'un nègre enlace tendrement de ses bras, et
derrière ce groupe des hommes armés de bâtons dans
des attitudes menaçantes. Toutes ces figures sont nues.
— A la sanguine. Quatre têtes seulement sont à la mine
de plomb. — Lithographié par M. A. Colin dans notre
publication : *Dessins de Géricault,* etc. — A M. His de
La Salle.

H., 308. — L., 437 mill.

160. LA TRAITE DES NÈGRES. Le gardien, debout au milieu;
autour de lui quelques figures assises ou couchées. Dans
le fond, trois autres figures debout. — A la plume.
— A M. Valfordin.

H., 105. — L., 135 mill.

161. OUVERTURE DES PORTES DE L'INQUISITION. Ce dessin est
de la plus grande importance, quoiqu'il paraisse évident
que Géricault eût encore beaucoup modifié son projet.
— Au crayon noir et à la sanguine. — A M. Binder[1].

H., 420. — L., 580 mill.

162. LA PESTE DE BARCELONE. Figures enlacées qui rappellent le Laocoon. — A la plume. — A M. Mène.

H., 200. — L., 280 mill.

163. COMBAT DE LA MORT. Les hommes et les chevaux sont
représentés à l'état de squelettes. — A la plume. — A
M. Sauvé.

H., 180. — L., 255 mill.

1. M. Binder possède encore un nombre considérable de dessins moins
importants de Géricault, entre autres trois études d'après des têtes du *Jugement dernier* de Michel-Ange (crayon noir et sanguine. Vente Scheffer);
seize calques d'après des dessins indiens; quarante-cinq calques d'après des
ouvrages antiques; cinq dessins, cavaliers et armures, faits dans la *Tour
de Londres*, etc., etc.

M. Lagrange possède un petit croquis du même sujet gravé en *fac-simile*
dans la *Gazette des Beaux-Arts* (mai 1857).

464. Scène tragique. A droite, une jeune fille et un vieillard; à gauche, un jeune, homme, un genou en terre, qui les implore. La jeune fille paraît s'intéresser à lui et demander sa grâce au vieillard, qui lui tend les mains. — Lavé au bistre, avec des rehauts de blanc. — A M. Valferdin.

H., 180. — L., 240 mill.

465. Scène de la mort de Fualdès. Géricault traita dans le style antique plusieurs épisodes de cet épouvantable drame, qui l'a beaucoup préoccupé. Il avait fait trois ou quatre compositions déjà pour le tableau qu'il méditait, lorsqu'on lui montra des images à deux sous; il prétendit qu'elles valaient mieux que ses dessins, et abandonna son projet. Celui-ci représente le corps de Fualdès enveloppé dans un drap et porté de nuit par quatre hommes. Un des assassins précède le groupe, et de la main indique le fleuve à peu de distance. Un autre, son arme sur l'épaule, suit cet horrible convoi. Au premier plan, derrière des rochers, un homme se cache et les épie. — A la mine de plomb, sur papier de couleur.—A M. Lehoux.

H., 220. — L., 290 mill.

466. La rixe. Des hommes se battent; au premier plan, un des personnages soulève un blessé et le retire de la mêlée. — A la plume. — A M. Topinard.

H., 210. — L., 300 mill.

467. Noyé qu'on retire de l'eau. Ce sujet principal est entouré de plusieurs croquis.

Au verso de la feuille, un cheval au repos.— A la plume. — A M. Binder.

H., 240. — L., 300 mill.

168. Scène du Tartufe. Il tient la main d'Elmire assise
près de la table sous laquelle se cache son mari, et dont
elle agite le tapis. — Croquis à la mine de plomb. —
A. M. Mahérault.

H., 248. — L., 210 mill.

169. Scène des Deux Frères. Comédie imitée de Kotze-
bue, jouée au Théâtre-Français. Le capitaine se laisse
attendrir par sa nièce, qui se jette à ses pieds. Il est
assis; son matelot debout derrière lui, le coude appuyé
au fauteuil ne peut retenir ses larmes. — A la mine
de plomb.

Au verso divers croquis relatifs à la même pièce. —
A M. Mahérault.

H., 190. — L., 230 mill.

170. Scène de Macbeth. A gauche, la sorcière; à droite,
deux personnages, homme et femme, qui paraissent se
railler de ses imprécations. — A la mine de plomb et
au crayon rouge. — A M. Valferdin.

H., 160. — L., 210 mill.

171. Mazeppa. Le cheval tombé mort est vu de dos. Mazeppa, entièrement nu, mort également ou expirant, a
la jambe gauche prise sous le cheval et présente au spectateur la tête un peu renversée en arrière, la poitrine
et les cuisses. Au crayon et à l'encre de Chine. — A
M. de Boutteville.

H., 135. — L., 216 mill.

172. Nègre et négresse. Ils sont assis l'un près de l'autre
sur un rocher. Le nègre, qui n'a qu'un caleçon pour
vêtement, tient sa jambe droite repliée sous lui et s'approche avec ardeur de la jeune et belle négresse, dont
il a saisi le bras gauche, et qu'il attire de la main droite

placée sur son épaule. Celle-ci, presque nue, la main
appuyée au rocher, les yeux fixés sur le nègre, qu'elle
regarde avec avidité, ne résiste plus que faiblement. —
Ce magnifique dessin à la plume, sur papier teinté, a
été gravé en *fac-simile* par M. Baudran (*Gazette des
Beaux-Arts,* mars 1867). — A M. His de La Salle.

H., 160. — L., 220 mill.

173. Scène de jalousie. Un jeune homme nu jusqu'à la
ceinture, les jambes enveloppées dans une large draperie, est assis sur un rocher où il appuie sa main
droite; il tient embrassée du bras gauche une femme
presque nue assise sur sa cuisse, et regarde une autre
femme, autour de laquelle flotte une légère draperie, et
qui fuit vers la droite en s'arrachant les cheveux. — A
la plume, lavé à la sépia, légèrement teinté de rouge
dans le ciel et rehaussé de blanc; sur papier bleu. — A
M. His de La Salle.

H., 210. — L., 130 mill.

174. Jeune homme embrassant une femme. Il est assis sur
le bord du lit et tient par le milieu du corps la jeune
fille couchée sur ses genoux; elle a le bras gauche passé
autour de son cou. — Sépia et pierre noire avec des
rehauts de blanc. — A M. Christophe.

H., 200. — L., 720 mill.

175. Nègre monté sur un cheval qui se cabre. Le nègre
est coiffé d'une calotte rose à côtes; le haut de son
corps est vêtu. Une schabraque en peau de tigre couvre
le dos du cheval. A gauche, des soldats dans un ravin,
coiffés de shakos, tiennent leurs fusils en joue; un seul
a le sien levé. A droite, derrière le cheval, des nègres
nus, armés d'arcs bandés. — Au crayon noir et à l'encre

de Chine, avec des rehauts blancs sur papier bleu. Les
terrains sont rosés. — A M. Eudoxe Marcille.

H., 210. — L., 260 mill.

176. Portrait du général Letellier après sa mort. —
A la mine de plomb. — Au colonel O. Bro de Comères.

H., 145. — L., 220 mill.

177. — La main gauche de Géricault. Il fit ce dessin
étant alité pendant sa dernière maladie. — Aux crayons
noir et rouge. Le trait à la mine de plomb a été tracé
en suivant les contours de la main placée à plat sur le
papier blanc. — A M. Lehoux.

H., 300. — L., 230 mill.

178. Portrait de Géricault dessiné par lui-même pendant sa dernière maladie. Il est vu de profil, la tête
appuyée sur l'oreiller. — A la mine de plomb. — Au
colonel O. Bro de Comères [1].

H., 550. — L., 500 mill.

179. Anatomie de l'homme. Seize feuilles d'inégale grandeur. — Plume, crayon rouge, lavis.

180. Anatomie du cheval. Dix-huit feuilles d'inégale grandeur. — Crayons noir et rouge, à l'exception d'une
pièce lavée et de deux dessins d'ensemble qui sont au
trait à la plume et moins caractérisés que les autres.
L'une des deux têtes de cheval, en profil, est faible, et je
n'oserais pas l'attribuer à Géricault.

Les dessins de ces deux admirables suites sont traités

1. Le colonel Bro possède encore plusieurs croquis à la mine de plomb
pour le portrait de Mme Bro, et d'autres représentant des chevaux, des
vaches, etc. Tous ces dessins ont été donnés par Géricault à M. Bro père.

de la manière la plus large, la plus simple, la plus magistrale, et portent pour la plupart un grand nombre
de notes explicatives manuscrites. La plume domine de
beaucoup dans l'anatomie de l'homme, les deux crayons
dans l'anatomie du cheval. — A M. de Varenne [1].

1. Le même amateur possède encore plusieurs dessins de Géricault
d'après Raphaël, quelques croquis pour la *Méduse*, etc.

OBSERVATIONS PRÉLIMINAIRES

L'œuvre lithographique de Géricault se compose de cent pièces, auxquelles nous avons ajouté la seule gravure à l'eau-forte qu'il ait faite et qui porte, dans ce catalogue, le n° 101. Ces cent et une pièces, exécutées entre 1817 et 1824, sont, soit entièrement de la main de Géricault, soit faites sous sa direction et avec son concours. Les pièces publiées par divers artistes, d'après ses ouvrages, ont été mises à la suite et ne sont pas numérotées.

Autant que cela a été possible, nous avons suivi pour le classement l'ordre chronologique.

Tous les titres imprimés en CAPITALES existent sur les pièces originales.

Les titres que nous avons dû introduire sont imprimés en PETITES CAPITALES.

Les nscriptions lithographiques (noms de l'auteur, de l'imprimeur, adresses, etc.) sont imprimées en caractères *italiques*.

La signature de Géricault mise par lui-même dans le dessin est imprimée entre guillemets.

Nous nommons pièce encadrée celle qui est entourée d'un trait ou filet.

24

Toutes les mesures sont prises en millimètres.

Pour les pièces encadrées, ces mesures sont prises sur le trait qui les entoure.

Pour celles qui ne le sont pas, sur la plus grande hauteur et la plus grande largeur du dessin.

Suivant l'usage, nous désignons par R une pièce rare; par RR une pièce plus rare; par RRR une pièce très-rare.

Pour les pièces dont on connaît plusieurs états, ces indications mises en tête du paragraphe immédiatement après le numéro de série, se rapportent à l'état le plus commun.

LITHOGRAPHIES [1]

1. RR. BOUCHERS DE ROME. Deux bouchers à cheval, en costume de paysans romains et armés de la longue pique, conduisent des bœufs qu'excite un chien. On aperçoit un troisième cavalier dans le lointain, à droite.

C'est la première lithographie de Géricault. Il la fit en 1817, peu de temps après son retour de Rome.

1er état, à gauche, au-dessous du trait carré : *Géricault 1817* ; à droite : *Lithog. de C. de Last.* — Je ne connais qu'un exemplaire de cet état, si intéressant par la date. C'est une épreuve d'essai imprimée sur un papier

1. Il n'existe qu'un très-petit nombre de collections un peu complètes de lithographies de Géricault. Elles étaient peu appréciées, peu recherchées pendant la vie de leur auteur, et même pendant une vingtaine d'années après sa mort, de sorte que certaines planches sont de la plus grande rareté. MM. His de La Salle, Bruzard, Constantin, Parguez et Jamar sont, à ce que je crois, les seuls amateurs qui les aient recueillies au fur et à mesure de leur publication. La riche collection Bruzard a heureusement passé tout entière au Cabinet des estampes ; les plus belles pièces rassemblées par Constantin appartiennent aujourd'hui à M. le duc d'Aumale ; la collection de M. Jamar, acquise par M. de Triqueti, est venue compléter l'œuvre déjà considérable que possède cet artiste distingué ; celle de M. Parguez a été dispersée, et les pièces précieuses qu'elle renfermait

qui porte de l'arabe au verso. Elle appartient à M. His de La Salle. RRR.

2ᵉ état. De même,mais sans la date.

H., 171. — L., 243 mill.

2. RR. PORTRAIT D'HOMME A MI-CORPS ; la tête de face, la main droite passée dans le gilet.

Cette pièce, entièrement dessinée à la plume, n'a pas été mise dans le commerce ; elle n'a même pas été tirée du vivant de Géricault, qui probablement n'en était pas satisfait. Elle est, en effet, très-lourde et, en somme, l'une des moins bonnes œuvres du maître. Elle représente M. Brunet, ami intime du peintre, et qui a laissé quelques écrits sur l'économie politique. A la vente de Géricault, la pierre tomba entre les mains de M. Bruzard, qui l'effaça après en avoir fait imprimer un petit nombre d'épreuves.

1ᵉʳ état avant toute lettre, trait carré incomplet, RRR.

2ᵉ état, *Gericault del. — Lith. de C. Motte.*

H., 184. — L., 148 mill.

3. RR. LE PORTE-ÉTENDARD, jeune homme avec de longs cheveux qui paraissent blonds ; costume noir à crevés, large fraise blanche. Il est vu jusqu'à mi-jambes et porte un étendard blanc sur l'épaule droite.

Cette pièce, exécutée au crayon et au lavis, n'a jamais

sont entrées au Cabinet des estampes et dans les collections particulières. C'est à ces sources peu nombreuses, mais abondantes, que j'ai puisé. Les secours ne m'ont pas manqué pour mener à bonne fin ce catalogue, et si j'ai mal fait, c'est ma faute. Les principaux amateurs de Paris, MM. His de La Salle, de Triqueti, Marcille, Moignon, Valton, les élèves et les amis de Géricault : MM. Dedreux-Dorcy, Léon Cogniet, Montfort, Lehoux, Gihaut jeune, ont mis à ma disposition, avec la plus parfaite obligeance, leurs collections, leur savoir, leurs souvenirs, des renseignements de toute sorte, et je dois des remercîments tout particuliers à M. Jamar, qui n'a épargné ni son temps ni sa peine pour m'aider à donner les *États de service* de son maître vénéré.

été mise dans le commerce. Comme la précédente, elle n'a été tirée qu'après la mort de l'auteur, et on n'en a imprimé que quelques épreuves. — A gauche, en bas : *Géricault*. Sans nom d'imprimeur.

H., 168. — L.. 141 mill.

4. RRR. TROMPETTE DE LANCIERS. Il est en grande tenue, à cheval, et vu de face ; il tient sa trompette appuyée sur sa cuisse droite.

Cette planche, entièrement exécutée à la plume, ne porte ni titre ni inscription. Elle est d'une extrême rareté et il n'en existe, croyons-nous, que deux épreuves : celle du Cabinet des estampes (venant de la collection Bruzard) et celle de M. de Triqueti (venant de la collection Constantin). — Au coin, à gauche, dans le dessin, les initiales de Géricault (T G) renversées (Géricault, peu familiarisé encore avec la lithographie, avait négligé de les écrire en sens inverse.) Le *G* est en partie mangé par le nettoyage de la marge. L'épreuve du Cabinet des estampes est plus étroite du côté gauche que celle de M. de Triqueti, et le *G* a entièrement disparu. Elle lui est par conséquent postérieure.

H., 387. — L., 204 mill.

5. RRR. PORTRAIT D'HOMME A MI-CORPS. Il est âgé de soixante ans environ, vu de trois quarts et tourné à droite ; front chauve, gilet boutonné presque jusqu'en haut, col de chemise sans cravate. — Cette pièce, qui au premier abord peut paraître médiocrement importante, est supérieure par la puissance et la science du dessin, par la naïveté de l'exécution, aux meilleurs ouvrages du même genre de cette époque.

Au crayon. Sans lettres. Sans encadrement.

H., 145. — L., 138 mill.

6. R. LA LAITIÈRE ET LE VÉTÉRAN. Vignette d'une romance de F. Bérat. — Une laitière agenouillée panse la jambe d'un soldat blessé, assis sur le bord d'une charrette. — A la plume. Sans encadrement.

Cette pièce fut faite par Géricault à la prière de Pierre Berton, fils du compositeur Berton, son ami et son camarade, à l'atelier Guérin.

H., 75. — L., 125 mill.

7. R. JE RÊVE D'ELLE AU BRUIT DES FLOTS. Vignette d'une romance par Amédée de Beauplan, paroles d'Ulrich Guttinger. Turc assis sur un rocher près de la mer. Ciel orageux.

Sans encadrement. A droite, au-dessous de la composition : *Lith. de G. Engelmann.*

Pour donner plus de prix à l'épreuve qu'il possédait, M. Bruzard, ayant appris par M. Jamar qu'un certain nombre d'exemplaires de cette pièce pouvaient être acquis à un prix très-modéré, les acheta et les détruisit.

H., 165. — L., 180 mill.

8. RR. MAMELUK DE LA GARDE IMPÉRIALE DÉFENDANT UN JEUNE TROMPETTE BLESSÉ CONTRE UN COSAQUE QUI ARRIVE AU GALOP. Le cheval du trompette se cabre. Le mameluk debout, le pied sur un cadavre de Cosaque, le soutient de la main gauche et attend le choc de l'ennemi. C'est une figure admirable de résolution, de courage impassible, d'héroïsme sans emphase.

Sans lettres.

H., 342. — L., 279 mill.

9. RR. BOXEURS. L'un des deux combattants est un nègre. Son torse, d'un modelé puissant, est dessiné à la plume,

le reste de la figure est au crayon. C'est l'inverse pour l'autre personnage. D'autres boxeurs sont assis à terre et se reposent en regardant l'assaut. Divers personnages suivent le combat et discutent le mérite des coups.

Cette lithographie, d'une étonnante vigueur, est de la plus grande beauté. — Sans encadrement.

1er état, avant toutes lettres. RRR.

2e état : *Lithog^ie de C. Motte, rue des Marais F^g St-G^n.*

M. Hulot possède plusieurs feuilles d'études et de croquis relatifs à cet ouvrage.

H., 350. — L., 417 mill.

10. RR. CHARIOT CHARGÉ DE SOLDATS BLESSÉS, TRAINÉ PAR TROIS CHEVAUX. La voiture est arrêtée. Un blessé s'appuie d'un côté sur une béquille, de l'autre côté sur le brancard de la voiture et semble y demander une place. Le cheval du milieu mord la croupe du cheval de volée. Le charretier se retourne au bruit et gourmande ses bêtes.

1er état, avant toutes lettres : RRR.

2e état, signé à gauche à la plume dans le dessin : « Géricault; » au-dessous; *Lithog^ie de C. Motte.* — Sans encadrement.

H., 285. — L., 292 mill.

11. RRR. DEUX CHEVAUX GRIS POMMELÉ QUI SE BATTENT DANS UNE ÉCURIE. Ils se mordent au cou en se cabrant. Le garde-écurie, en manches de chemise et coiffé d'un bonnet de police, les frappe d'un balai pour arrêter le combat. Un second hussard, couché sur la paille au premier plan, dans l'ombre, se réveille au bruit et les regarde. On voit à gauche, au-dessus de la mangeoire, la tête d'un troisième cheval.

Il n'existe à notre connaissance que cinq épreuves, dans trois conditions différentes, de cette belle pièce :

1° Une sur papier blanc. Collection de M. de Triqueti, provenant de celle de M. Jamar.

2° Deux sur papier jaunâtre : l'une au Cabinet des estampes, provenant de la collection Bruzard; l'autre appartenant à M. Moignon.

3° Deux imprimées à deux teintes : la première dans la collection de M. His de La Salle, autrefois dans celle de M. Parguez; la seconde appartient à M. Langlais.

Géricault, d'après les souvenirs très-précis de M. Jamar, n'a connu que deux épreuves de cette pièce, imprimées l'une et l'autre à une seule teinte. Il donna à son élève l'une d'elles, ce qu'il regretta d'avoir fait, lorsque la rupture de la pierre le mit dans l'impossibilité d'avoir d'autres exemplaires de cette estampe. Mais, avec sa générosité ordinaire, et malgré l'offre que lui fit M. Jamar, il refusa de reprendre ce qu'il avait donné.

Il paraît probable que l'imprimeur Motte, pour satisfaire à un goût de l'époque, essaya l'impression à deux teintes sans consulter Géricault, et que la pierre s'étant brisée dès le tirage des premières épreuves, il ne lui fit pas part de cette tentative et lui livra seulement deux épreuves tirées à une seule teinte, en gardant par-devers lui les autres pièces, qui passèrent depuis dans diverses collections.

A proprement parler, les épreuves sur papier teinté ne constituent pas un état différent de celles sur papier blanc, tandis que les épreuves à deux teintes dues à l'impression de deux pierres forment réellement une condition d'épreuves particulière, un véritable *état*. Cependant on ne doit regarder ces cinq pièces que comme des épreuves d'essai. Elles ne sont que grossièrement ébar-

bées et manquent du trait carré qui devait sans doute en-
tourer une planche de cette importance. Ce trait est vaguement indiqué seulement aux deux bords de la largeur.

H., 270. — L., 348 mill.

12. R. RETOUR DE RUSSIE. Au milieu des neiges, un
grenadier manchot tient la bride du cheval d'un cuirassier aveugle qui a le bras gauche en écharpe ; un chien
harassé les suit. Au second plan, on voit un soldat d'infanterie qui porte un camarade sur son dos. L'expression des têtes est admirable. Le cuirassier, résigné,
appuie la main sur l'épaule du grenadier, dont le visage
exprime une profonde tristesse.

Cette pièce importante, imprimée à deux teintes, est
signée à droite, dans le dessin : « Géricault. »

1er état sans le titre : *Lithog. de C. Motte, rue des
Marais, fg St-Germain.* RR.

2e état, avec le titre et à droite, au-dessous de la
signature de Géricault : *Au Dépôt gal de lithographie,
quai Voltaire, IV.* L'adresse de l'imprimeur effacée.

Il existe quelques épreuves sur papier blanc. — M. His
de La Salle possède du cuirassier seul un beau dessin à
la mine de plomb et repris à la plume. C'est une première pensée pour cette admirable lithographie.

M. Jamar nous a raconté qu'ayant été chargé par Géricault de vendre cette pierre, il ne put en trouver que
100 francs, que lui en donna Mme Brossier, quai Voltaire, 7. La pierre seule avait coûté 60 ou 70 francs.

H., 443. — L., 361 mill.

13. RR. CAISSON D'ARTILLERIE. Un caisson à demi renº
versé ; un cheval tué ; un soldat, un pied sur la roue,
l'autre dans le caisson, tient de la main droite une mèche

allumée et montre le poing à un groupe de soldats russes
qui semblent se consulter.

Sans aucune lettre. — A l'époque où Géricault fit cette
énergique estampe, ses lithographies étaient si peu esti-
mées que, M. Jamar ayant été chargé par son maître
d'aller en chercher quelques épreuves, Mme Delpech qui
l'avait imprimée lui fit observer que Géricault, n'ayant
pas besoin de travailler pour vivre, ferait bien mieux
de renoncer à ce métier.

M. Hulot possède un dessin à la mine de plomb pour
cette lithographie.

                    H., 414. — L., 523 mill.

14. R. LE FACTIONNAIRE SUISSE AU LOUVRE. Un ancien
soldat, avec une jambe de bois, coiffé d'un chapeau
rond et en redingote, se présente pour traverser les Tuileries et est arrêté par un factionnaire de la garde royale
suisse. Le vieux militaire, indigné, déboutonne sa redingote et lui fait voir sa croix d'honneur, en disant :
« Sentinelle, portez arme! » (Tiré du *Constitutionnel*
de 1817.) La foule applaudit. — Les fonds, représentant
les Tuileries, ont été dessinés par Horace Vernet.

1er état avant le titre : *Géricault 1819. — Imp. lithog.
de F. Delpech*, RRR.

2e état, de même et avec le titre.

M. His de La Salle possède un beau croquis à la mine
de plomb qui a servi à Géricault pour cette pièce. Il est
dans le même sens que la lithographie, mais le factionnaire porte l'arme au bras. Au verso, l'artiste, après
avoir calqué son dessin, a changé le mouvement du
Suisse, qui est au port d'arme.

                    H., 395. — L., 330 mill.

15. RRR. ARTILLERIE A CHEVAL DE LA GARDE IMPÉRIALE

CHANGEANT DE POSITION. Deux soldats du train conduisent une pièce de canon attelée de quatre chevaux au galop et se présentant de face. L'officier qui commande la batterie, et dont on ne voit que la tête, est placé près du soldat monté sur le timonier. Il est coiffé d'un colback, ainsi que les canonniers placés derrière la pièce.

Cette planche énergique, et d'une exécution très-vive, fut exécutée par Géricault dans son atelier du faubourg du Roule, pendant qu'il travaillait au *Radeau de la Méduse*. Le jour où il la fit, au moment où M. Jamar quitta l'atelier, vers cinq ou six heures du soir, elle n'était pas commencée. Lorsqu'il revint à onze heures, elle était terminée. Géricault était si impatient de voir le résultat de son travail, qu'il pria M. Jamar de courir chez Motte, l'imprimeur, et de lui en faire immédiatement tirer une épreuve. M. Jamar touva Motte couché, qui finit pourtant par venir parlementer, et de sa fenêtre lui dit en riant que « ces artistes étaient de bien drôles de corps, et qu'on ne venait pas réveiller les gens à pareille heure. » Géricault dut attendre au lendemain.

Cette pièce est signée au grattoir, à droite, dans le dessin : « Géricault. »

Il n'existe, à ma connaissance, que cinq épreuves de cette belle lithographie. Elles appartiennent : au Cabinet des estampes, à MM. His de La Salle, de Triqueti, Mène et Moignon. Celle de M. Moignon est une pièce admirable qui mérite une mention particulière. Elle a été coloriée à l'aquarelle par Géricault lui-même, qui lui a fait subir des changements notables et très-heureux. La lumière est beaucoup moins disséminée que dans la lithographie, et l'effet est d'une grande puissance. Le peintre a modifié les coiffures des deux soldats du train, en y ajoutant des plumets. Il a accusé la visière et

agrandi la plaque du shako du premier, auquel il a
aussi mis des épaulettes. Il a relevé le fourniment, mis
la jambe droite dans l'ombre, ce qui donne de la valeur
à la tête du cheval, dont il a dégagé le poitrail en rem-
plaçant la bricole par un collier. Cette planche, qui est
un véritable tableau, a appartenu jusqu'à ces derniers
temps à M. Gihaut jeune.

H., 300. — L., 385 mill.

16. RRR. BATALLA DE CHACABUCO, GANADA SOBRE
LOS ESPANOLES EL 12 DE FEBRERO 1817, POR
LAS TROPAS DE BUENOS-AYRES, MANDADAS
POR EL CAPITAN GENERAL Dⁿ JOSE SAN MAR-
TIN. DEDICADO A LOS HEROES DE CHACABUCO
Y MAÏPU.

Au fond, des collines, du sommet desquelles l'infanterie se précipite au pas de charge; dans la plaine, les
canons tonnent, les bataillons s'entre-choquent. Les adversaires s'acharnent autour d'une maison, qui paraît
être un poste fortifié. Le général va porter le coup dé-
cisif et lance son escorte.

M. His de La Salle possède des épreuves de cette pièce
et de la suivante coloriées par Géricault. Elles appartenaient à Corréard, et ont été vendues après son
décès.

H., 388. — L., 494 mill.

17. RRR. BATALLA DE MAÏPU, GANADA SOBRE LOS
ESPANOLES EL 5 MARZO 1818, POR LAS TROPAS
ALIADAS DE BUENOS-AYRES Y CHILE, MANDA-
DAS POR EL CAPITAN GENERAL DON JOSE DE
SAN MARTIN. DEDICADO A LOS HEROES DE
CHACABUCO Y MAÏPU.

Le général en chef, entouré de son état-major, écoute

le rapport d'un aide de camp. A droite, un convoi de prisonniers conduit par un officier.

Signée dans le dessin à gauche : « Géricault. »

Cette pièce a été répétée en gravure par Hemly. Aquatinta. — (H., 194. — L., 264 mill.) — Elle a aussi été copiée, ainsi que la précédente, par Raffet. (Voir le catalogue de l'œuvre de Raffet, par M. Giacomelli.)

M. de Triqueti possède un dessin à la mine de plomb pour cette composition.

H., 377. — L., 535 mill.

18. RRR. Dⁿ JOSE DE Sⁿ MARTIN, GENERAL EN XEFE DE LOS EXERCITOS ALIADOS DE BUENOS-AYRES Y CHILE. Portrait équestre du général San-Martin.

Le cheval bai clair ou gris est tourné à droite ; le cavalier tourne la tête à gauche et tend le bras en avant.

H., 335. — L., 265 mill.

19. RRR. Dⁿ MANUEL BELGRANO, GENERAL EN XEFE DEL EXERCITO AUXILLAR DEL PERU. Portrait équestre du général Don Manuel Belgrano.

Le cheval blanc est tourné à gauche ; le cavalier se retourne en faisant un geste de commandement.

Nous ne connaissons qu'une épreuve de cette pièce, qui appartient à M. de Triqueti.

H., 332. — L., 263 mill.

Ces quatre pièces furent faites pour un jeune homme nommé Cramer, sous-lieutenant de l'armée française, licencié en 1815, et qui avait pris du service dans l'armée de l'indépendance américaine, où il devint aide de camp du général San-Martin. Revenu à Paris, il fut amené par un ami commun à l'atelier de Géricault, à qui il vit lithographier des sujets militaires. Il lui raconta ses campagnes et obtint qu'il lui fît gratuitement ces quatre planches, disant que, de retour à Buenos-Ayres, elles feraient sa fortune. Géricault ne tarda pas à se fatiguer d'un travail pour lequel il n'avait pas les éléments nécessaires. Il remplit cependant sa promesse. Mais ces quatre grandes lithographies ne sont pas parmi ses meilleures. Elles sont d'une très-grande rareté.

20. RR. A CHEVAL. Bivouac : des cuirassiers brident leurs chevaux. On remarque à droite un groupe formé d'un trompette, d'un cuirassier vu de dos et penché du côté droit, et d'un autre qui bride sa monture. —*Imp. lithog. de F. Delpech.*

> H., 317. — L., 428 mill.

21. MARCHE DANS LE DÉSERT. Napoléon à pied, au premier plan, fait signe à un groupe de soldats d'avancer. A droite, en arrière, son état-major. A gauche, une pièce de canon, et plus loin un corps de cavalerie. — Signé à gauche, dans le dessin : « Géricault. »

1er état, sans le titre : *Géricault, del.* — *Litho. de C. Motte.* R.

2e état, de même, mais avec le titre.

C'est une planche pour l'*Histoire de Napoléon*, par Arnault. — M. His de La Salle possède deux dessins importants à la mine de plomb, au recto et au verso de la même feuille pour cette lithographie. L'un est une première pensée avec des variantes considérables; l'autre, la composition telle qu'elle a été exécutée.

> H., 290. — L., 411 mill.

22. PASSAGE DU MONT St.-BERNARD. A droite, un peu en arrière, Napoléon à pied, sur une pente de neige,

une main dans le gilet, fait un signe de l'autre aux moines qui apportent des corbeilles de pain. A droite, au premier plan, des officiers à cheval; au centre, deux soldats et un guide à cheval, vus de dos; à gauche, quatre soldats tirent des cordes attachées à un canon qu'on ne voit pas; au fond, les montagnes neigeuses et l'hospice. — Sans signature dans le dessin.

1er état avant le titre, avant les montagnes teintées : *Géricault, del.* — *Litho. de C. Motte, R. des marais.* RR.

2e état avant le titre, avec les montagnes teintées : *Géricault, del.—Litho. de C. Motte, R. des marais.* R.

3e état, avec le titre : *Géricault, del. — Litho. de C. Motte, R. des marais.*

Comme la précédente pour l'ouvrage d'Arnault. — M. His de La Salle possède un beau croquis du maître pour cette composition. Il est à la mine de plomb. Le groupe du centre, au premier plan, a été modifié sur la pierre.

H., 358. — L., 416 mill.

23. LARA BLESSÉ. Il s'affaisse sur son cheval; son page, vu de dos, le soutient d'une main et tient de l'autre la bride de son cheval.

Cette pièce, très-finement terminée, est entièrement de la main de Géricault. — Premiers tirages chez Delpech, second tirage chez Villain.

1er état, avant le titre : *Géricault. — I. lith. de Delpech.*

2e état, avec le titre : *Géricault. — Lith. de Delpech.*

3e état, avec le titre : *Géricault. — Lith. de Villain.*

M. His de La Salle possède un calque de la main du maître pour cette composition.

H., 178. — L., 231 mill.

LITHOGRAPHIES EXÉCUTÉES EN ANGLETERRE.

24. R. SHIPWRECK OF THE MEDUSE. C'est le trait du Radeau de la Méduse, identique au tableau du Louvre. — Sans encadrement, sans signature. *C. Hullmandel's lithography.*

« Croquis au trait et à l'encre. Il était distribué au public lors de l'exposition à Londres du tableau de Géricault. Ce croquis est fait presque entièrement par Charlet, nous le savons de lui-même. » (Colonel de La Combe, *Charlet, sa vie et ses œuvres,* p. 274.)

Ce renseignement n'est pas tout à fait exact. Cette petite pièce, dessinée par Géricault, a été terminée par Charlet.

H., 100. — L., 160 mill.

Suite des grandes lithographies anglaises.
12 planches et un titre. — Publiées à Londres en 1821.

25. R. (Titre). Un fourgon attelé. Sur la toile qui le recouvre, cette inscription : « VARIOUS SUBJECTS DRAWN FROM LIFE AND ON STONE BY J (J pour T) GÉRICAULT, » que lit un homme portant une pancarte où sont ces mots : « SHIPWRECK OF THE MEDUSE. » En bas: *J. Géricault, inv^t, n° 12 s. London. Published & sold by Rodwell & Martin. New Bond st. 1821. Printed at C. Hullmandel's lithogra-*

phic establishment, 51*, great Marlboro' st.*—La plupart
des épreuves de ce titre sont sur papier teinté, sans encadrement.

Il existe un second état où les deux adresses ont été
grattées. Il ne reste plus que *J. Géricault, inv*, *n° 12 s.*

H., 370. — L., 350 mill.

26. 1). R. THE PIPER. Un aveugle, joueur de cornemuse,
vu de profil, vêtu d'une grande houppelande, marche
dans une rue déserte, suivi de son chien. — *J. Géricault, inv*. *London. Published by Rodwell & Martin.
New Bond st. Feb. 1. 1821. — C. Hullmandel's
lithography.*

H., 315. — L., 233 mill.

27. 2). R. PITY THE SORROWS OF A POOR OLD MAN
WHOSE TREMBLING LIMBS HAVE BORN
HIM TO YOUR DOOR.

(Ces deux vers sont tirés de l'une de ces poésies,
populaires en Angleterre, nommées *Nursery rhymes.*)

Un pauvre homme est à demi couché à la porte d'un
boulanger. Son chien, assis entre ses jambes, lève la
tête vers lui. On aperçoit, à travers la fenêtre de la
boutique, un homme âgé qui parle à la boulangère,
appuyée des deux mains au comptoir. A droite, une
rue où l'on voit un charretier conduisant une voiture.
— *J. Géricault, inv*. — *London. Published by Rodwell & Martin. New Bond st. Feb. 1. 1821. —
C. Hullmandel's lithography.*

Le Cabinet des estampes possède une épreuve de
cette lithographie, avec trois croquis sur la marge
à droite : a). DEUX CHEVAUX ET UN HOMME ASSIS.
b). UN BALAYEUR. c). UN CHEVAL VU DE TROIS QUARTS.

H., 315. — L., 375 mill.

25

28. 3). R. A PARTY OF LIFE-GUARDS. Deux life-guards,
l'un à cheval, l'autre à pied, causent au premier plan.
A gauche, un troisième soldat rajuste la selle de son
cheval, qui se cabre. Plus à gauche et en arrière, on
aperçoit quelques cavaliers en ligne. — *J. Géricault,
inv*. — *London. Published by Rodwell & Martin.
New Bond st. Feb. 1, 1821. — C. Hullmandel's lithography.*

> 1er état sans l'adresse RR.

H., 150. — L., 213 mill.

29. 4). R. AN ARABIAN HORSE. Cheval arabe, vu de
profil et tourné à gauche. Un Arabe, placé en arrière, le
tient par la bride d'une main et a l'autre posée sur son
cou. Fond de paysage oriental. — *J. Géricault, inv*.
— *London. Published by Rodwell & Martin, New
Bond st. Mar 1, 1821. — C. Hullmandel's lithography.*

> M. His de La Salle possède un calque de la main de
Géricault qui a précédé l'exécution de la lithographie.
La coiffure de l'Arabe qui tient le cheval par la bride
diffère de celle qu'on voit sur l'estampe. Le fond a été
également changé : sur le dessin, il représente deux
Arabes au galop. Le groupe de l'Arabe et de son
cheval dans la lithographie est en contre-partie du
dessin.

H., 170. — L., 334 mill.

30. 5). RR. A PARALEYTIC (*sic*) WOMAN. Une femme
paralytique est assise dans un fauteuil à roues. Le
pauvre homme qui la traîne se repose, appuyé contre
le dossier du fauteuil. A gauche, au premier plan, une
jeune fille, tenant un enfant par la main, les regarde

avec pitié. A droite au second plan, la partie antérieure
d'une voiture aristocratique à peine indiquée.— *J. Géricault, inv*. — London. Published by Rodwell &
Martin, New Bond st. Ap¹. 1, 1821. — C. Hullmandel's lithography.*

H., 425. — L., 315 mill.

31 . 6). R. ENTRANCE TO THE ADELPHI WARF. Trois
chevaux de charrette, harnachés, entrent sous une voûte.
Ils sont vus de croupe et conduits par deux charbonniers. Cette pièce est signée à gauche, dans le dessin :
« Géricault. »— *J. Géricault, del. —London. Published
by Rodwell & Martin, New Bond street. May 1821.
— C. Hullmandel's lithography.*

M. His de La Salle possède une étude à la mine de
plomb, magistralement lavée à l'encre de Chine, pour le
cheval placé à droite sur le premier plan ; elle est en
contre-partie de la lithographie. Au verso de cette étude
se trouvent deux balayeurs et un enfant, à la mine de
plomb.

On voit au Cabinet des estampes une lithographie,
copie renversée de cette pièce, où le groupe des chevaux seul est dessiné. M. Léon Cogniet, qui l'avait commencée pour la suite française, ne l'a pas achevée.

H., 253. — L., 310 mill.

32. 7). R. THE FLEMISH FARRIER. Le maréchal flamand.
Cheval gris pommelé dans le travail, au moment où le
maréchal lui pose le fer au sabot. A droite, un paysan,
les mains derrière le dos, négligemment appuyé contre
un des poteaux. Auprès de lui un chien et un enfant
qui tend les bras vers la tête du cheval. Plus loin, un
autre enfant à peine indiqué. — *Géricault, inv*. —Lon-*

. *don. Published by Rodwell & Martin, New Bond st.*
Feby 1, 1821. — C. Hullmandel's lithography.

M. Jamar possède un dessin qui a servi pour cette
lithographie.

H., 225. — L., 313 mill.

33. 8). R. A FRENCH FARRIER. Le maréchal français. Le
cheval est vu de profil, à gauche, au moment où le maréchal lui soulève le pied hors montoir. A droite un
cheval vu de croupe, tenu par un garçon en bonnet
de police, qui le bride. — *J. Géricault, inv[t]. —* Sans
adresse. — *C. Hullmandel's lithography.*

H., 246. — L., 356 mill.

34. 9). R. THE ENGLISH FARRIER. Le maréchal anglais.
Trois chevaux de race attachés à la porte d'un maréchal.
Un jeune homme est occupé à clouer le fer au pied hors
montoir de devant de l'un des chevaux. Un second
ouvrier tient la jambe gauche d'un autre cheval et se
retourne en menaçant vers le premier, qui a voulu
mordre son camarade. — Imprimé sur papier teinté avec
des rehauts blancs. — *J. Géricault, del. — London.*
Published by Rodwell & Martin, New Bond st. May
1821. — C. Hullmandel's lithography.

M. His de La Salle possède deux dessins de Géricault
pour cette pièce :

1° Un calque de la composition, avec quelques repen-
tirs dans le dessin de l'encolure du cheval gris pommelé; ce calque est en contre-partie de la lithographie ;

2° Une feuille d'études à la mine de plomb où Géricault a cherché la composition du groupe de chevaux et
la pose du plus âgé des deux maréchaux, qui retourne la

tête du côté des chevaux, ainsi que le raccourci de la
jambe postérieure montoir du cheval gris pommelé.

H., 280. — L., 370 mill.

35. 10). R. HORSES EXERCISING. Deux chevaux gris pommelé, le plus éloigné du spectateur monté par un jockey
en bonnet écossais, passent au galop sur une route que
borde le mur d'un parc dont on aperçoit vaguement les
arbres. — *J. Géricault, inv*. — *London. Published by
Rodwell & Martin, New Bond street. Feb. 1, 1821,
— C. Hullmandel's lithography.*

1er état sans l'adresse RR.

H., 292. — L., 413 mill.

36. 11). R. THE COAL WAGGON. Un chariot à charbon,
attelé de cinq chevaux, descend une côte et va arriver
près d'un bateau. Le charretier retient le timonier. Un
autre homme est assis sur le devant du chariot. — *J. Géricault, inv*. — *London. Published by Rodwell &
Martin. New Bond st. Feb⁶ 1, 1821.—C. Hullmandel's
lithography.*

M. His de La Salle possède une belle étude pour cette
pièce.

H., 195. — L., 310 mill.

37. 12). R. HORSES GOING TO A FAIR. Quatre chevaux,
conduits à la foire, traversent un pays montueux. Ils
viennent de tourner près d'une construction carrée. Celui
qui tient la tête, monté par un enfant en blouse, se détache sur le ciel clair. Un maquignon à pied, près de son
bidet, précède un cheval pie qui marche le dernier et
qu'on voit de profil. — *J. Géricault, inv*. — *London.
Published by Rodwell & Martin, New Bond st. Feb.
1. 1821. — C. Hullmandel's lithography.*

H., 254. — L., 356 mill.

Suite de sept pièces dessinées sur carton préparé.

38. R. JOCKEY ANGLAIS MONTÉ SUR UN CHEVAL QUI A UNE
COUVERTURE MARQUÉE D'UN M. Le cheval est tourné à
droite. — Sans lettres ni encadrement.

Cette lithographie faite en Angleterre comme les sui-
vantes est exécutée à la plume, sur *carton lithographique*. Géricault, en partant de Paris, s'était muni de
feuilles de ce carton beaucoup plus léger et plus facile
à transporter que les pierres. Ce procédé présentait
de graves inconvénients et a été abandonné.

H., 185. — L., 337 mill.

39. CHEVAL DE CARROSSE MONTÉ PAR UN PALEFRENIER EN
VESTE ET COIFFÉ D'UN CHAPEAU ROND. Il se dirige à
droite. — Sans lettres. — Même procédé que la précédente.

II., 197. — L., 295 mill.

40. MARCHAND DE POISSON ASSIS PRÈS DE SON ÉTAL ET EN-
DORMI. Il est entouré d'enfants qui se moquent de lui.
Au premier plan, un boule-dogue, un enfant vu de dos
et les mains dans ses poches; une femme, la pipe à la
bouche, une manne sur la tête, semble lui parler. A
gauche une jeune fille en manteau et en chapeau. —
Sans lettres ni encadrement. — Même procédé que les
précédentes.

H., 215. — L., 295 mill.

41. TROIS ENFANTS JOUANT AVEC UN ANE PRÈS D'UNE FON-
TAINE. L'un des enfants est monté sur l'âne, qu'un autre

enfant tire par la bride. — Sans lettres ni encadrement.
— Même procédé que les précédentes.

M. His de La Salle possède le carton qui a servi à
tirer cette estampe.

H., 210. — L., 343 mill.

42. RRR. LES SCIEURS DE BOIS. Près d'une charrette attelée
d'un cheval, deux hommes scient du bois; sur la droite,
un autre homme en porte un panier sur son dos, tandis
qu'un quatrième est occupé à en fendre. Le charretier,
monté dans la voiture, jette à terre les dernières bûches.
— A la plume. — Sans lettres ni encadrements. — Même
procédé que les précédentes.

Je ne connais aucune épreuve de cette planche.
Cependant il doit en exister, car, à l'inspection du carton que possède M. His de La Salle, feu Eug. Le Roux,
lithographe, très-compétent dans cette matière, a reconnu
qu'on avait dû tirer quelques épreuves avec ce dernier.

H., 300. — L., 440 mill.

43. RRR. JEUNE FEMME ET SES TROIS ENFANTS. C'est le
portrait de la femme et des enfants du boîtier propriétaire de l'appartement où logeait Géricault pendant son
séjour à Londres. Elle tient un de ses enfants sur ses
genoux et attire vers elle les deux autres.

Cette planche [porte trois inscriptions : à gauche :
Drawn on stone paper : à droite : *Printed by Saint-
Marc Gazeau, 10, at Radcliffe Row City Road ;* au
milieu et à peine visible : *Géricault.* — Sans titre ni
encadrement. — Même procédé que les précédentes.

Cette lithographie est d'une extrême rareté. Je n'en
connais que deux épreuves qui appartiennent au Cabinet des estampes et à M. His de La Salle, possesseur

également du dessin original à la mine de plomb qui a
précédé l'exécution du dessin à la plume sur carton. La
planche originale appartient à M. Moignon, procureur
impérial.

H., 240. — L., 250 mill.

44. LION DÉVORANT UN CHEVAL. Le lion, les pattes de devant
sur le corps du cheval couché en travers de la composition, retourne la tête à droite en grognant.—A la plume.
— Sans lettres ni encadrement. — Même procédé que les
précédentes.

La planche originale appartient à M. Camille Marcille.
H., 195. — L.. 295 mill.

Pièces pour l'ouvrage de Taylor et Charles Nodier :
« Voyages pittoresques
et romantiques dans l'ancienne France. »

45. GUILLAUME LE CONQUÉRANT RAPPORTÉ APRÈS SA MORT
A L'ÉGLISE DE SAINT-GEORGES DE BOSCHERVILLE.
Vignette pour le livre susnommé. (Tome II, *Normandie,*
p. 45.) — *Géricault.* — Sans titre ni encadrement.
1er état sans le nom de Géricault.

Géricault était alors si peu connu que, dans le livre,
cette estampe est désignée comme étant de *Jéricho.*

H., 150. — L., 180 mill.

46. ÉGLISE DE SAINT-NICOLAS DE ROUEN. Pour le même ouvrage. (Tome II, *Normandie,* p. 58.) — L'architecture
est de Lesaint; les figures et les chevaux seuls sont de
Géricault. — *Lesaint et Géricault 1823.* — *Lith. de*
G. Engelmann.

H., 345. — L., 240 mill.

Suite de douze petites pièces publiées par Gihaut. [1]

Elles sont sans encadrement et portent toutes dans le
blanc : à gauche : *Géricault,* à droite : *Lith. de G. Engelmann,* à l'exception de la première, qui n'a pas le
nom de Géricault. Ces douze pièces ont été exécutées par
Géricault dans l'atelier de M. Dedreux-Dorcy, rue Taitbout. Elles ont été publiées en trois cahiers de quatre
pièces chacun et dans l'ordre indiqué par les numéros.
Il existe pour cette suite un second état, où les adresses
sont grattées, les pièces numérotées, et où la première
porte le nom de Géricault en bas, à gauche. Il a été imprimé chez Villain qui a effacé le nom d'Engelmann sans
mettre le sien.

47. 1). JUMENT LA TÊTE APPUYÉE SUR LE DOS DE SON
POULAIN. A gauche, au premier plan, on lit sur une
grosse pierre cette inscription : *Études de chevaux
d'après nature,* et au-dessous du sujet, à la place des
titres qui se trouvent dans les autres pièces : *Chez
Gihaut, boulevard des Italiens, n° 5.* — Il existe un
état qui porte seulement *Lith. de G. Engelmann.*

H., 152. — L., 215 mill.

48. 2). CHEVAL DE MECKLEMBOURG. Cheval de voiture
harnaché, tourné à gauche. Un groom le tient par la
tête et va l'atteler à une voiture dont on ne voit guère
que les brancards.

H., 187. — L., 230 mill.

---

1. Malgré quelques invraisemblances, la classification des pièces forman
les suites publiées par les frères Gihaut peut être regardée comme rigou-
reusement exacte. Elle m'a été donnée par M. Gihaut jeune lui-même.

49. 3). CHEVAUX D'AUVERGNE. Deux chevaux tournés à droite, tenus par un paysan en costume auvergnat. Le plus rapproché est un cheval pie. Fond de rochers. — La pierre a été cassée chez Engelmann; on a continué le tirage après avoir recollé les morceaux.

H., 190. — L., 230 mill.

50. 4). CHEVAL CAUCHOIS. Cheval tourné à gauche, tenu par un maquignon qui le montre à un fermier. A droite, trois autres chevaux attachés à un poteau.

H., 170. — L., 220 mill.

51. 5). CHEVAL ESPAGNOL. Cheval sellé attaché entre deux poteaux. Un Espagnol en costume national est appuyé contre l'un des piliers.

H., 137. — L., 257 mill.

52. 6). CHEVEAUX (*sic*) ARDENNÉS (*sic*). Deux chevaux tournés à droite, attelés à un caisson d'artillerie, le porteur monté par un soldat du train.

1er état avant *Géricault* et le nom de l'imprimeur.

H., 155. — L., 205 mill.

53. 7). CHEVAL DE LA PLAINE DE CAEN. Cheval tourné à droite, attaché au mur de l'écurie. A droite, deux palefreniers; à gauche, sous une voûte, un militaire et un paysan. — La pierre a été brisée comme celle du n° 49, et on a de même continué le tirage.

H., 190. — L., 225 mill.

54. 8). CHEVAL D'HANOVRE. Cheval tourné à droite dans une écurie. Un palefrenier appuyé à la mangeoire le tient par sa longe.

H., 177. — L., 237 mill.

55. 9). CHEVAL ANGLAIS. Il marche à droite, et est monté par un cavalier en chapeau bas et rond. Dans le fond, deux cavaliers et un personnage à pied.

H.. 156. — L., 220 mill.

56. 10). CHEVAUX FLAMANDS. Deux juments dans un pâturage près d'un arbre ; l'une est grise et se frotte la tête contre sa jambe gauche ; l'autre appuie son cou sur la croupe de sa compagne.

H., 170. — L., 213 mill.

57. 11). CHEVAL ARABE. Cheval nu et tourné à gauche ; il hennit en regardant du côté de la tente où un Arabe est à demi couché. La selle est à terre sur le devant. Fond de paysage oriental avec des chameaux.

1er état avant toutes lettres. (Collections de Triqueti et Gihaut jeune.)

H., 156. — L., 220 mill.

58. 12). JUMENT ÉGYTIENNE (*sic*). Elle est sellée, tournée à droite, et tenue par un nègre. A droite, un personnage avec une longue pipe, assis au pied d'un palmier ; plus en arrière, une troisième figure à peine indiquée.

H., 177. — L., 235 mill.

Suite de huit petites pièces publiées par Gihaut.

Il existe un premier état sans le nom et l'adresse de Gihaut. Le second état porte : *Chez Gihaut, boulevard des Italiens, n° 5.* Ces huit pièces ont été exécutées chez M. Dedreux-Dorcy, comme les précédentes.

59. 1). CHEVAL QUE L'ON PROMÈNE AVANT LA COURSE. Il est sellé et tourné à droite ; le groom qui le promène le

tient par la bride près de la tête. — *Géricault.* — *Lith. de G. Engelmann.*

H., 90. — L., 160 mill.

60. 2). LA COURSE. Trois chevaux lancés à fond de train, montés par des jockeys. — *Géricault.* — *Lith. de G. Engelmann.*

H., 135. — L., 200 mill.

61. 3). CHEVAL DE CHARRETTE SORTI DES LIMONS. Cette pièce est très-finement achevée. — *Géricault.* — *Lith. de G. Engelmann.*

Il existe un état avant *Géricault* et l'adresse de l'imprimeur, et avec la signature de Géricault lui-même au crayon à droite. RRR.

H., 135. — L., 195 mill.

62. 4). DEUX CHEVAUX HARNACHÉS. Le plus rapproché du spectateur est monté par un postillon. — *Géricault.* — *Lith. de Villain, rue de Sèvres, n° 11.*

H., 130. — L., 180 mill.

63. 5). CUIRASSIERS CHARGEANT UNE BATTERIE D'ARTILLE-RIE RUSSE. A droite, une pièce de canon démontée. — *Géricault.* — *I. lith. de Villain.*

H., 130. — L., 190 mill.

64. 6). TROMPETTE DE HUSSARDS DEBOUT. Il appuie le coude sur la chabraque de son cheval. — *Géricault.* — *Lith. de Villain.*

H., 104. — L., 130 mill.

65. 7). OFFICIER D'ARTILLERIE LÉGÈRE DE LA GARDE IMPÉ-RIALE. Il est vu de trois quarts, marchant vers la droite, et il se retourne en arrière pour faire un commande-

ment. Dans le fond, un batterie au galop se dirige à droite. — *Géricault.*— *Lith. de G. Engelmann.*

H., 120. — L., 180 mill.

66. 8). TROIS CHEVAUX CONDUITS A L'ÉCORCHEUR. Ils marchent à gauche. Le plus rapproché du spectateur est couleur pie. — *Géricault.* — *Lith. de Villain, r. de Sèvres, n° 11.*

H., 110. — L., 205 mill.

Suite de sept petites pièces publiées par Gihaut.

67. 1). OFFICIER D'ARTILLERIE LÉGÈRE DE LA GARDE IMPÉRIALE. Il est vu de dos et galopant à gauche; il marche à la tête de sa batterie exécutant un changement de front. Dans le dessin sur la roue, au premier plan : « Géricault. »

H., 153. — L., 185 mill.

68. 2). CHEVAL DÉVORÉ PAR UN LION. Il est couché perpendiculairement à la composition, la tête en avant; le lion à sa gauche ronge une de ses jambes; fond de rochers. — Dans le blanc, à gauche : *Géricault, del.* — Presque au milieu : *Lith. de Villain.* — A droite : *Chez Gihaut, b^{ard} des Italiens, n° 5.*

H., 193. — L., 240 mill.

69. 3). LE GIAOUR. Il se retourne sur son cheval, regarde en arrière et montre d'un air menaçant le poing à la ville qu'il vient de quitter.

1er état : avant toute lettre, publié par Mme Delpech (H., 175. — L., 240 mill.) RRR.

2e état, avec le titre et : *Géricault. — Chez Gihaut,*

b^{ard} des Italiens, n° 5, et plus bas : I. lith. de Villain.
Dans ce second tirage, la planche a été réduite sur les
quatre côtés.

II., 150. — L., 213 mill.

Ce sont les difficultés que Mme Delpech fit à Géricault
pour la publication de cette pièce et de celle qui a pour
titre *Lara blessé,* et qui a été décrite plus haut, qui ame-
nèrent ses relations avec MM. Gihaut frères, qui, dans
les dernières années de sa vie, furent les éditeurs de la
plupart de ses lithographies. Mme Delpech publiait à
cette époque (1819-1820) un album annuel composé de
dessins dus aux artistes alors en renom (Picot, Alaux,
Carle Vernet, Mlle Lescot, etc.). Géricault voulut y faire
admettre le Lara et le Giaour, ce qu'elle refusa. De là
la rupture.

70. 4). Cheval au trot. Il est nu, gris pommelé et tourné
    à gauche. — Au tampon et au grattoir. — Sans titre ni
    encadrement. *Lith. de Villain.*
       1er état avant la lettre et avec les fonds plus étendus.
    On assure que M. Courtin a fait une copie de cette
    pièce.

H., 120. — L., 160 mill.

71. 5). RRR. Cheval franchissant une barrière. Il est
    tourné à droite et s'enlève des jambes de devant. — Au
    tampon et au grattoir. — Sans encadrement, sans signa-
    ture et sans aucune lettre.
       Cette pièce est très-rare, la pierre s'étant brisée après
    qu'on en eut tiré un petit nombre d'épreuves. Mais l'impri-
    meur Villain en fit faire, à l'insu de Géricault, une copie
    par M. Courtin. Ce renseignement précis m'est donné
    par M. Gihaut jeune, mais d'ancienne date déjà, on con-

naissait l'existence de cette contrefaçon, comme on le
voit par une lettre du colonel de La Combe à M. Jamar[1].
Cette imitation, inférieure à l'original, est assez commune. On y remarque, au-dessous du pilier central de
la barrière, un point d'encre qui n'existe pas dans la
planche du maître, ainsi que quelques autres différences.

H., 145. — L., 204 mill.

72. 6). CHEVAL ANGLAIS AVEC COUVERTURE, MONTÉ PAR UN
JOCKEY. Le cheval est immobile et tourné à gauche; le
jockey a la main appuyée sur la croupe et regarde en
arrière. — Au tampon et au grattoir.

1er état, avant le trait carré et avant la lettre. RRR.

2e état, avant le trait carré. — *Lith. de G. Engelmann.* RRR.

3e état, avec le trait carré.—*Lith. de G. Engelmann.*

4e état, avec le trait, mais sans le nom de l'imprimeur.
(C'est une copie par M. Courtin.)

H., 198. — L., 235 mill.

73. 7). CHEVAL QUE L'ON FERRE. Il est gris pommelé, tourné
à droite et harnaché; un des maréchaux tient sa jambe
gauche de derrière, tandis que l'autre cloue le fer. — Au
tampon et au grattoir.

1er état, à gauche : *Géricault, del.* — Au milieu :
Chez Gihaut, b^{ard} des Italiens, n° 5.

---

1. « Je possède un assez bel œuvre lithographique de Géricault, dont
une pièce unique (?) que je vous soumets aujourd'hui. La pierre cassa à la
première (?) épreuve. Villain a pris sur lui d'en faire faire une copie fort
trompeuse en effet..... Je joins donc ici l'épreuve unique dont je vous
ai parlé (cheval sautant une barrière) et celle vendue dans le commerce.
Ceci aura quelque intérêt pour vous, je suppose.

« DE LA COMBE. »

A M. Jamar, à Paris.

2ᵉ état, à gauche et au milieu, comme précédemment, à droite : *Lith. de Villain.*

3ᵉ état, à gauche et à droite comme précédemment; au milieu : *Chez Gihaut frères, éditeurs,* etc.

H., 137. — L., 170 mill.

Suite des grandes lithographies françaises.
Douze planches et un titre.
Imprimées par Villain, publiées par Gihaut en 1822.

De ces douze pièces, six sont, à peu de chose près, la reproduction d'un nombre égal de planches de la suite anglaise. Les six autres sont nouvelles et ont été faites d'après des tableaux à l'huile ou des aquarelles. Elles ont été exécutées en partie chez M. Dedreux-Dorcy, en partie dans l'atelier de Géricault et sous ses yeux, par MM. Léon Cogniet et Volmar. Je tiens de M. Cogniet que Géricault n'était pas satisfait de la suite anglaise. Il trouvait que, dans ces planches, la lumière était trop disséminée. Il recommandait à ses collaborateurs d'élaguer le blanc qui se trouvait dans les noirs, de renforcer les ombres, de manière à donner plus de franchise et quelque chose de plus gras au travail. Il a lui-même remis des vigueurs au crayon dans toutes les planches, et presque tout le travail de grattoir est de lui. A l'exception du titre, ces pièces portent : *Géricault, del. — Lith. de Villain,* et une partie d'entre elles seulement, au-dessous du dessin, au milieu, le nom et l'adresse de l'éditeur. Cette suite de douze pièces a été publiée en trois cahiers de quatre feuilles chacun et dans l'ordre indiqué dans le présent catalogue. — A partir de 1829, les frères Gihaut ont fait tirer les planches sans le nom de Villain et sans le leur.

74. Titre). L'ABREUVOIR. Une fontaine dans laquelle plusieurs chevaux, conduits par un palefrenier monté sur l'un d'eux, viennent boire. A droite, quelques troncs de grands arbres et des plantes. Le devant du bassin est orné d'un bas-relief. Sur la fontaine elle-même on lit : ÉTUDES DE CHEVAUX PAR GÉRICAULT, et au-dessous du dessin : *A Paris, chez Gihaut, éditeur, m^d d'Estampes, boul^{ard} des Italiens, n° 5.* — Ce titre servit pour les trois livraisons. Il a été exécuté à la plume par Géricault lui-même. Sans encadrement.

1er état sans adresse.

2e état, avec le titre complet, tel qu'il vient d'être rapporté.

H., 340. — L., 285 mill.

75. 1). LE CHARIOT A CHARBON. Il est attelé de cinq chevaux. Le charretier retient les chevaux du timon. Un homme coiffé d'un grand chapeau est assis en avant de la voiture sur les sacs de charbon. Par M. Léon Cogniet. — Sans adresse. — *Géricault, del. — Lith. de Villain.*

H., 195. — L., 305 mill.

76. 2). VIEUX CHEVAL A LA PORTE D'UNE AUBERGE. Une jeune fille donne à boire au garçon qui le tient. Cette belle planche a été exécutée par M. Volmar d'après une aquarelle importante faite en Angleterre. — Sans adresse. — *Gériault* (sic), *del. — Lith. de Villain.*

H., 254. — L., 383 mill.

77. 3). DEUX CHEVAUX GRIS POMMELÉ QUE L'ON PROMÈNE L'un est monté, l'autre tenu en main. Trot et galop. Le copiste a supprimé le mur du parc et les arbres placés

26

derrière, que l'on voit dans la lithographie du même
sujet publiée en Angleterre. Par M. Léon Cogniet. —
Sans adresse. — *Géricault, del.* — *Lith. de Villain.*

H., 285. — L., 420 mill.

78. 4). CHEVAL NOIR AVEC UNE COUVERTURE A CARREAUX,
ATTACHÉ DANS UNE ÉCURIE. Il est vu de profil, tourné
à gauche, levant la jambe gauche de devant et la droite
de derrière. Lithographié par M. Volmar, d'après une
peinture à l'huile faite d'après nature. — Sans adresse.
— *Géricault, del.* — *Lith. de Villain.*

H., 330. — L., 403 mill.

79. 5). LE MARÉCHAL FLAMAND. Cheval que l'on ferre dans
le travail. Par M. Léon Cogniet. — *Géricault, del.*
— *Chez Gihaut, éditeur, m^d d'Estampes, b^ard des
Italiens, n° 5.* — *Lith. de Villain.*

H., 245. — L., 322 mill.

80. 6). CHEVAL HARGNEUX MUSELÉ, ATTELÉ A UNE VOITURE
DE PLATRIER ET ATTACHÉ A LA PORTE D'UNE ÉCU-
RIE. Il se recule en levant la jambe gauche de devant.
A droite, un plâtrier qui porte des sacs sur son épaule.
Par M. Volmar, d'après une aquarelle. — Sans adresse.
— *Géricault, del.* — *Lith. de Villain.*

H., 258. — L., 324 mill.

81. 7). CHEVAUX CONDUITS A LA FOIRE MONTANT UNE CÔTE.
Le cheval pie, au premier plan, est beaucoup moins
marqué de taches (excepté à la tête) que dans la
pièce correspondante de la suite anglaise, et le copiste
a supprimé le pilier en maçonnerie qui se trouve dans

l'original. Par M. Léon Cogniet. — *Géricault, del.* — *Chez Gihaut, boul^{ard} des Italiens, n° 5.* — *Lith. de Villain.*

H., 253. — L., 353 mill.

82. 8). Deux chevaux de poste a la porte d'une écurie. Le postillon tient une botte de paille d'une main et de l'autre un seau, qu'il appuie contre son genou et dans lequel boit l'un des chevaux. Un peu en arrière du postillon, un garçon en blouse. Cette belle lithographie a été faite par M. Volmar d'après un tableau qui appartient à M. Hauguet. — *Géricault, del.* — *Chez Gihaut, éditeur, M^d d'Estampes, b^{ard} des Italiens, n° 5.* — *Lith. de Villain.*

H., 340. — L., 430 mill.

83. 9). Jeune garçon donnant l'avoine dans une musette a un gros cheval dételé. Cette pièce en hauteur a été lithographiée par M. Volmar, d'après une peinture sur toile imprimée à la colle, faite dans un journée par Géricault et exposée après sa mort au Salon de 1824. Elle appartient aujourd'hui à M. Schickler. — *Géricault, del.* — *Chez Gihaut, éditeur, M^d d'Estampes, b^{ard} des Italiens, n° 5.* — *Lith. de Villain.*

H., 420. — L., 333 mill.

84. 10). Deux chevaux allant au pas promenés par un jockey. Le fond, représentant le mur d'un parc dont on voit quelques arbres, semble pris dans la lithographie qui a pour titre : *Horses exercising,* de la suite anglaise. Par M. Volmar. — *Géricault, del.* — *Chez Gihaut, éditeur et M^d d'Estampes, b^{ard} des Italiens, n° 5.* — *Lith. de Villain.*

H., 325. — L., 385 mill.

85. 11). LE MARÉCHAL ANGLAIS. Chevaux de carrosse se mordant pendant qu'on les ferre. Dans cette pièce, on a supprimé une des figures de la pièce de la suite anglaise et modifié les fonds. Par M. Léon Cogniet. — *Géricault, del. — Chez Gihaut, boulevard des Italiens, n° 5. — Lith. de Villain.*

H., 282. — L., 368 mill.

86. 12). LE MARÉCHAL FRANÇAIS. Cheval de charrette à la porte d'un maréchal. Par M. Léon Cogniet. — *Géricault, del. — Chez Gihaut, éditeur, m^d d'Estampes, boulevard des Italiens, n° 5. — Lith. de Villain.*

H., 272. — L., 360 mill.

A partir de 1829, les frères Gihaut ont publié ces pièces après avoir effacé le nom de Villain et sans mettre le leur.

Suite de cinq pièces encadrées, publiées par Mme Hulin en 1823.

Elles portent au-dessous du dessin, à droite : *Géricault ;* au milieu : *Lith. de G. Engelmann ;* à gauche : *Chez Mad^me Hulin, rue de la Paix, n° 21.* A l'exception de la première, qui a un titre et qui porte l'inscription : *Lith. de G. Engelmann,* à droite, à la place où, dans les autres pièces, se trouve le nom de Géricault.

87. 1). CHEVAUX DE FERME. Ils sont harnachés, prêts à être attelés. Un enfant, vêtu d'une longue chemise, tenant une poignée de foin dans chacune de ses mains, donne à manger aux deux plus rapprochés. Un garçon d'une quinzaine d'années, le fouet à la main, attend l'arrivée du laboureur. Le harnachement est léger et les types des enfants sont anglais.—D'après une belle aquarelle faite en Angleterre.—Signée à gauche dans le dessin :

« Géricault. » A droite, dans la marge : *Lith. de G. Engelmann.*

H., 191. — L., 266 mill.

88. 2.) HANGAR DE MARÉCHAL FERRANT. A droite, deux chevaux attachés en dehors. A gauche, sous le hangar, plusieurs chevaux. Deux ouvriers sont occupés à ferrer le plus rapproché. — *Chez Mme Hulin, rue de la Paix, n° 21. — Lith. de G. Engelmann. — Géricault.*

H., 203. — L., 253 mill.

89. 3). LES BOUEUX. Trois chevaux attelés à un tombereau arrêté, dans lequel un homme jette une pelletée d'ordures. — *Chez Mme Hulin, rue de la Paix, n° 21. — Lith. de G. Engelmann. — Géricault.*

1er état avant toute lettre.

H., 195. — L., 245 mill.

90. 4). UN ROULIER MONTANT UNE CÔTE DANS LA NEIGE. Voiture à deux roues se présentant en travers. Elle est attelée de trois chevaux ; le second s'abat des jambes de devant. Au premier plan, un postillon avec deux chevaux descend la même côte. Le cheval qu'il mène en laisse est abattu. — Nous connaissons une épreuve d'essa avant la lettre où le ton général est beaucoup plus léger que sur les lithographies avec la lettre. Géricault, après avoir vu cette épreuve, a sans doute pensé qu'il était nécessaire de fortifier les travaux sur toute la surface de la pierre. — *Chez Mme Hulin, rue de la Paix, n° 21. — Lith. de G. Engelmann. — Géricault.*

H., 223. — L., 305 mill.

91. 5). CHEVAL MORT. Effet de neige. Épisode de guerre. — *Chez Mme Hulin, rue de la Paix, n° 21. — Lith. de G. Engelmann. — Géricault.*

Cette pièce a été publiée après les quatre précédentes. Elle devait faire partie d'un second cahier qui n'a pas été achevé.

H., 184. — L., 227 mill.

Il existe un second état de ces cinq pièces imprimées par Villain, où l'adresse de Mme Hulin et le nom de l'imprimeur ont été effacés, où le nom de l'auteur, placé à droite, sur les n°s 88, 89, 90 et 91, a été conservé. Quant au n° 87, pièce signée par Géricault lui-même, il n'a conservé au-dessous du trait carré que son titre.

Suite de quatre pièces par Géricault et Eugène Lami, publiées par Gihaut en 1823.

Elles portent au-dessous du dessin à gauche : *Géricault et Eug. Lami, 1823.* A droite : *I. lith. de Villain,* et plus bas : *Chez Gihaut, boul^ard des Italiens, n° 5.* — Les titres sont au-dessus des dessins, les légendes en dessous.

92. 1). MAZEPPA. Lord Byron, *Mazeppa,* ch. XVII. (Le coursier tente de s'élancer sur le rivage, qui semble le repousser; ses poils et sa crinière sont luisants et humides). Cette pièce, la meilleure de la suite, a été complétement retouchée par Géricault au crayon.

H., 155. — L., 206 mill.

93. 2). LE GIAOUR. (Cet ennemi est là qui le contemple... Son front est aussi sombre que celui qui est couvert des ombres du trépas.)

H., 152. — L., 210 mill.

94. 3). LA FIANCÉE D'ABYDOS, lord Byron, ch. x.
(Je t'ai dit que je n'étais pas ce que tu avais cru jusqu'ici. Tu vois maintenant la vérité de mes paroles.)

H., 124. — L., 165 mill.

95. 4). LARA. (Un des soldats qui l'entouraient décou-
vrit le signe rédempteur de la croix. Lara le fixe avec
un œil profane, qu'il détourne aussitôt... Pour Kaleb, il
éloigna la main qui portait le signe sacré.)

H., 135. — L., 179 mill.

**Suite de quatre pièces lithographiées par Volmar,
retouchées au crayon et au grattoir par Géricault**

On connaît trois états de ces pièces :

1ᵉʳ état : *Volmar d'après Géricault.* — *Lith. de Villain.*

2ᵉ état, de même, et en plus au milieu : *Chez Gihaut,
bᵃʳᵈ des Italiens, nº 5.*

3ᵉ état, de même, moins le nom de l'imprimeur Villain.

96. 1). CHEVAL ARABE A L'ÉCURIE. D'après une des études
sur papier imprimé que Géricault fit des chevaux arabes
envoyés au gouvernement français, et qui étaient logés
au bois de Boulogne.

H., 188. — L., 235 mill.

97. 2). TIGRE DÉVORANT UN CHEVAL. D'après une aquarelle.

H., 158. — L., 220 mill.

98. 3). INTÉRIEUR D'ÉCURIE VOUTÉE. A gauche, un homme

bride un cheval; un enfant conduit un autre cheval vu
de croupe. D'après une aquarelle.

H., 205. — L., 278 mill.

99. 4). Cheval arabe. Il est tenu par un Turc qui a une
lance dans la main.

H., 205. — L., 258 mill.

100. RRR. Cheval attaqué par un lion. Le cheval cabré
est tourné à gauche; le lion est cramponné à son poitrail. Cette énergique lithographie sans lettres ni encadrement, entièrement exécutée à la plume et au grattoir,
est d'une extrême rareté. Nous n'en connaissons que
l'exemplaire que possède le Cabinet des estampes. Les
parties légères ne sont pas bien venues, et c'est sans
doute cette circonstance qui aura fait renoncer à la tirer.
Il est certain que jusqu'ici elle était tout à fait inconnue,
Cependant son exécution est tellement magistrale que
nous ne saurions l'attribuer qu'à Géricault. La composition est absolument identique à celle du beau dessin au
trait publié par M. Colin dans sa première suite de *fac-
simile,* avec cette différence que, dans la pièce que nous
attribuons au maître lui-même, la jambe droite du cheval est pendante, tandis qu'elle est relevée dans le *fac-
simile,* où l'on distingue encore un repentir de la première idée.

H., 258. — L., 224 mill.

GRAVURE A L'EAU-FORTE

102. RRR. Gros cheval gris pommelé vu de trois
quarts. Le petit chapiteau à droite de cette pièce est
de M. Dedreux, architecte, grand prix de Rome, en
1815.

Je ne connais de cette charmante gravure que trois
épreuves : celle du Cabinet des estampes provenant de
la collection Bruzard, celle de M. de Triqueti qui a appartenu à M. Jamar, et une troisième que possède
M. J. Gigoux.

H., 70. — L.. 110 mill.

REPRODUCTIONS

D'ŒUVRES DE GÉRICAULT PAR DIVERS ARTISTES.

Compositions de Géricault pour la relation du Naufrage de la Méduse par Corréard.

1). LE RADEAU QUITTANT LA FRÉGATE DÉSEMPARÉE. (Chapitre II.) *Lith. de C. Motte, r. des Marais.* — Cette pièce est probablement de Géricault lui-même.

2). LE RADEAU. (Chap. VII.) *Géricault, pinx.* — *Litho. de C. Motte, r. des Marais.*

3). LE ROI AFRICAIN. (Chap. X.) *Géricault, pinx.* — *Litho. de C. Motte, r. des Marais.*

4). SECOURS DONNÉS AUX NAUFRAGÉS. (Chap. XII.) *Géricault, pinx.* — *Litho. de C. Motte, r. des Marais.*

Il existe un état qui ne porte ni *Géricault, pinx.,* ni l'adresse, *r. des Marais.*

Ces lithographies, qui portent h., 100, — l., 165 mill. environ, paraissent être de Champion, d'après des compositions de Géricault. Le volume contient trois autres pièces composées et lithographiées par Champion et Montfort.

Suite de quatre grandes pièces lithographiées par Volmar d'après Géricault.

1). DEUX CHEVAUX DÉTELÉS. Le charretier baisse le brancard de la voiture. — D'après une peinture. — *Volmar d'après Géricault. Chez Gihaut frères, éditeurs, boul^d des Italiens, n° 5. — Lith. de Villain.*

2). TROIS CHEVAUX DE POSTE DANS UNE ÉCURIE. Une selle est accrochée à un pilier. — D'après une peinture qui appartient aujourd'hui à M. Schickler.—*J.Volmar Chez Gihaut frères, éditeurs, boul^rd des Italiens, n° 5. — Lith. de Villain.*

3). POSTILLON A LA PORTE D'UNE AUBERGE. — D'après une peinture. — *Volmar d'après Géricault. Chez Gihaut frères, éditeurs, boulevard des Italiens, n° 5. — Lith. de Villain.*

4). CUIRASSIER ENLEVANT UN DRAPEAU A DES RUSSES. — D'après une peinture. — *Volmar d'après Géricault. A Paris, chez Gihaut frères, éditeurs, boul^ard des Italiens, n° 5. — Lith. de Villain.*

Ces quatre lithographies exécutées en 1824, d'après des tableaux qui appartenaient à M. Duchesne, furent payées quatre cents francs à M. Volmar. On paya également quatre cents francs le droit de reproduction pour chaque tableau.

LES NAUFRAGÉS DE LA MÉDUSE, d'après le tableau du Musée du Louvre, et la copie faite par M. Lehoux. Grande planche gravée en manière noire par Reynolds.

SCÈNE DE NAUFRAGE, d'après le tableau du Louvre. Lithographie au crayon et la plume. — *Peint par Géricault.* — *Imp. lith. de Villain,* et en haut, au milieu : *N° 510.*

LA MÉDUSE. *Géricault pinx*. *Normand fils , sc.* — Landon. Salon de 1819. Tome I, pl. 37-38. — Petite gravure au trait.

PREMIÈRE PENSÉE DU TABLEAU DE LA MÉDUSE PAR GÉRICAULT. *Polydore fecit.* — *Lith. de Chabert, rue Cassette, n° 20.*

FAC-SIMILE D'UNE ESQUISSE DE GÉRICAULT APPARTENANT A M. HENRI CHENAVARD ET GRAVÉ PAR LOUIS SCHAAL EN SEPT^bre 1852. — C'est un épisode de l'un des projets de Géricault pour la Méduse, celui où les matelots se révoltent contre les officiers. — A la sanguine; imprimé par Le Sauvage

BATAILLE DE SEDIMAN. Combat de Turcs. — D'après une aquarelle; gravure par Reynolds.

DEUX CHEVAUX. Celui qui est en avant, est monté par un personnage qui porte un pantalon charivari; selle avec des fontes de pistolets à l'arçon. — Dans le dessin : « *Géricault.* » — *Paul Teg, sc.* — Petite planche gravée au lavis.

CHEVAL TOURNÉ A DROITE DEBOUT DANS UNE ÉCURIE, ATTACHÉ PAR DEUX LONGES. A gauche.—*Lith. de Villain.* A droite, à rebours : *d'après Géricault.* — A gauche, dans le dessin, trois lettres à rebours : *V. St-R.* (Ce sont les initiales du prénom et du nom de M. Saint-Remy.)

CHEVAL TOURNÉ A GAUCHE, ATTACHÉ PAR DEUX LONGES
DANS UNE ÉCURIE. — A gauche : *Géricault ;* à droite :
Lith. de Villain.

TURC ARRÊTANT UN CHEVAL. — Dans le fond, des mameluks
à cheval. — *Lith. de Villain.*

CHEVAL BLANC. — *Lith. par Bellay. Imp. Ligny.*

SANUTON (pour *Saunton*) : Arabe conduisant un cheval
noir saillir une jument; on la voit au second plan à
gauche qui retourne la tête. — *Drawn on stone by Andrew, painted by Géricault,* et au-dessous du titre :
publié par Lami de Nozan, éditeur, 10, rue de Seine.
— *Lith. de Villain.*

ÉTALON TENU PAR UN ARABE QUI SE TROUVE DERRIÈRE
LUI. — *Lith. de Villain.* Cette pièce est, à peu de chose
près, la reproduction de la partie la plus importante de
la précédente.

CHEVAL LIMOUSIN. Cheval de charrette harnaché, attaché à
un poteau, auquel est appuyé un paysan vêtu d'une
blouse et coiffé d'un bonnet de police. — A gauche :
« *Ulisse d'après Géricault ;* » plus bas : *A Paris, chez
Basset, rue St-Jacques, no 64.* — A droite : *Lith. de
Lemercier, rue du Four-S.-G., no 55.* — En haut, à
droite : *No 7.*

Pièces qui appartenaient à la galerie du Palais-Royal.

LE CHASSEUR A CHEVAL DU LOUVRE, lithographié par Volmar.

LE MÊME, par Victor Adam.

LE CUIRASSIER DU LOUVRE, — par Volmar.

LA PAUVRE FAMILLE, — par Weber.

UN CHEVAL ÉTALON ANGLAIS, — par Volmar.

Lithographies par Jayler (J. pour T.) d'après des dessins.

OFFICIER ANGLAIS A CHEVAL. Il est en petite tenue. Le cheval est bai brun et marche à droite. Fond chargé. — Sans nom d'auteur. — *Lith. de Villain.* — Il existe une autre pièce du même sujet avec fond de paysage et ciel en blanc, à gauche *Jayler d'après Géricault.*

NÈGRE MONTÉ SUR UN CHEVAL QUI SE CABRE. Quelques nègres nus à droite; soldats à gauche. — *Jayler d'après Géricault.* — *Lith. de Villain.*

CARABINIER VU DE DOS, d'après une superbe aquarelle appartenant à M. His de La Salle. — *Lith. de Villain.*

TURC AVEC LANCE ET ESPINGOLE. — *Jayler d'après Géricault.* — *Lith. de Villain.*

PERSAN A CHEVAL. — *Jayler d'après Géricault.* — *Lith. de Villain.*

CHASSEUR A CHEVAL, d'après l'esquisse de M. His de La Salle. par Eug. Le Roux.

CHEVAL DE CHARRETTE DANS LES LIMONS. — Sans lettre. — Cette pièce non signée a été lithographiée par **M. V.** Saint-Remy, qui a possédé le dessin original.

CHEVAL SE CABRANT. — Sans lettre.

TÊTE DE TURC, lithographiée par Champion, d'après une peinture grande comme nature.

TÊTE DE CHIEN BOULEDOGUE, d'après une peinture appartenant à M. His de La Salle, lithographiée par C. Aubry. *Imp. Villain.*

COURSE DE CHEVAUX LIBRES, d'après la peinture de la collection de M. Camille Marcille, lithographiée par Eug. Le Roux.

COURSE DE CHEVAUX LIBRES, d'après la peinture appartenant à M. Couvreur, lithographiée par Eug. Le Roux.

LA TEMPÊTE, *ébauche.* On lit en haut : *Revue des Peintres.* — *Géricault.* — Pl. 34. En bas, outre le titre : *Lith. par Ch. Bouquet.* — *Lith. de Delaunois.* — Cette pièce est en largeur; on voit au premier plan une femme tenant son enfant dans ses bras que les flots viennent de jeter au pied d'un massif de rochers.

DEUX FAC-SIMILE lithographiés sur la même feuille et sans aucune lettre, représentant, celui du haut : UN CHEVAL DE PROFIL TOURNÉ A DROITE, BOUCHONNÉ PAR DEUX PALEFRENIERS; celui du bas : UN COCHER A PIED RETENANT DEUX CHEVAUX ATTELÉS QUI SE CABRENT; ils sont de profil, tournés à droite. — Cette pièce est, très-probablement, de M. Saint-Remy.

FAC-SIMILE D'APRÈS LES CROQUIS ET COMPOSITIONS INÉDITES DE FEU GÉRICAULT, LITHOGRAPHIÉS PAR COLIN ET WATTIER. 1re LIVRAISON. — *C. Magnenat, scrip.* — *Lith. de Feillet. A Paris, chez M. Colin, quai de la Mégisserie, n° 78. — M. Wattier, rue du Faub.-Montmartre, n° 25. — M. Feillet, rue du Faub.-Montmartre, n° 4. — A Londres, chez M. Colnachi et Cⁱ., Cockspur street, n° 23. — M. Fuller. Rathbonne place Oxford street. — M. Ackerman. Strand, London.*

Ce titre imprimé sur papier brun est en travers. Dimension uniforme des feuilles, à l'exception des n°s 1 et 2.

H., 430. — L., 290 mill.

Ce cahier, le seul qui ait été publié, renferme dix feuilles non numérotées. Toutes les lithographies sont de M. Colin, à l'exception des armures et de la petite course. Il a paru en 1824.

1). GÉRICAULT, D'APRÈS UN PORTRAIT FAIT EN 1816. — *Lith. de Feillet.* — *A. Colin, 1824.* — Cette feuille est plus petite que les autres de quelques millimètres.

2). COURSE DE CHEVAUX LIBRES. — *Colin d'après Géricault.* — *Lith. de Feillet.* — C'est la reproduction du dessin que possède le Louvre. — Feuille double.

3). DEUX ARMURES (homme et cheval), l'une vue de face, l'autre de dos. — Le dessin original à la mine de plomb, sur papier blanc, appartient à M. Mahérault; il est dans le même sens que le *fac-simile.* — *Wattier d'après Géricault.* — *Lith. de Feillet.*

4). CHEVAL CABRÉ ATTAQUÉ PAR UN LION. D'après le dessin original du Musée du Louvre. — *Colin d'après Géricault.* — *Lith. de Feillet.*

5). CHEVAUX RETENUS PAR DES HOMMES NUS. Étude pour la course de chevaux libres. — *Wattier d'après Géricault.* — *Lith. de Feillet.*

6). UN CUIRASSIER A CHEVAL VU DE DOS ET GALOPANT. — *Colin d'après Géricault.* — *Lith. de Feillet.*

7). UNE EXÉCUTION A MORT A ROME. Les membres de la confrérie conduisent le condamné, qui met le pied sur la première marche de l'échafaud. — *Colin d'après Géricault. — Lith. de Feillet.*

8). Arabe pleurant son cheval mort. Assis près de lui, il tient sa tête des deux mains. — *Colin d'après Géricault. — Lith. de Feillet.*

9). Un cheval qui se cabre. Deux hommes en costume romain moderne le retiennent par le mors ; un autre le tient par la queue.

— Un bœuf, qu'un homme nu retient la tête baissée par une corde passée dans un anneau fixé en terre, va être abattu par un autre homme qui lève sa massue. Ces deux dessins sont sur la même feuille. — *Colin, d'après Géricault. — Lith. de Feillet.*

10). Lettre en *fac-simile* de Géricault (adressée, comme on le comprend facilement, à M. Eugène Isabey).

   M. A. Colin a fait, il y a une dizaine d'années, une nouvelle suite de lithographies d'après des dessins de Géricault. L'édition n'a pas été publiée. Les pierres sont restées longtemps chez l'imprimeur, M. Villain ; il est probable qu'elles ont été effacées. On n'en a tiré que des épreuves d'essai, deux ou trois de chaque pierre, qui sont pour la plupart entre les mains de M. Colin. Ce sont entre autres : Une troupe de sept chevaux libres chassés par un personnage nu à cheval et armé d'un fouet. — Uu troupeau de bœufs conduits par six bergers romains à cheval et armés de lances. Deux dessins sur la même feuille, de dimensions à peu près semblables ; trois tigres attaquant un pareil nombre de

27

chevaux; un cheval de charrette harnaché qui se frotte la tête contre la jambe gauche de devant; un épisode de la course des chevaux libres; des bergers romains, qui paraissent être une première pensée de la belle lithographie : *Bouchers de Rome;* des lutteurs; un chasseur à cheval et deux chevaux; deux compositions du même sujet : un maréchal ferrant; des groupes d'hommes et de chevaux; un grand saint George terrassant le démon; un important dessin du *Radeau de la Méduse,* et quelques autres encore peut-être.

FAC-SIMILE DE DESSINS EXTRAITS DES LIVRES DE CROQUIS DE GÉRICAULT ET LITHOGRAPHIÉS PAR PLUSIEURS ARTISTES. — *Publiés par Blaisot, marchand d'estampes de S. A. R. Mgr le duc d'Orléans. — Palais-Royal. 1825. — Imp. Lithog. de P. Ducarme, rue des Fossés-Saint-Germain-l'Auxerrois, n° 24.*

Ce titre imprimé sur papier rouge-brique, est en hauteur. Dimension uniforme des feuilles.

H., 375. — L., 275 mill.

1). Trois chevaux à l'écurie. Une petite fille donne une poignée de foin au plus rapproché. A gauche, un homme, qui paraît être un vieux soldat, fait la litière avec une fourche. — Lith. par Amédée Faure.

2). GÉNÉRAL DE L'ARMÉE DU RHIN. Debout, vu de face, en grande tenue. (Par Charlet.) — Lith. par Achille Devéria.

3). UNE FACTION A LA MAIRIE. Garde national assis et endormi. (Par Charlet.) — Lith. par Eugène Devéria.

4). L'ARRIVÉE DU CONSCRIT. (Par Charlet.) — Lith. par E. Devéria.

5). HELVETIUS PRÉSENTANT SON PETIT-FILS A VOLTAIRE. (Auteur et lithographe inconnus.)

6). A WAGRAM. Napoléon debout sur une éminence, regardant avec une lunette. (Par Charlet.) — Lith. par E. Devéria.

7). GÉRICAULT, PEINTRE FRANÇAIS, MORT A PARIS EN 1824. LITHOGRAPHIÉ D'APRÈS UN DESSIN TROUVÉ DANS DES LIVRES QUI LUI ONT APPARTENU. (Ce dessin est de Delacroix.) Il est vu de trois quarts, avec un mouchoir noué sur la tête. — On lit dans le coin à gauche : *Lith. par Devéria, 1824.*

8). LA PRISE DE TABAC. Un homme assis sur un banc prend une prise de tabac. (Par Charlet.) — Lith. par E. Devéria.

9). COSTUMES ORIENTAUX. Deux Persans debout. — Lith. par A. Devéria.

10). LE SAVETIER EN GOGUETTE. Vu de dos, les deux poings sur les hanches. (Par Charlet.) — Lith. par E. Devéria.

11). GÉRICAULT. Un cheval devant une tente, avec une couverture serrée par un surfaix.—Lith. par E. Devéria.

12). LA PRIÈRE. Pusieurs personnages à genoux dans une église. (Par Charlet.) — Lith. par E. Devéria.

13). TAUREAU COMBATTANT. Il est attaqué par des chiens, dont il a déjà renversé plusieurs. — Ce beau dessin est lithographié par Louis Boulanger. Il est signé à gauche : *L. B.*

14). ARABE MONTÉ SUR UN CHEVAL VU DE PROFIL. Sans titre. — Lith. par L. Boulanger.

15). FRAGMENT D'UN JUGEMENT DERNIER. D'après un dessin de Géricault reproduisant une partie de la gravure de la Chute des Anges, de Rubens. — Lith. par E. Devéria (?).

16). D'APRÈS NATURE. Portrait d'un soldat vu de trois quarts. Lith. par E. Devéria.

17). Sanglier attaqué par des chiens. Le sanglier est ombré; les chiens sont d'une exécution beaucoup moins poussée. Par exception, le numéro de la feuille (*17*) est au bas de la page, à la place du titre, qui manque. — Lith. par L. Boulanger.

18). Un maréchal des logis de hussards debout, la main gauche appuyée sur la garde de son sabre. — Sans titre. — Lith. par E. Devéria, dont on voit la signature à gauche (*E. Devéria, 1824*).

19). Six croquis sur la même feuille. — Homme en culotte vu de dos. — Tête à perruque vue par derrière. — Un paysan de profil qui tient son chapeau des deux mains. — Tête de militaire coiffée d'un chapeau à plumes. — Satyre embrassant une femme appuyée à une colonne. — Portrait en charge de M. Eugène Lami. — Buste d'homme terminé en tête d'oiseau. — De ces six croquis, celui qui représente un satyre embrassant une

femme est peut-être le seul qui soit de Géricault. —
Sans titre. — Lith. par E. Devéria.

20). PORTRAIT DE CHARLET. Même remarque au sujet du
titre que pour le nº 17.

Les pièces seules qui ne portent pas d'autres attribu-
tions sont de Géricault.

DESSINS DE GÉRICAULT, LITHOGRAPHIÉS EN *FAC-
SIMILE* PAR A. COLIN, *publiés par une société d'artistes et d'amateurs.* (MM. His de La Salle, Gleyre, de
Triqueti, Eudoxe Marcille, Valton et Charles Clément.)
1ʳᵉ LIVRAISON. — Paris, *chez Leconte, éditeur, boulevard des Italiens, 5, 1866. Imprimé par Auguste Bry,
rue du Bac, 114, à Paris.*

Ce cahier renferme sept feuilles, dont une de texte.
Le titre, imprimé sur papier gris, est en hauteur. —
Dimension uniforme des feuilles :

H., 570. — L., 400 mill.

1. COURSE DE CHEVAUX LIBRES, d'après le dessin à la
plume à M. Eudoxe Marcille.

2. MARCHÉ AUX BŒUFS, d'après le dessin à la plume à
M. Eudoxe Marcille.

3. LA TRAITE DES NÈGRES, d'après le dessin à la sanguine et à la mine de plomb à M. His de La Salle.

4. HOMME TERRASSANT UN BŒUF, avec divers croquis,
d'après le dessin à la plume à M. His de La Salle.

5. PRIÈRE A LA MADONE, d'après le dessin à la plume à
M. His de La Salle.

6. MARCHE DANS LE DÉSERT. Variante de la lithographie du même nom, d'après le dessin à la mine de plomb à M. His de La Salle.

Toutes ces lithographies portent, au-dessus du dessin, à gauche : *1re livraison,* et à droite : *N° 1, 2,* etc., etc.

Au-dessous, à gauche : *Dessiné par Géricault;* au milieu : *impé par Auguste Bry, rue du Bac, 114,* à droite : *Lithographié par A. Colin.*—Au-dessous du nom de l'imprimeur, le titre, et plus bas : à gauche : *Publié par une Société d'artistes et d'amateurs;* à droite : *chez Leconte, Éditeur, Boulevart des Italiens, 5.* — On n'a tiré jusqu'à présent (1868) que cent exemplaires de ces six planches outre 8 ou 10 épreuves d'essai avant toutes lettres qui n'ont pas été vendues.

On a fait un assez grand nombre de portraits de Géricault. Outre les deux que nous avons déjà mentionnés, nous citerons :

PORTRAIT DE GÉRICAULT, UN BONNET GREC SUR LA TÊTE, par M. Léon Cogniet.

PORTRAIT DE GÉRICAULT pendant sa dernière maladie. Il a la tête couverte d'une calotte et appuyée sur un oreiller.

GÉRICAULT. Il est représenté en buste, vêtu d'une veste d'atelier. Il porte une calotte grecque. Son col de chemise est rabattu. Au bas de la page, on trouve un *facsimile* de son écriture. — *Tony Touillon, 1843. Rosselin, éditeur. Lith. Grégoire et Deneux.*

PORTRAIT DE GÉRICAULT. Il a un mouchoir noir roulé autour de la tête. *Lithographie par Vienot, d'après H. Vernet* (*Lith. de F. Noel*).

GÉRICAULT. Dans la même pose que celui par M. Colin. — *Lith. de Chabert.*

PORTRAIT DE GÉRICAULT. Dans un ovale. Épreuve d'eau-forte par Ch. Demat, 1845. Cette gravure n'a pas été publiée. (Vente Parguez.)

Indiquons encore LA MORT DE GÉRICAULT, d'après le tableau d'Ary Scheffer, lithographiée par Maurin ; une eau-forte dans le *Journal des Artistes* de 1841 ; une gravure en bois, publiée par le *Magasin pittoresque,* du tombeau de Géricault par Étex, et une lithographie portant en tête : Le Père Lachaise, publiée par Fourmage.

SUPPLÉMENT AU CATALOGUE

PEINTURES

3 *bis*. LE GRIMACIER. Portrait d'un grimacier italien qui se montrait au jardin de Tivoli. Cette peinture, exécutée pendant que Géricault était encore à l'atelier de Guérin, est la première œuvre qui attira l'attention sur le jeune artiste. Elle a appartenu à M. Jamar et fut vendue à l'hôtel Drouot le 20 avril 1876.

H., 45. — L., 38 cent.

21 Ajouter à la fin : « — Vendu en 1869, par M. Brame, à M. Rousseau. »

41. Ajouter à la fin : « — Au musée du Louvre, auquel M. His de La Salle l'a donné en 1878. »

53 *bis*. CUIRASSIER BLESSÉ. Il est assis sur un tertre, le corps de face penché à gauche, la main droite appuyée au terrain, le bras gauche pendant le long de la cuisse, les deux jambes étendues vers la droite. La tête est presque de profil à droite et regarde le combat qui se poursuit. Il est en uniforme complet : cuirasse, casque et gants. Ciel nuageux tout illuminé des lueurs du feu. — A. M. His de La Salle. — Au musée du Louvre, auquel M. de La Salle l'a donné en 1878.

H., 46. — L., 36 cent.

55. Ajouter à la fin : « — Vente Marmontel, 11 à 14 mai 1868. 850 francs. »

60. Ajouter à la fin : « — Vente du comte *** 17 décembre 1868. 1,350 francs. »

60 *bis*. DRAGON DE L'EMPIRE. — Il est monté sur un cheval bai brun tourné à droite qui se cabre, et, le sabre à la main, il se retourne comme pour faire un commandement. Quelques parties, la tête et les mains du cavalier entre autres, sont peu avancées. — Cette peinture, qui aurait été donnée par Géricault à un M. Ferand, dont il avait reçu des leçons de dessin, appartient à M. Dobrée, à Versailles.

H., 54. — L., 45 cent.

61. Ajouter à la fin : « Vente du comte de ***. 3,600 francs·

61 *bis*. HUSSARD. Il est monté sur un cheval gris vu de profil et tourné vers la droite. Le col et la croupe du cheval, le plumet et la chabraque du cavalier sont seuls éclairés, tout le reste est dans la demi-teinte. Au second plan à gauche, un officier de chasseurs galope vers la droite et enlève son escadron. Le ciel, éclairé de lueurs rousses dans le bas, rappelle celui du *Chasseur à cheval.* — A M. Monjean.

H., 94. — L., 71 cent.

62. Ajouter à la fin : « — Vente Laurent Richard, 7 avril 1873. 11,700 francs. »

74. Ajouter à la fin : « — Donné au musée du Louvre par M. His de La Salle en 1878. — M. Maurice Cottier possède une très-belle peinture du même sujet qui semble être de la main de Géricault. Elle est moins terminée que celle de M. His de La Salle. »

83. Ajouter à la fin : « — Vente C. Marcille, 6 mars 1876. — A M. Poiret. 3,650 francs. »

83 *bis.* Course de chevaux libres. Cette petite esquisse me semble être la première pensée du projet définitif de Géricault, plus complétement exprimé dans les deux ouvrages suivants. Le personnage au milieu, qui retient le cheval blanc, est complétement nu ; les deux figures à droite et à gauche sont vêtues de caleçons : à droite, un homme gît renversé. Le fond du tableau est occupé à droite par une colonnade élevée sur des gradins. On voit à gauche un tourbillon de poussière avec un bout de coteau. La foule des spectateurs apparaît entre les colonnes et sur les marches du monument. — Sur papier maroufflé. — A M. de Dartin.

H., 199. — L., 2 cent.

84. Ajouter à la fin : « — Vente Marmontel. 1,300 francs. »

85. Ajouter à la fin : « — Vente C. Marcille. — A M. Dolfus. 6,230 francs. »

96. Ajouter après « les deux chevaux » et à la place de « dont un pie ». — « Celui du brancard est de profil tourné à gauche et de couleur pie ; celui en flèche est vu de croupe. » Et à la fin : « — Vente Delessert, 17 mars 1869. 9,800 francs. »

104. Ajouter à la fin : « — M. de la Rosière possède une étude de grandeur naturelle pour le personnage à droite qui essaye de se lever. »

104 *bis.* Buste de nègre. D'après le modèle de Joseph. Il est de grandeur naturelle, tourné de trois quarts à gauche. Chemise ouverte et veste bleue. — A M. Georges Duplessis.

H., 45. L., 38.

128 *bis*. Portrait du comte de Bressieux. — Je n'ai jamais vu cet ouvrage.

133. Ajouter à la fin : « — Vente X, 22 mars 1869. — A. M. Gariel. 10,000 francs. »

139. Ajouter à la fin : « — Vente Marmontel. — A M. Laurent Richard. 4,050 francs. » — Vente Laurent Richard, 17 avril 1873. 11,800 francs.

COPIES D'APRÈS LES MAITRES

191 *bis*. La vierge avec l'enfant sur ses genoux. D'après Van Dyck. A droite le donateur et la donatrice agenouillés. — Vente C. Marcille. — A M. Marmontel. 170 fr.

H., 35. — L., 27 cent.

191 *ter*. Portrait du duc d'Orléans (Louis-Philippe). Il est en uniforme de colonel général de hussards, debout, et décoré de l'ordre du Saint-Esprit. A gauche un nègre vêtu de rouge tient son cheval. — Vente C. Marcille. — A. M. de Bligny. 1,000 francs.

H., 55. — L., 42 cent.

DESSINS

39 *bis*. Mameluk se disposant a monter a cheval. Le cheval tourné à droite, piaffe et fait effort afin de s'élancer pour rejoindre une troupe de cavaliers que l'on aperçoit tout à droite. Le mameluk le retient de la main gauche, placée près du mors, et va se mettre en selle. — Crayon noir, sépia et gouache. — A M. de L'aage — A M. His de

La Salle. —Au musée du Louvre, auquel M. de La Salle
l'a donné en 1878.

H., 190. — L., 240 mill.

47. Ajouter à la fin : « — Vente C. Marcille. — A M. Vi-
gnières. 40 francs. »

49. Ajouter à la fin : « — Vente C. Marcille. — A M. de
L'aage. 30 francs. »

56. *bis.* ÉTUDES DE CHATS. Ce beau dessin se rapproche
beaucoup du n° 56. Quatre des têtes expriment la colère ;
la cinquième, en haut à gauche, offre un type de tigre
très-accentué. — A la mine de plomb sur papier calque.
— A M. Mahérault.

H., 220. — L., 200 mill.

80. Ajouter à la fin : « — Vente C. Marcille. — A M. Vi-
gnières. 110 francs. »

82. Ajouter à la fin : « — Vente C. Marcille. 305 francs. »

83 *bis.* LÉDA. A demi couchée et tournée vers la gauche, elle
se soulève du bras gauche replié sur le rocher qui lui
sert d'appui, et de la main droite repousse le cygne qui
s'approche d'elle. Une draperie passe sous le corps et
enveloppe la jambe gauche ; la droite est repliée. De l'eau
au premier plan ; au fond, un grand arbre. Effet de clair
de lune. — Ce magnifique dessin, sur papier bistre, est
exécuté au crayon noir, à la sépia, à l'aquarelle et à la
gouache. — A M. de L'aage. — A M. His de La Salle. —
Au musée du Louvre, auquel M. de La Salle l'a donné
en 1878.

H., 210. — L., 270 mill.

87. Ajouter à la fin : « — Vente C. Marcille. — A M. de
L'aage. »

90 *bis*. CENTAURE ET NYMPHE. — A l'encre de Chine avec des
rehauts de blanc.

> H., 210. — L., 130 mill.

Au verso, SATYRE ET NYMPHE. — A l'encre de Chine
et à la sépia. — A M. Eudoxe Marcille, venant de la
collection C. Marcille. 315 francs.

> H., 130. — L., 210 mill.

90 *ter*. SATYRE ET NYMPHE. A la sépia avec des rehauts de
blanc. — Au verso, même sujet. — Vente C. Marcille. —
A M. Mahérault. 315 francs.

> H., 228. — L., 124 mill.

90 *quatuor*. SATYRE ET NYMPHE. — A la sépia avec des rehauts
de blanc. — Vente C. Marcille. — A M. Latouche.
41 francs. — Au musée de Lille.

> H., 210. — L., 140 mill.

90 *quinque*. SATYRE TENANT UNE FEMME DANS SES BRAS. —
A la sépia. — Au verso, croquis de chevaux. — A
M. Eudoxe Marcille. — A M. Charles Clément.

> H., 170. — L., 130 mill.

92 *bis*. LA MORT D'HECTOR. Le héros, étendu, la tête tournée à
gauche, est porté par six guerriers; trois le tiennent par
les pieds, et les trois autres par la tête; ils semblent
présenter le cadavre au peuple. — Plume et sépia. — A
M. Brame. — Vente Brame. 110 francs.
Variante du même sujet, même grandeur. A. M. Brame.

> H., 130. — L., 210 mill.

94. Ajouter à la fin : « — M. Maréhault possède un autre
exemplaire de cette composition à la plume et à la sépia.

> H., 90. — L., 220 mill.

95 Ajouter à la fin : « — Au musée du Louvre, auquel
M. His de La Salle l'a donné en 1878.

96 *bis*. Scène de sacrifice. Au milieu, un homme aidé de trois autres personnage:, les bras et les jambes nus, tire une corde qu'il a passée autour d'un autel pour tenir contre terre la tête d'un taureau qui se débat. A droite, un autre sacrificateur tient des deux mains une massue avec laquelle il va assommer un autre taureau terrassé. A gauche, un homme porte sur ses épaules un veau renversé. Au premier plan, deux hommes tiennent un bouc. — Sur papier huilé. — A M. Thayer. — A M. Oudinot. — Au musée du Louvre.

H., 240. — L., 400 mill.

102. Ajouter à la fin : « — Vente C. Marcille. — A M. Gérard. 220 francs. »

103. Ajouter à la fin : « — Vente C. Marcille. — A M. Chaumont. 14 francs. »

106. Ajouter à la fin : « — Vente C. Marcille. — A M. Péoni. 28 francs. »

113. Ajouter à la fin : « — Vente C. Marcille. 155 francs. »

118. Ajouter à la fin : « — Vente C. Marcille. — A M. Veterhan. 100 francs. »

120. Ajouter à la fin : « — Vente C. Marcille. — A M. de L'aage. 27 francs. »

121. Ajouter à la fin : « — Vente C. Marcille. — A M. de L'aage. 20 francs. »

133. Ajouter à la fin : « — Vente C. Marcille. — A M. Chaumont. 14 francs. »

134. Ajouter à la fin : « — Vente C. Marcille. — A M. Chaumont. 11 francs. »

138. Ajouter à la fin : « — Vente C. Marcille. — A M. Babinet. 30 francs. »

144. Ajouter à la fin : « — Vente C. Marcille. — A M. Huan. »

165 *bis*. Ajouter à la fin : « — M. Moignon possède un trait à la mine de plomb et trois autres dessins à la plume et à la sépia de la même suite.

165 *ter*. LE CRIME. Le beau dessin connu sous ce nom, inspiré probablement par l'assassinat de Fualdès, représente quatre hommes nus qui s'éloignent d'un cadavre que l'on voit à droite. Le premier, qui se présente de face, le fusil sur l'épaule, tourne la tête en regardant sa victime. Le second, vu de dos, porte également un fusil. — A la plume et à la mine de plomb avec quelques touches de sépia. — A M. de L'aage.

H., 190. — L., 250 mill.

467 *bis*. PRISONNIER. Il est debout, tourné à droite, les deux bras attachés par derrière, la jambe droite repliée sous lui. — Sépia avec des rehauts de blanc. — Vente Brame. 76 francs.

H., 210. — L., 130 mill.

470 *bis*. LE PROFESSEUR DE PEINTURE. Il est debout devant une toile posée sur un chevalet, vêtu d'une longue redingote et d'un pantalon rayé; bas blancs, pantoufles vertes. A droite, deux élèves; l'un porte une blouse blanche, l'autre une redingote bleue. — A l'aquarelle. — A M. Thayer. — A M. Oudinot.

H., 340. — L., 240 mill.

171 *bis*. LE GIAOUR. Le cheval noir avec les pieds blancs est tourné à droite et se détache sur un grand rocher au

bord de la mer. Le cavalier, en large pantalon rouge, veste bleue brodée de blanc, large manteau blanc en forme de burnous sur les épaules, se retourne en faisant un geste de menace à la ville qu'il vient de quitter. — Ce beau dessin à l'aquarelle est à peu près identique à la lithographie n° 69.

A. M. de la Cressonnière, à Lausanne.

H., 210. — L., 240 mill.

172. Ajouter à la fin : « A M. Charles Clément. »

173 *bis*. DANSE NAPOLITAINE? Au milieu du tableau, un jeune homme et une jeune fille dansent en faisant sonner leurs castagnettes. A gauche sont deux jeunes filles debout, dont l'une tient un tambour de basque; entre elles et les danseurs, et en arrière, on voit un homme drapé dans son manteau. A droite, un homme assis, qui se présente de profil, joue de la guitare; un autre homme est étendu devant lui. Fond d'arbres, entre lesquels on aperçoit des collines. — A droite, dans le dessin, *T. G.* en une seule lettre. — Aquarelle. — A. M. Moignon.

D'après M. Hubert, cette pièce aurait été faite par Géricault pour Mme Hulin, qui reprochait au peintre de ne jamais mettre de femmes dans ses compositions. Géricault lui donna cette belle aquarelle pour ses étrennes de 1823.

H., 170. — L., 240 mill.

174 *bis*. UN SONGE. Un jeune homme endormi couché, un bras relevé sur la tête tournée à gauche, les jambes couvertes d'une draperie. A droite, une demi-figure apparaît sortant d'un nuage. — Aquarelle et sépia. — A M. Brame. — Vente Brame, 235 francs.

H., 130. — L., 240 mill.

175 *bis*. NÈGRE. D'après le modèle Joseph. Il est en cos-

28

tume égyptien, le corps de face, la tête de profil tournée à droite, les jambes écartées, tenant des deux mains une lance dans la position d'un soldat qui charge à la baïon-nette. — A la sépia. — A. M. de L'aage.

H., 330. — L., 240 mill.

LITHOGRAPHIES

9. Ajouter avant les états : « — Vente Langlois, 4 et 5 juin 1868. 57 francs. »

10. Ajouter avant les états : « — Vente Langlois. 22 francs. »

11. Ajouter après « — la seconde appartient'à M. Langlois. » — Vente Langlois. 282 francs. »

15. Modifier comme suit le § 4 de cet article : « — Il n'existe à ma connaissance que *six* épreuves de cette belle litho-graphie. Elles appartiennent au cabinet des estampes, à MM. His de La Salle, de Triqueti, Mène, Langlois et Moi-gnon », et ajouter à la fin : « — L'épreuve de M. Langlois a été vendue 455 francs. »

26. Ajouter à la fin : « — Vente Langlois. 36 francs. »

27. Ajouter à la fin : « — Vente Langlois. 75 francs. »

28. Ajouter avant l'état : « — Vente Langlois. 38 francs. »

30. Ajouter à la fin : « — Vente Langlois. 135 francs. »

31. Ajouter à la fin du § 1er : « — Vente Langlois. 34 francs. »

35. Ajouter avant le premier état : « — M. Moignon possède une épreuve unique sans doute et antérieure au pre-mier état, qui porte : *Horses airing* au lieu de : *exercising*, et, au dos, de la main du colonel Bro :

« Bro souhaite le bonjour à M. Théodore et le prie de
venir le plus tôt possible pour présider au déménagement
d'une armoire (sans fond) qui se trouve dans la future
chambre de sa cuisinière. — 10 mars. »
Cette pièce vient de la collection Thayer.

43. Ajouter à la fin : « — M. Moignon vient de trouver (1873)
une troisième épreuve qui porte très-nettement marqué
1821 au-dessous du nom de Géricault. On voit à peine
une légère trace de cette date sur le carton original, et
elle a totalement disparu dans les épreuves du cabinet des
estampes et de M. de La Salle. »
Cette pièce vient de la collection Thayer.

47. Ajouter au titre (p. 393) : — **Suite de douze petites
pièces publiées par Gihaut** « en 1822. »

59. Ajouter au titre (p. 395) : — « **Suite de huit petites
pièces publiées par Gihaut** « en 1823. »

100. Ajouter à la fin : « — M. Moignon possède une autre
épreuve de cette pièce qui porte en marge, à
droite, de la main de Géricault : *plus noir*, paraphé
G., et en bas, au crayon, un croquis du jarret
du cheval. Cette pièce, qui vient si complétement con-
firmer l'attribution que j'avais cru pouvoir donner à la
planche n° 100, paraît être la première épreuve d'essai
soumise à l'artiste. Elle a motivé la recommandation
mise en marge. Le mauvais effet produit par l'exécution
du *plus noir* aura déterminé Géricault à renoncer à faire
tirer cette lithographie. »

100 *bis*. R R R. CHEVAU-LÉGERS. Deux cavaliers. L'un
monté, tourné à gauche, tient son sabre au port d'arme ;
l'autre à pied, parle au premier, et lui indique du bras

quelque chose à droite ; il tient son sabre par le milieu de
la gaîne. Les housses des chevaux sont marquées de fleurs
de lis. On voit au second plan à droite des cavaliers
appartenant au même corps. — Cette pièce, dont
M. Moignon possède la seule épreuve connue, porte à
gauche, dans le dessin *G.* et à droite, au-dessous, *Lith.
de G. Engelmann.*

H., 340. — L., 260 mill.

REPRODUCTIONS.

ANATOMIE DE L'HOMME, *dessins de Géricault, photographiés,
en fac-simile, d'après les originaux appartenant à
M. de Varennes ; publiés par* Charles Clément. — *Paris.
— Photographie de Richard Nielsen, 248, rue du Fau-
bourg-Saint-Honoré. — Chez Leconte, boulevard des
Italiens, 5, 1870.*

Ce cahier renferme dix-sept feuilles in-folio, dont une
de texte. Le titre imprimé sur papier vert est en hauteur. — Dimension uniforme des feuilles.

H., 630 — L., 455 mill.

TABLE DES MATIÈRES.

CATALOGUE RAISONNÉ.

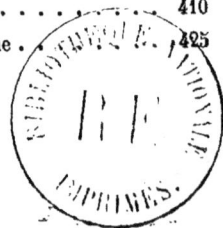

TABLE DES PLANCHES.

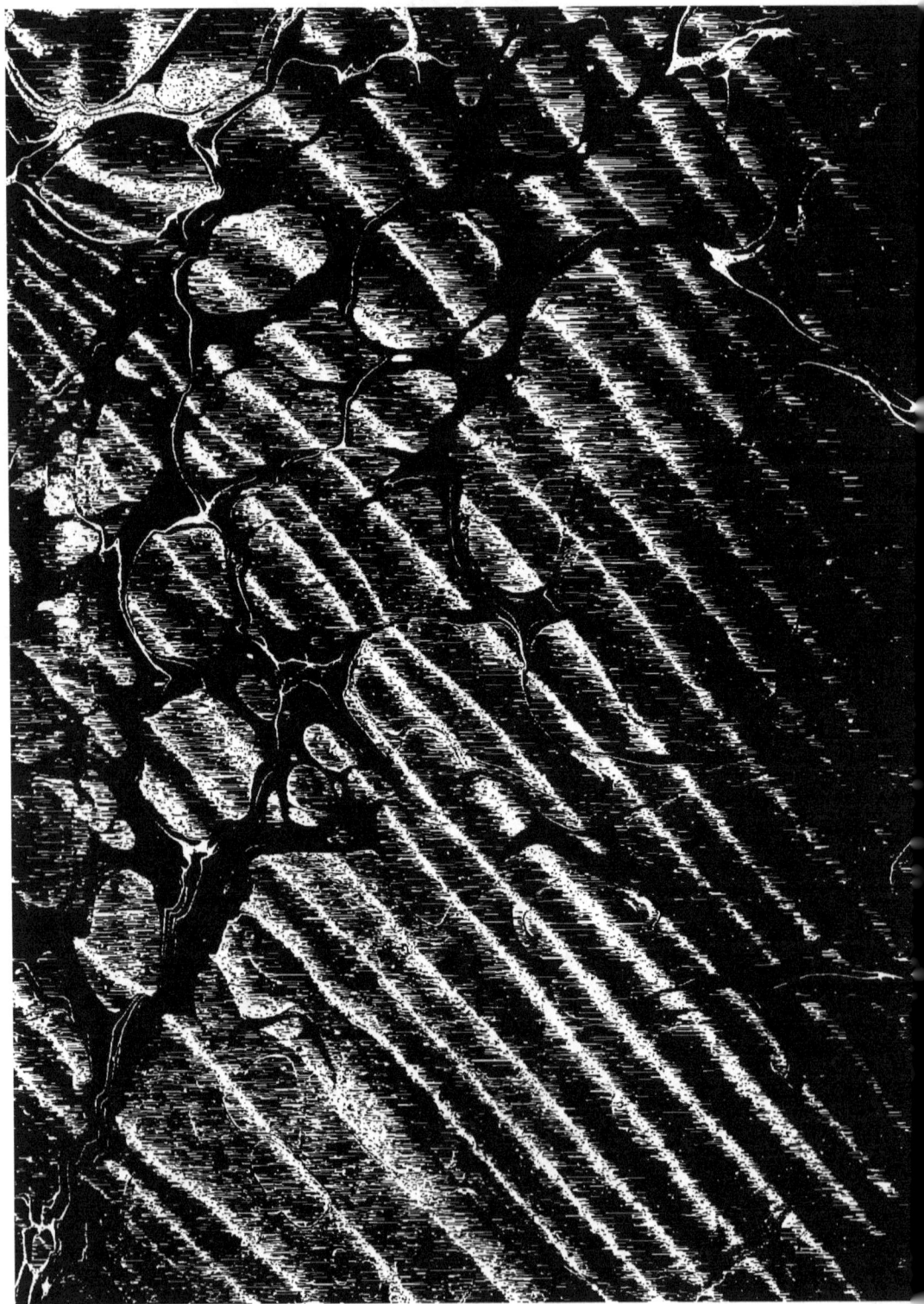

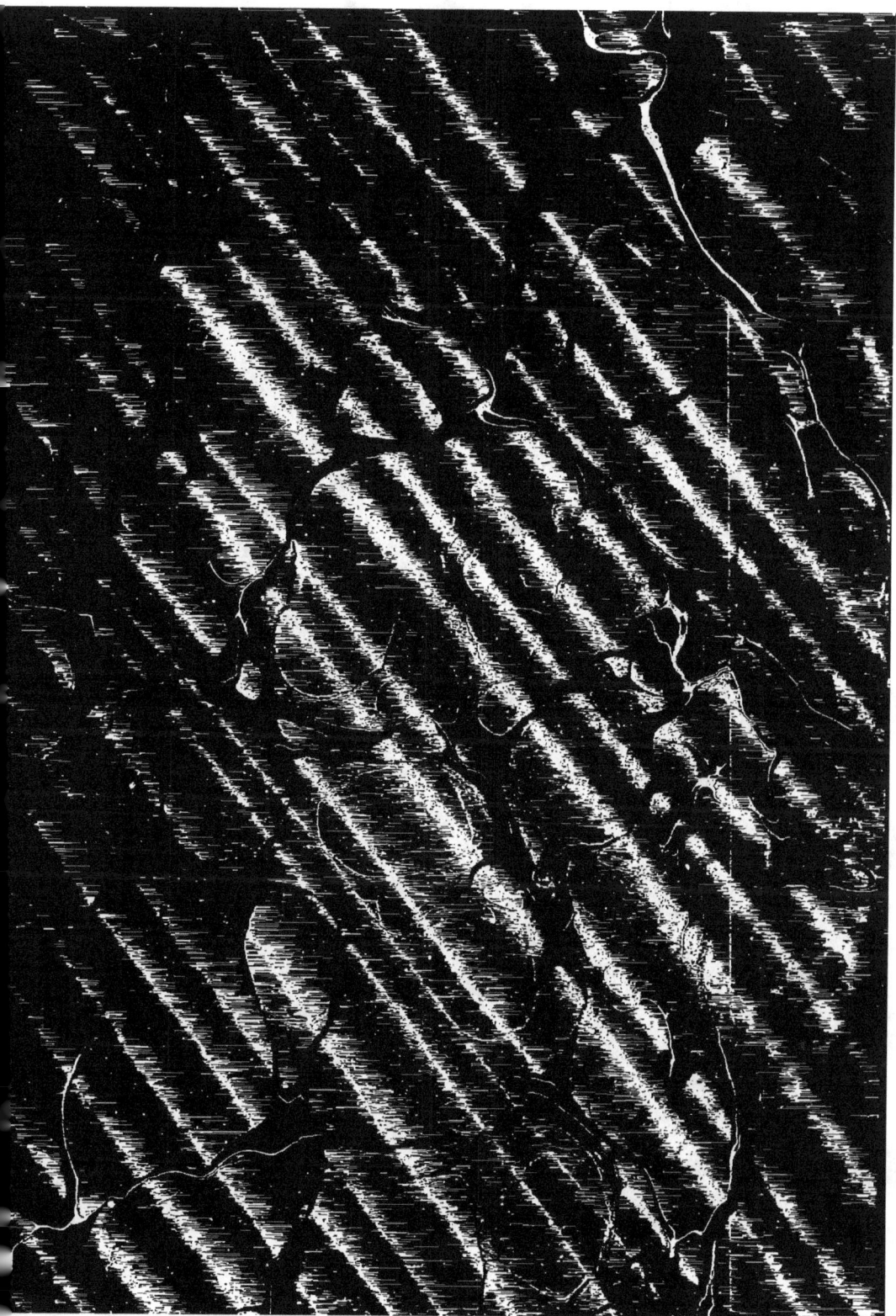

www.ingramcontent.com/pod-product-compliance
Lightning Source LLC
Chambersburg PA
CBHW070628270326
41926CB00011B/1855